高等院校立体化创新经管教材系列

# 现代物流客户关系管理实务
# (第 3 版)

郭淑红　主　编

王淑娟　副主编

U0361132

清华大学出版社

北京

# 内 容 简 介

本书作为物流管理、物流工程等专业的核心课程教材，注重专业知识的理论性、技能性、系统性、实践性和前沿性。其内容主要包括现代物流客户关系管理概论、现代物流客户关系管理系统、现代物流客户关系管理实施流程、现代物流重点客户关系管理实施、现代物流核心客户关系管理实施、现代物流客户服务的满意度等内容，具有较强的逻辑性与操作性。

本书可作为高等院校物流及管理专业本科生、研究生、MBA 等学员的课程教材和参考书，也可作为企业在职人员尤其是物流企业从业人员岗位培训的教材和自学用书。本书对在校学生全面掌握现代物流客户关系管理的理论与方法，以及对物流企业在职管理人员提高物流管理业务水平有较大的帮助。

图书在版编目(CIP)数据

现代物流客户关系管理实务/郭淑红主编. —3 版. —北京：清华大学出版社，2021.6 (2025.7 重印)

高等院校立体化创新经管教材系列

ISBN 978-7-302-57916-8

Ⅰ. ①现… Ⅱ. ①郭… Ⅲ. ①物流企业—企业管理—销售管理—高等学校—教材 Ⅳ. ①F253

中国版本图书馆 CIP 数据核字(2021)第 060892 号

责任编辑：陈冬梅
封面设计：刘孝琼
责任校对：吴春华
责任印制：曹婉颖

出版发行：清华大学出版社
   网   址：https://www.tup.com.cn, https://www.wqxuetang.com
   地   址：北京清华大学学研大厦 A 座   邮  编：100084
   社 总 机：010-83470000   邮  购：010-62786544
   投稿与读者服务：010-62776969, c-service@tup.tsinghua.edu.cn
   质量反馈：010-62772015, zhiliang@tup.tsinghua.edu.cn
   课件下载：https://www.tup.com.cn, 010-62791865
印 装 者：三河市人民印务有限公司
经  销：全国新华书店
开  本：185mm×260mm   印  张：15.75   字  数：383 千字
版  次：2011 年 5 月第 1 版  2021 年 6 月第 3 版   印  次：2025 年 7 月第 6 次印刷
定  价：49.80 元

产品编号：087821-01

# 前　言

习近平总书记在中国共产党第二十次全国代表大会上的报告中明确指出，要办好人民满意的教育，全面贯彻党的教育方针，落实立德树人根本任务，培养德智体美劳全面发展的社会主义建设者和接班人，加快建设高质量教育体系，发展素质教育，促进教育公平。本书在编写过程中力求深刻领会党对高校教育工作的指导意见，认真执行党对高校人才培养的具体要求。

经济全球化的发展和现代科学技术的应用，尤其是"互联网+"与大数据环境的有力推动，给社会经济运行规则以及市场竞争模式带来了巨大的变化，也给物流企业带来了无限生机与挑战。在新时代经济背景下，市场竞争不断加剧，现代物流企业越来越深刻地认识到，市场竞争就是企业对客户的竞争，企业要实现盈利就必须依赖客户，企业要保持稳定的发展，就必须重视客户关系。因此，能否拥有一个高效率、富有成本效益的现代物流客户关系管理系统就更加重要。

《现代物流客户关系管理实务》第2版自2016年出版以来，以其理论性、实用性和适用性的优势，受到了读者的肯定。为了适应物流学科和物流业的迅速发展，也为了适应教学的需要，本书对第2版内容进行了适当补充和完善。以"教师好用、学生有用、实践管用"为宗旨，以适应教学要求，提高教学效果为目的，按照"学习目标设定—案例引入—理论学习—知识链接—习题巩固—案例分析"的模式进行编写。在对理论知识充分解读的基础上，结合新理论、运用新方法，通过不同展现手法，结合实践创新，丰富教材内容。

为了保持第2版原有的体系特征，在第3版的修订过程中对框架结构没有做大的变动，继续保持了第2版内容全面性、系统性强，知识应用性、前瞻性和实务性强，章节可读性强等特点。同时，充分考虑了物流企业客户关系的行业特性、大数据背景下物流市场的需求状况和发展趋势，本书将修订重点放在补充和完善相关的行业前沿资料，增加和更新经典和鲜活的案例，并对第2版的课后思考题进行了调整。

第3版的修订工作主要由郭淑红、王淑娟、孟莹共同完成，郭淑红任主编，王淑娟任副主编。具体分工如下：郭淑红负责编写第二、三、四、六、七、九、十章，王淑娟负责编写第八章，孟莹负责编写第一章和第五章。同时，感谢张丽兵、孙宇航、程显明等所做的资料搜集与整理工作。

在本书的编写过程中，参考借鉴了许多国内外最新研究成果和文献，并尽可能将其在参考文献中列出，在此向这些研究者表示衷心的感谢。

在本书的编写和出版过程中，得到了清华大学出版社的大力支持和帮助，在此一并致以衷心的感谢。

由于编者水平所限，书中难免存在缺点、错误和不足之处，恳请广大师生和读者提出意见、批评与指导，以便将来进一步提高和完善。

编　者

# 目　　录

# 第一章　现代物流客户关系管理概论

【学习目标】通过本章的学习，使学生了解现代物流客户关系管理的产生与发展过程，掌握现代物流客户关系管理的基本概念、理论与方法，认识在互联网与大数据时代背景下现代物流客户关系管理发展的新趋势。

【关键概念】物流客户(Logistics Customer)　客户关系管理(Customer Relationship Management，CRM)　信息技术(Information Technology)　互联网+(Internetwork+)　大数据(Big Data)

【引导案例】

## 上海联合麦通外包呼叫中心优雅牵手全球顶级巧克力

2015年4月，上海联合麦通外包呼叫中心(以下简称联合麦通)签约全球顶级巧克力制造商，为其提供一揽子客户联络中心服务。

联合麦通成立于2001年，是为世界500强为主的企业提供客户关系管理服务的专业公司。联合麦通不仅是电话中心的专业管理者，其客户服务人员、工程师还通过电话、网络、微信、传真、自动语音等工具处理24小时不间断的咨询与访问，并在此基础上提供数据分析与咨询建议。联合麦通是这些世界级企业的客户关系管理与商业活动的信息中心。

本次联合麦通所服务的全球知名巧克力糖果巨头费列罗公司于1946年始创于意大利北部，家族式经营，至今第三代，已发展成为享誉全球的跨国集团，并拥有一系列自创的名牌优质产品。最著名的要数其榛果威化巧克力。这款产品开创了多层式用料，外面铺满牛奶巧克力和碎榛子，里面有威化、软巧克力和一粒完整的榛子，带给用户多重的口感享受。

无论如何，在品牌背后，在所有财务报表后面，在一个大型跨国企业的扩展后面，都有一个故事，讲述了一个来自意大利皮埃蒙特大区的朴素、有创造力并且意志坚定的家族的过去、现在和将来。

联合麦通的外包呼叫中心、微信、App、IVR等多样化的服务渠道将带来更丰富、更便捷的客户接触体验，同时，客户联络中心也通过其全程的数据化管理向这一伟大品牌致敬。

(资料来源：https://www.51cctr.com/newnw.asp?bigclass...id=11334)

### 问题

请问在这个案例中，联合麦通是作为哪一类型的物流企业为全球顶级巧克力制造商提供服务的？它为全球顶级巧克力制造商提供了哪些基本服务？这些服务体现了互联网时代下客户关系管理方式有何改变？

## 第一节　物　流　客　户

现代物流企业的宗旨就是满足顾客的需求，优质的物流客户服务会给企业带来巨大的竞争优势。物流客户的重要性体现在客户对企业的价值上，它不单单是指客户的购买为企业带来的利润贡献，而且是指客户为企业创造的所有价值的总和，客户是企业生存和发展的基础。客户关系管理的出现让物流企业管理走向信息化的同时，也促使其必须全面审视外部客户资源，通过建立和管理物流客户关系来提升顾客的满意度和忠诚度，使物流企业的管理更富有人性化，同时提高其竞争力。当前全球市场日趋一体化和网络化，物流客户竞争更加激烈，因此，以管理与服务为核心的现代物流客户关系，不断以新的理念、新的方式、新的服务展现在人们的面前。

# 一、物流客户的含义

客户，是指一个公司所有的服务对象(公司股东、雇员、顾客、合作者、政府官员、社区的居民等)。客户是企业生存与发展的根基，是企业的利润来源。对于客户，通常的看法是：客户是购买产品或服务的个体。顾客可以由任何人或机构来提供服务，而客户则主要由专门的人员来提供服务。比如到商场采购，我们就是商场的客户；到饭店就餐，我们就是饭店的客户。而现代物流企业的客户，其内涵已扩大了，营销学中的顾客、公司内部上流程与下流程的工作人员皆称为客户。其含义要点如下。

(1) 客户不全是产品或服务的最终接受者。处于物流供应链下游的企业是上游企业的客户，他们可能是物流商、批发商和零售商，而最终的接受者是消费产品和服务的自然人或企业法人。

(2) 客户不一定是用户。处于物流供应链下游的批发商、零售商是生产商的客户，只有当他们消费这些产品或服务时，他们才是用户。

(3) 客户不一定在公司之外。对于产品或服务提供者而言，企业内的上、下流程工作人员和供应链中的上、下游企业皆应视为内部客户。内部客户的地位日益受到重视，它可以使企业的服务链无缝连接。长期以来，人们习惯于为企业之外的客户服务，而把企业内的上、下流程工作人员和供应链中的上、下游企业看成是同事或合作伙伴，从而淡化了服务意识，导致客户服务内外脱节和不能落实。

长期处于计划经济体制中的我国物流企业，由于背景、地位、企业文化的差异，在内部客户不能获得预期或保质服务的情况下，常常将责任或不便转嫁给企业之外的客户，导致物流企业整体客户服务水平滞后。

综上所述，在供应链环境下，物流企业涉及的个体客户和组织客户统称为物流客户，因为无论是个体还是组织，都是接受物流企业服务的对象，而且从最终结果来看，"客户"的下游仍然是客户。因此，物流客户是相对于物流服务提供者而言的，是所有接受物流产品或物流服务的组织和个人的统称。

# 二、物流客户的重要性

物流客户的重要性主要体现在以下几个方面。

## (一)利润源泉

只有客户购买了企业的产品或者服务，才能使企业的利润得以实现。因此，客户是企业利润的源泉，管好了客户就等于管好了"钱袋子"。企业的命运是建立在与客户长远利益关系基础之上的。企业好比是船，客户好比是水，水能载舟也能覆舟。客户可以给企业带来利润，使企业兴旺发达，同时也可以使企业破产倒闭。GE变革的带头人杰克·韦尔奇(Jack Welch)说："公司无法提供职业保障，只有客户才行。"著名的管理学大师彼得·德鲁克(Peter F. Drucker)说："企业的首要任务就是创造客户。"

企业利润的真正来源不是品牌，品牌只是吸引客户的有效工具，再强势的品牌，如果没有客户追捧，同样是站不住脚的，这可以解释为什么有些知名品牌异地发展遭遇挫折，不是品牌本身出了问题，而是品牌没有被异地的客户所接受。

可见，客户是企业生存和发展的基础，客户所起的作用是决定性的，一个企业不管它有多好的设备、多好的技术、多好的品牌、多好的机制、多好的团队，如果没有客户及客户的忠诚，那么一切都将为零。

### (二)聚客效应

自古以来，"人气"就是商家发达的生意经。一般来说，人们的从众心理都很强，总是喜欢锦上添花，追捧那些"热门"企业，因此，是否已经拥有大量的客户成为人们选择企业的重要考虑因素。形象地说，客户是"播种机"，因为满意和忠诚的客户会带来其他新的客户。也就是说，已经拥有较多客户的企业容易吸引更多的新客户加盟，从而使企业的客户规模不断扩大。如果没有老客户带来的旺盛人气，很难想象企业能够源源不断地吸引新客户，企业也不可能长久地持续发展。

### (三)信息价值

客户的信息价值是指客户为企业提供信息，从而使企业更有效、更有的放矢地开展经营活动所产生的价值。这些信息的主要来源是：企业在建立客户档案时由客户无偿提供的信息，企业与客户进行双向、互动的沟通过程中客户以各种方式(如抱怨、建议、要求等)向企业提供的各类信息。这些信息包括客户需求信息、竞争对手信息、客户满意程度信息等。企业是为客户服务的，检验服务优劣的唯一标准就是客户评价。所以，形象地说，客户是"整容镜"，客户的意见、建议为企业的正确经营指明了方向，也为企业节省了收集信息的费用，而且为企业制定营销策略提供了真实、准确的第一手资料，因此，客户给企业提供的信息是一笔巨大的财富。

### (四)口碑价值

客户的口碑价值是指满意的客户向他人宣传本企业的产品或者服务，吸引更多新客户加盟，从而使企业销售增长、收益增加所创造的价值。所以说，客户是"宣传队"，他们会对其他人诉说正面或者负面的评价，从而影响他人对企业的兴趣和期望。研究表明，在客户购买决策的信息来源中，口碑传播的可信度最大，远胜过商业广告和公共宣传对客户购买决策的影响。因此，客户主动推荐和口碑传播会使企业的知名度和美誉度迅速提升，充分发挥和利用客户的口碑价值，还可以降低企业的广告和宣传费用。

### (五)对付竞争的利器

在产品与服务供过于求、买方市场日渐形成的今天，客户对产品或者品牌的选择自由越来越大，企业间的竞争已经从产品的竞争转向对有限客户资源的争夺，尽管当前企业间的竞争更多地表现在品牌竞争、价格竞争、广告竞争等方面，但实质上都是在争夺客户。业务流程重组的创始人迈克尔·哈默(Michael Hammer)曾说："所谓新经济，就是客户经济。"

另外，技术、资金、管理、土地、人力、信息等，可以很快、很容易地被竞争对手模仿或者购买，然而，企业拥有的客户，却很难被竞争对手模仿或者购买，客户忠诚一旦形成，竞争对手往往需要花费数倍的代价来挖客户。因此，从根本上说，一个企业的竞争力有多强，不仅要看技术、看资金、看管理，而且要看它到底拥有多少忠诚的客户，特别是拥有多少忠诚的优质客户。

例如，在小咖啡店买一杯咖啡只要 0.5 美元，而在星巴克却要 3 美元！这是为什么？谁也没有强迫谁购买，购买者都是心甘情愿的，因为他们觉得值——这就是理由，这就是原因。如果企业能够拥有较多的、以较高乐意度、以较高价格去购买企业的产品或者服务的客户，企业就能在激烈的竞争中站稳脚跟，立于不败之地。

企业拥有的客户越多，就越有可能获得规模效应，就越有可能降低企业为客户提供产品或者服务的成本，这样企业就能以等量的费用比竞争对手更好地为客户提供更高价值的产品或服务，提高客户满意度，从而在激烈的竞争中处于领先地位，有效地战胜竞争对手。

同时，如果企业拥有的客户众多，还会给其他企业带来较高的进入壁垒，市场份额只有那么大，你拥有的客户多了，意味着其他企业拥有的客户就少了。可以说，忠诚的、庞大的客户队伍将是企业从容面对市场风云变幻的基石。

市场竞争其实就是企业争客户的竞争，企业要实现盈利，必须依赖客户。客户的存在是企业生存和发展的前提，没有客户，企业就会垮台。

## 三、物流客户的分类

物流客户的常见分类方式有以下几种。

### (一)按时间顺序进行分类

按时间顺序进行分类可以将物流客户分为以下三种类型。

第一种类型：过去型客户，是指过去曾经购买过产品或服务的人。这些客户有可能只购买过一次，也有可能经常购买。只要从前有过交易记录，这些客户即使不再上门，也仍然是企业的客户。

第二种类型：现在型客户，是指正在和企业进行交易的人。即使是第一次，只要正在进行交易，无论是否成交，都是企业的客户。

第三种类型：未来型客户，是指将来有可能购买企业产品或服务的人。这是一个范围非常大的人群，有些人现在没有能力成为你的客户，但不表示他将永远如此，也许有一天因为条件成熟而成为你的客户。因此，这些潜在客户都是广义的客户。

### (二)按所处的地理位置进行分类

按所处的地理位置进行分类可以将物流客户分为内部客户和外部客户两类。

内部客户是指企业内部的从业人员、基层员工、主管，甚至包含股东在内。内部客户符合客户定义，他们具有一般性(外部)客户的特性。对企业来说，他们是具有多重身份的群体，更是需要首先满足的群体。常见的内部客户因工作关系可细分为三种：一是水平支援型，彼此独立工作，如遇困难则相互帮助，这种模式常见于一般的服务业；二是上下源流型，某位员工的工作承接自另一位员工，而自己的工作完成之后又必须转给下一位员工，这是一种承前启后的模式，在工厂中较为常见；三是小组合作型，它是以上两种模式的综合类型。

外部客户是指习惯称呼的"顾客"，可以分为以下两类。

(1) 显性型客户，是指能为企业带来眼前利益的顾客，是企业的衣食父母。这类顾客必须具备以下条件：其一，具有足够的消费能力；其二，对某种商品具有购买的需求；其三，了解商品的购买渠道；其四，可以为从业者立即带来收入。他们也是竞争企业极力争取的消费群体。

(2) 隐性型客户，除显性型客户之外，都是隐性型客户。这类客户具有以下特征：其一，目前财力有限，暂时不具备消费能力；其二，可能具有消费能力，但暂时没有购买商品或服务的需求；其三，可能具有购买能力，也可能具有消费需求，但缺乏商品信息和购买渠道；其四，可能会随着环境或需求的变化，而成为显性型客户。

### (三)从市场营销角度进行分类

从市场营销角度进行分类可以将物流客户分为以下四种。

(1) 经济型客户。这类客户是"便宜"的忠实拥护者。他们关心的是投入较少的时间和金钱得到最大的价值，往往只关心商品或服务的价格；他们这次在某企业购买商品或服务，是因为它便宜，下一次就可能因为另一企业商品的价格更便宜而购买另一企业的商品或服务。

(2) 道德型客户。这类客户觉得在道义上有义务光顾社会责任感强的企业，这类客户忠诚度非常高，但企业需要具有良好的声誉。

(3) 个性化客户。这类客户需要人际关系上的满足感，例如认可和交谈。

(4) 方便型客户。这类客户选择服务的重要标准是"方便"，且愿意为个性化服务额外付费。

### (四)从物流客户角度进行分类

从物流客户角度进行分类是物流领域应用最广泛的一种分类方法，物流客户层次如表 1-1 所示。

表 1-1　物流客户层次表

| 客户层次 | 比　重 | 档　次 | 利　润 | 目标性 |
|---|---|---|---|---|
| 一般客户(常规客户) | 80% | 低 | 5% | 客户满意度 |
| 合适客户(潜力客户) | 15% | 中 | 15% | 客户价值 |
| 关键客户(顶级客户) | 5% | 高 | 80% | 财务利益 |

(1) 一般客户。物流企业通常通过给客户让利来增加客户的满意度。这类客户主要希望从企业那里获得直接优惠和满意的客户价值。他们是前文所介绍的经济型客户，追求实惠。这类客户占企业全部客户的80%左右，但给企业带来的利润仅占5%。

(2) 合适客户。这类客户希望从良好的企业关系中获得价值，从而获得附加的收益。因此，他们常常和物流企业结为"战略联盟"，他们是物流企业与客户关系的核心。这类客户占企业客户总数的15%左右，并创造15%左右的利润。

(3) 关键客户。这类客户除希望从企业那里获得直接利益外，还希望获得诸如社会利益等间接利益，从而获得一种精神满足。他们是企业比较稳定的客户，虽然数量少，约占客户总数的5%，但企业80%左右的利润来自他们。

从物流客户角度进行分类的主要原因在于：任何一个企业的资源都是有限的，因此不可能为所有客户提供同等满意的产品或服务。企业应将有限的资源主要用来满足关键客户和合适客户的需要，以求得最大化的客户价值与最大的企业价值的平衡。

一个企业的有限资源如果能为客户提供满意的产品或服务，或能满足一小部分客户的服务需求，就会扩大合适客户和关键客户的范围，使一般客户也能得到更广泛的服务，从而促进客户整体价值的提高。该分类有利于企业根据关键客户和合适客户的需要进行有针对性的设计、制造和服务，使客户的个性化需求得到满足，使客户价值最大化。

以往客户只能被动地听取企业介绍，企业通过大众媒体进行广告宣传与客户交流，不需要考虑每个客户的独特需要，只要保持在电视和报刊上经常露面就可以树立品牌形象，就能吸引客户消费。但如今这种方法不再适用，因为客户对服务时间的要求是即时的，对距离的要求为零，并且希望与他们的交流是随时的，即客户在"新经济"时代要求更具针对性、交互性的有效服务信息传递，在飞速发展的"新经济"时代对企业的客户服务提出了更高的要求。

需要注意的是，客户的特质不是一直不变的，随着客户与企业交往的加深，客户所属类型也会发生变化，而在不同业务往来阶段，客户的特点也各不相同。

**知识拓展 1-1** 的内容见右侧二维码。

*屈臣氏选准关系客户*
*获得新生.docx*

## 四、不同发展阶段客户关系的特点

不同发展阶段客户关系的特点如表 1-2 所示。

表 1-2　不同发展阶段客户关系的特点

| 阶　段 | 客户需求特征 | 企业提供要求 |
| --- | --- | --- |
| 陌生人 | 认知企业产品存在 | 通过沟通活动来创造客户认知 |
| 点头之交 | 了解企业与其产品或服务的信息 | 以一种便利、直接的方式提供更详尽的信息 |
| 朋友 | 能够与企业分享共同的兴趣和偏好 | 提供完全信息，建立信赖的价值基础 |
| 客户 | 能够购买企业的产品或服务 | 提供有效率的购买条件和有价值的产品或服务 |
| 忠诚者 | 愿意并主动宣传企业的产品或服务 | 提供附加价值，并建立固定的沟通渠道 |

## 第二节　现代物流客户关系管理

客户关系管理(Customer Relationship Management，CRM)这个概念最初由美国的 Gartner 集团提出，并于 1993 年形成了比较完善的理论体系。一般来说，客户关系管理包括为企业提供全方位的管理视角、赋予企业更完善的客户交流能力、最大化客户的收益率。

### 一、客户关系管理的起源和发展

CRM 起源于 20 世纪 80 年代初提出的"接触管理"(Contact Management)，即专门收集整理客户与公司联系的所有信息；到 90 年代初期则演变为包括电话服务中心与支援资料分析的客户服务系统(CSS)、销售力量自动化系统(SFA)。经过近 30 年的不断发展，客户关系管理不断演变、发展并趋向成熟，最终形成了一套较为完整的管理理论体系。这套理论不仅深刻地影响了企业的经营战略和管理思想，也极大地促进了西方工业国家的经济发展。在实际运用中，生产力高速发展，工业经济时期以产品为中心的卖方市场经济被以客户为中心的买方市场经济取而代之。市场竞争扩展到更广的领域和更深的层次，企业生存和发展的首要任务就是提高自身的竞争优势，而最大限度地挖掘和维护客户资源成为提高企业竞争能力的重要法宝。

同时，企业与客户的关系也在发生着变化，企业必须在长期利益和短期收益中找到平衡点，使客户和企业达到双赢的局面。由此可见，企业旧有的管理理念和方式必须进行深刻而彻底的革命。

#### (一)CRM 提出的时代背景

产品经济是一种全社会生产能力不足和商品短缺的经济，是以"产品"生产为导向的"卖方市场"经济，即产品生产的标准化及企业生产的规模大小决定其市场竞争地位。企业管理最重要的指标就是成本控制和利润最大化。

随着生产力的不断发展，全社会生产能力得到了极大提高，商品极大丰富并出现过剩。在这种情况下，客户选择需求满足的空间及选择余地显著增大，客户需求呈现个性化特征。此时只有最先满足客户需求的产品才能实现市场销售，市场竞争焦点发生转移并变得异常激烈。因此，企业对其市场行为的管理不得不从过去的"产品"导向转变为"客户"导向，只有快速响应并满足客户个性化的需求，企业才能在激烈的市场竞争中得以生存和发展。标准化和规模化生产方式不得不让位于多品种、小批量的生产方式，企业取得市场竞争优势最重要的手段不再是成本而是技术的持续创新，企业管理最重要的指标也从"成本"和"利润"转变为"客户满意度"。

为了提高"客户满意度"，企业必须完全掌握客户信息，准确把握客户需求，快速响应个性化需求，提供便捷的购买渠道、良好的售后服务，建立经常性的客户关怀等。在这种时代背景下，客户关系管理理论不断完善，并随着网络技术的广泛应用而推出客户关系管理软件系统，促使客户关系管理迅速普及应用和不断深化。

### (二)CRM 产生与发展的促进因素

20 世纪 90 年代，CRM 受到了诸多媒体的关注，作为一种标准化的管理理论体系，国内外很多软件商也推出了以"客户关系管理"命名的软件系统和信息系统，推动了客户关系管理在实际应用和理论上的迅速发展。其产生和发展与下述几项因素有关。

#### 1. 需求的拉动

在需求方面，20 世纪 80 年代中期开始的业务流程重组和企业资源计划系统(ERP)建设，实现了对制造、库存、财务、物流等环节的流程优化和自动化，很多企业在信息化方面已经做了大量的工作，收到了很好的经济效益。但同时很多企业的营销和服务领域的信息化程度越来越不能适应业务发展的需要，即企业的营销和客户服务部门难以获得所需要的客户互动信息；来自销售、客户服务、市场、制造、库存等部门的信息分散在企业各部门，这些零散的信息既无法对客户有全面的了解，又让企业各部门难以在统一的信息基础上推出对客户满意的营销组合方案。从而需要各部门对客户的各项信息和活动进行集成，组建一个以客户为中心的专业管理体系，实现对客户活动的全面管理。这就是客户关系管理应运而生的需求基础。总之，随着生产力的提高，市场处于日趋饱和的状态，产品开始供大于求，市场的主动权逐渐掌握在客户手中，企业与客户之间的信息交流由单向传递变成了双向互动，企业要想获得市场份额，必须满足客户个性化、多样化的需求。市场需求的变化导致了市场结构的变化，客户关系成为企业重新配置社会资源和制定市场战略的核心。

#### 2. 信息技术的推动

信息技术是 CRM 产生实质性进展过程中最有力的推动力量。20 世纪后期，信息技术取得了长足进步，特别是计算机、网络应用和通信技术的飞速发展，使客户关系管理由理论变成了现实。著名的摩尔定理说明了微电子技术的突破，造就计算机存储、处理和运算能力日新月异神话的可能性。Internet 的普及使电子商务在全球范围内如火如荼地展开，它彻底颠覆了企业传统的经营模式。通信中各项处理技术更是层出不穷，如数据仓库(Data Warehouse，DW)、数据挖掘(Data Mining，DM)、关系技术(Relational Technology，RT)、决策支持系统(Decision-making Support System，DSS)以及神经网络系统(Neural Network System，NNS)和软件纷纷诞生。在信息技术和管理理念方面，办公自动化程度、员工计算机应用能力、企业信息化水平、企业管理水平的提高都有利于客户关系管理的实现。客户信息的收集、分析、发布是客户关系管理的基础，信息技术的发展使这种信息应用成为可能。

- 企业的客户可通过电话、传真、网络等访问企业，进行业务往来。
- 任何与客户打交道的员工都能全面了解客户关系，根据客户需求进行交易，了解如何对客户进行纵向和横向销售，记录自己获得的客户信息。
- 能够对市场活动进行规划、评估，对整个活动进行全面的透视。
- 能够对各种销售活动进行追踪。
- 系统用户可不受地域限制，随时访问企业的业务处理系统，帮助企业获得客户信息。
- 借助客户数据库和相应的软件，拥有对市场活动、销售活动的分析能力。

- 能够从不同的角度提供成本、利润、生产率、风险率等信息，并对客户、产品、职能部门、地理区域等进行多维分析。
- 信息技术带来的数据仓库、商业智能、知识发现等功能的发展，使收集、整理、加工和利用客户信息的质量和速度大大提高。

### 3. 管理理念的更新

从管理科学的角度来考察，客户关系管理源于市场营销理论，是将市场营销的科学管理理念通过信息技术的手段集成在软件上，然后加以普及和应用。CRM 事实上是营销管理演变的自然结果，在营销管理理论中，主要包括 4Ps(产品 Product、价格 Price、分销 Place、促销 Promotion)组合营销理论、4Cs(以消费者需求为导向，重新设定了市场营销组合的四个基本要素，即消费者 Consumer、成本 Cost、便利 Convenience 和沟通 Communication)营销理论及 4Rs(以关系营销为核心，在 4Cs 营销理论的基础上提出了全新的营销四要素，即关联 Relating、反应 Reaction、关系 Relationship、回报 Return)营销理论等。在市场竞争中，企业可以发现传统的以 4Ps、4Cs 或 4Rs 为核心由营销部门实现的营销组合手段在充满"利诱"的竞争市场上，现在已经越来越难以实现营销的目标了。而客户关系管理的方法在注重 4Ps(4Cs 或 4Rs)关键要素的同时，反映出在营销体系中各种交叉功能的组合，其重点在于赢得客户，其本质又落实了营销的实质，其行为实际上是营销管理，所以，更显示出客户关系管理是一种以客户为导向的企业营销管理的系统工程。

同时，信息技术和互联网不仅为沟通信息提供了新的渠道，而且引发了企业组织架构、工作流程的重组以及整个管理思想的变革。在这种背景下，企业有必要而且有可能对面向客户的各项信息和活动进行集成，组建以客户为中心的专业管理组织，实现对客户活动的全面管理，并以此带动企业的经营。

综上所述，"客户关系管理"的产生与发展是有其客观性的，它借助先进的信息技术和管理思想，通过对企业业务流程的重组来整合客户信息资源，并在企业的内部实现客户信息和资源的共享，为客户提供一对一的个性化服务，改进客户价值、满意度、盈利能力以及客户的忠诚度，保持和吸引更多的客户，最终实现企业利润最大化。

总之，CRM 的产生和发展体现了两个重要的管理趋势的转变。一是帮助企业从以"产品"为中心的模式向以"客户"为中心的模式转变，即随着各种现代生产管理和现代生产技术的发展，产品的差别越来越难以区分，产品同质化的趋势越来越明显。因此，通过产品差别来细分市场，从而打造企业的竞争优势也就变得越来越困难，而客户的差异始终存在并愈演愈烈，把握市场的意义就在于把握客户。所以，以客户为中心的营销管理模式体现出企业管理的新趋势。二是 CRM 还表明了企业管理的视角从"内视型"向"外视型"的转变。网络及其他各种现代交通、通信工具的出现和发展缩小了时空距离，企业与企业之间的竞争也几乎变成了面对面的竞争，仅仅依靠 ERP"内视型"的管理模式已难以适应激烈的市场竞争，企业必须转变自己的视角，在企业外部寻求整合自己资源的黏合剂。关系的本质只是人类过去交互的简单记忆。当企业与客户产生关系时，如果客户每次的感觉都是重新开始，那么，就表明该客户与企业似乎没有什么关系。对企业而言，道理也是一样。这说明了客户体验持续系统很重要，要让客户和企业在此系统中都能感受到对方的"永久性"存在。

## 二、客户关系管理的内涵

依托先进的信息技术,将科学管理理念集成在软件上,可以在企业与客户之间建立一种数字的、实时的、互动的交流管理系统。

### (一)客户关系管理的含义

(1) CRM 是一种以客户为中心的现代管理理念。它吸收了"一对一营销""关系营销""数据库营销"等现代营销思想的精华,通过客户跟踪,采集客户个性化信息,再进行深入的客户分析,从而满足客户的个性化需求,提高客户的满意度和忠诚度,挖掘客户的潜在价值,并最终实现企业与客户的双赢。

(2) CRM 是一种旨在改善企业与客户之间关系的新型管理机制。首先,CRM 将企业内部和外部所有与客户相关的资料和数据集成在同一个系统里,以便让市场营销人员、销售人员、售后服务人员以及网站等所有与客户接触的一线人员或渠道都能够信息共享。其次,CRM 让每一个客户的需求通过一系列规范的流程得到快速而妥善的处理,并且让服务同一个客户的销售、物流、服务与管理人员能够紧密协作,从而大幅度地提高客户的满意度。

(3) CRM 是一种管理软件和技术,它将最佳的商业实践与数据挖掘、数据仓库、一对一营销、销售自动化以及其他信息技术紧密结合在一起,为企业的销售、客户服务和决策支持等领域提供一个业务自动化的解决方案,可顺利实现由传统企业模式向以电子商务为基础的现代企业模式的转化。

总之,CRM 的核心思想就是以客户为中心,确立"以客户为中心"的企业运作模式,从而提高客户的忠诚度,为企业带来丰厚的利润和上升空间。客户关系管理的核心管理思想如图 1-1 所示。

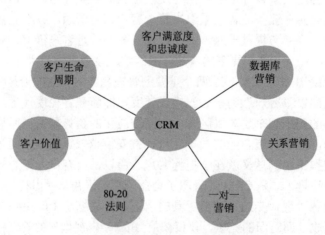

图 1-1　客户关系管理的核心管理思想

### (二)客户关系管理的内容

客户关系管理的内容包括以下几个方面。

(1) 客户概况分析:包括客户的基本信息、信用、偏好、习惯等。

(2) 客户细分分析：包括客户类型、客户价值、客户消费特点等。

(3) 客户满意度分析：是指客户对产品或商家的满意程度、持久性、变动情况等。

(4) 客户忠诚度分析：是指客户对产品或商家的信任程度、持久性、变动情况等。

(5) 客户流失分析：是指客户流失的缘由情况等。

(6) 客户利润分析：是指不同客户所消费的产品的边际利润、总利润、净利润等。

(7) 客户行为分析：是指不同客户所消费的产品按种类、渠道、销售地点等指标划分的情况。

(8) 客户未来分析：包括客户数量、类别、消费等情况的未来发展趋势，争取客户的手段等。

(9) 客户信誉度分析：是指客户支付行为等情况。

(10) 客户个性化服务分析：是指利用 Web 信息渠道优势，开展个性化服务的活动。

### (三)客户关系管理的作用

#### 1. 提高物流服务质量

企业通过 CRM 的模块，对物流活动加以计划、执行、监视、分析。通过调用企业外部的电信、媒体、中介机构、政府部门等资源，与客户发生关联。同时通过 CRM 的模块，提高企业物流过程的自动化水平，随着企业的网络化发展，订单处理和信息传递都能通过网络进行。通过 CRM 的前端功能模块，完成与后端 ERP 的整合，协调企业其他经营要素，在企业内部达到资源共享，以提高企业整体反应能力和事务处理能力，强化物流效果，从而为客户提供更快速的物流服务。

#### 2. 提升客户数据的集成水平

在采集、分析、处理客户数据和深层挖掘客户价值等方面，CRM 具有与其他系统资源融合的能力，它打破了长期以来销售系统、财会系统和办公自动化系统貌合神离、互相分割的格局，将从企业内部和外部终端(包括传统邮件、E-mail、电话、传真等)收集到的客户信息加以过滤、采编和整合。例如，在网络电子商店中，记录下客户的基本注册资料、浏览过哪些站点和网页、点击过哪些感兴趣的商品、查询过哪些信息、要求过什么样的服务等，将这些资料加以整理就可以从中找出该层次的顾客有哪些购买习惯及偏好，从而为高层决策提供有力的参考。

#### 3. 为生产研发提供决策支持

CRM 的成功在于数据仓库和数据挖掘。企业通过 CRM 软件所收集的资料了解企业客户，发现具有普遍意义的客户需求，合理分析客户的个性需求，从而挖掘具有市场需求而企业未提供的产品品种、产品功能，以及需要完善和改进之处等高附加价值的深加工信息，并通过对原料供应、社区环保、金融贸易政策等各项资源的收集分析，结合盈利模型测算，在企业生产研发环节为确定产品品种、产品功能及性能、产品产量等提供决策支持。

#### 4. 为适时调整内部管理提供依据

企业的 CRM 系统是企业整个内部管理体系的重要组成部分，企业通过 CRM 系统的反馈信息可以检验企业现有内部管理体系的科学性和合理性，以便及时调整内部管理的各项政策制度。

### 5. 优化企业业务流程

CRM 的成功实施必须通过对业务流程的重新设计，使之更趋合理化，才能更有效地管理客户关系，从而降低企业成本。CRM 的应用直接关系到一个企业的销售业绩，其实施成果经得起销售额、用户满意度、用户忠诚度、市场份额等"硬指标"的检测，它为企业新增的价值是看得见、摸得着的。

知识拓展 1-2 的内容见右侧二维码。

马士基的物流客户关系
管理.docx

## 三、物流客户关系管理的流程

物流客户关系管理的流程包括如下几个方面。

### (一)客户信息资料的收集

收集、整理相关客户信息资料，分析谁是企业的客户、客户的基本类型及需求特征和购买愿望，就可以在此基础上分析客户差异对企业利润的影响等问题。

收集、整理和分析客户信息的目的是分辨一般客户、合适客户和关键客户，与合适客户和关键客户建立亲密关系，把握客户信息、制定客户服务方案，满足客户个性化需求，提高客户价值。

### (二)客户信息分析

客户信息分析，即通过一系列问题的提出，全面、深入地了解客户的基本信息和信息的变化，以达到有针对性地服务于客户。提出的问题可以是以下几方面的内容。

(1) 识别客户是关键客户还是合适客户？

(2) 哪些客户在什么期间导致了企业成本的增加？

(3) 本年度企业最想和哪些企业建立商业关系？

(4) 本年度有哪些合适客户或关键客户？他们对企业的产品或服务提出了几次抱怨？

(5) 上一年最大的客户是否今年也订了不少产品？

(6) 哪些客户已把目光转向其他企业？

### (三)信息交流与反馈管理

实现有效的信息交流是建立和保持企业与客户良好关系的途径。客户反馈能衡量企业承诺目标的实现程度和及时发现为客户服务过程中的问题。

### (四)服务管理

服务管理包括以下几方面内容。

(1) 服务项目的快速录入。

(2) 服务项目的安排、调度和重新分配。

(3) 事件和升级。

(4) 搜索和跟踪与某一业务相关的事件。

(5) 生成事件报告。

(6) 服务协议和合同。

(7) 订单管理和跟踪。

(8) 问题及其解决办法的数据库。

(9) 时间管理。

(10) 进行日程安排、设计约见时间和地点，活动计划有冲突时，系统会及时提示。

(11) 进行事件安排。

(12) 任务表。

# 第三节　物流客户关系管理的发展趋势

21 世纪，全球经济一体化进程加快，企业面临尤为激烈的竞争环境，资源在全球范围内的流动和配置大大加强，世界各国更加重视物流发展对于本国经济发展、民生素质和军事实力增强的影响，更加重视物流的现代化。在 21 世纪，伴随“互联网+”及大数据的发展，现代物流发展将会出现物流信息化、物流网络化、物流标准化、物流社会化及物流全球化等新趋势。

## 一、现代物流发展趋势

电子商务与现代物流需要相辅相成地发展，是当今人们的共识。根据国内外物流发展的新情况，未来物流的发展趋势可以归纳出以下几个特征。

### 1. 物流信息化与网络化

现代社会已步入了信息时代，物流信息化是社会信息化的必然要求和重要组成部分。物流信息化表现在：物流信息的商品化，物流信息收集的代码化和商业智能化，物流信息处理的电子化和计算机化，物流信息传递的标准化和实时化，物流信息存储的数字化和物流业务数据的共享化等。

网络化是指物流系统的组织网络和信息网络体系。从组织上来讲，它是供应链成员间的物理联系和业务体系，国际电信联盟(International Telecommunication Union，ITU)将射频识别技术(Radio Frequency Identification，RFID)、传感器技术、纳米技术、智能嵌入技术等列为物联网的关键技术，这种过程需要有高效的物流网络支持。而信息网络是供应链上企业之间的业务运作通过互联网实现信息的传递和共享，并运用电子方式完成操作。例如配送中心向供应商发放订单就可以利用网上的电子订货系统通过互联网来实现，对下游分销商的送货通知也可以通过网上的分销系统甚至移动手持设备来实现。

### 2. 物流自动化与移动化

物流自动化的基础是信息化，核心是机电一体化，其外在表现是无人化，效果是省力化。此外，它还能扩大物流能力、提高劳动生产率、减少物流作业的差错等。物流自动化的技术很多，如射频自动识别、自动化立体仓库、自动存取、自动分拣、自动导向和自动定位、货物自动跟踪等技术。在我国，这些技术已逐渐应用于物流作业中，另外，为了适应市场需求，国内企业正在不断地进行物流技术创新，这对企业的持续发展起到了坚强的保障作用。例如邮政、机场、连锁商业等配送中心和分拣设施的建设就有效地保证了系统的高效率运行。因此，物流自动化水平的提高为我国物流现代化提供了良好的物质基础和技术支持。

移动化是指物流业务的信息与业务的处理移动化。应用现代移动信息技术(通信、计算机、互联网、GPS、GIS、RFID、传感、智能等技术)能够在物流作业中实现移动数据采集、移动信息传输、移动办公、移动跟踪、移动查询、移动业务处理、移动沟通、移动导航控制、移动检测、移动支付、移动服务等，并将这些业务与物体形成闭环的网络系统，实现真正意义上的物联网。它不仅可使物流作业降低成本、加速响应、提高效率、增加盈利，而且还可使其更加环保、节能和安全。

### 3. 物流标准化与社会化

标准化是现代物流技术的一个显著特征和一种发展新趋势，也是实现现代物流的根本保证。货物的运输配送、存储保管、装卸搬运、分类包装、流通加工等作业与信息技术的应用，都要求有科学的标准。例如，物流设施、设备及商品包装、信息传输等的标准化等。只有实现了物流系统各个环节的标准化，才能真正实现物流技术的信息化、自动化、网络化、智能化等。

物流社会化也是今后物流发展的方向，其最明显的趋势就是物流业出现第三方和第四方物流服务方式。它一方面是为了满足企业物流活动社会化要求所形成的，另一方面又为企业的物流活动提供了社会保障。而第三方、第四方乃至未来发展可能出现的更多服务方式是物流业发展的必然产物，是物流过程产业化和专业化的一种形式。人们预测下一阶段的物流将向虚拟物流和第 N 方物流发展，物流管理和其他服务也将逐渐被外包出去。这将使物流业告别"小而全、大而全"的纵向一体化运作模式，转变为新型的横向一体化的物流运作模式。

### 4. 物流兼并化与全球化

信息共享是实现经济全球化、物流全球化的重要保障。很多企业有不少企业内部的秘密，物流企业很难与之打交道，因此，如何建立信息处理系统并及时获得必要的信息，对物流企业来说是个难题。所以，物流企业的兼并或者联合，甚至组建战略联盟就显得非常重要。可以预见，在电子商务的不断发展过程中，对物流企业的管理和规模将不断地提出要求，兼并和联合风潮将不断地出现。

为了实现资源和商品在国际上的高效流动与交换，促进区域经济的发展和全球资源优化配置的目标，物流运作必须向全球化的方向发展。在全球化趋势下，物流目标是为国际贸易和跨国经营提供服务，选择最佳的方式与路径，以最低的费用和最小的风险，保质、保量、准时地将货物从某国的供方运到另一国的需方，使各国物流系统相互"接轨"，它代表物流发展的更高阶段。我国企业正面临国内、国际市场更加激烈的竞争，面对资源在全球范围内的流动和配置大大加强，越来越多的外国公司加速加入中国市场，同时一大批中国企业也将真正融入全球产业链，这将加剧中国企业在本土和国际范围内与外商的竞争，这些都将对我国的物流业提出更高的要求。

### 5. 客户增值功能化与速度化

利用电子本身的优势，增加便利性的服务，客户服务增值功能将得到不断强化。例如，提供一条龙服务、门到门服务、一张面孔接待顾客、24小时营业、自动订货、传递信息和转账(利用 EOS、EDI、EFT)，以及将其他行业结合起来、无线 POS、移动小额支付等，都属于增加便利性的增值服务。

快速反应(Quick Response)已经成为物流发展的动力之一。传统反应速度的加快主要建立在物流运输工具以及基础设施之上，但是，电子商务时代的快速反应建立在优化电子商务系统，以及网络的设计上，是偏向于软件方面的快速反应。物流系统必须具有良好的信息处理和传输系统，准确地提供更多的物流需求信息和库存信息，提高信息管理科学化水平，使产品流动更加容易和迅速。

---

**资料链接：新加坡航空公司为客户提供增值服务**

全方位的服务是新加坡航空成功的基础。公司认识到客户需要的服务是一个整体，而在这个整体中所有的部分都应该是最优秀的。

Yap 先生说："新航女郎是我们的标志，我们为她们而感到骄傲，我们一直在提高她们的技能。我们希望提高她们品尝酒和奶酪的能力。这种提高必须是连续的。然而，我们不只是集中在新航女郎上，航班的服务可以分为很多不同的部分。我们必须使任何一个部分都达到优质的标准，这样会使我们竞争对手的日子不好过。等他们来模仿我们的服务时，我们已经升级了，走到前面去了。这也要求我们在任何一件事上都要持续地创新、持续地开发。我们不仅仅只是在商务舱提供最好的座椅供乘客使用，我们还提供最好的客舱服务、最好的食物、最好的地面服务，这些就和提供最好的座椅一样。这就是'全面性'所要求的。这还要求我们的价格不能太高。举个例子来说，在往返新加坡和曼谷的短途航班上，我们要提供最好的食物，你可能会想到提供龙虾，这样的话，你可能会破产。最关键的是，在新加坡至曼谷的航线上，我们所提供的每一项服务都比我们的竞争对手所提供的要好，这就足够了。只要在每一项服务上好上一点点就够了。这样就使我们能从这个航班上多赢得一点利润，也使我们有能力去创新，而不会使我们的定价比别的竞争对手高很多。我们希望提供优质的服务，而且物美价廉。这样我们的竞争对手就很难赶超。因此，在新加坡航空公司，我们时时刻刻都在推出新的服务。我们希望，在任何时候、在任何方面我们都比我们的竞争对手好一点点。"

(资料来源：https://wenku.baidu.com/view/ac898a186bd97f192279e981.html)

---

### 6. 互联网+第三方物流服务飞速发展

目前我国的物流需求仍以物流运作为主，更加强调物流代理的形式以及需要一体化的物流服务。同时，物流过程管理、物流决策、资料擢取等信息服务越来越受到企业的重视。物流成本占 GDP 的比重为 20%～25%。种种迹象表明，互联网+第三方物流市场正在逐渐走向成熟。

国家邮政局发布的数据显示，2019年全年快递服务企业业务量完成635.2亿件，同比增长25.3%；快递业务收入完成7497.8亿元，同比增长24.2%。快递业务收入在行业中的占比继续提升。快递业务收入占行业总收入的比重为77.8%，比上一年提高了1.4个百分点。全年同城快递业务量完成110.4亿件，实现业务收入751.8亿元。全年异地快递业务量完成510.5亿件，同比增长33.7%；实现业务收入3941.2亿元，同比增长27.1%。国际/港澳台快递业务持续增长。全年国际/港澳台快递业务量完成14.4亿件，同比增长29.9%；实现业务收入747.3亿元，同比增长27.6%。异地业务占比提升。同城、异地、国际/港澳台快递业务量占全部比例分别为17.4%、80.4%和2.2%，业务收入占全部比例分别为10%、52.6%和10%。

## 二、现代物流客户关系管理存在的问题

在新的环境下，企业必须把握好现代物流的发展趋势，运用先进的管理技术和信息技术，提高物流客户关系的管理能力和创新能力，提升自己的竞争力。然而，随着物流公司的业务发展，多数物流客户管理短板逐渐凸显，从总体上看，物流客户关系管理中还存在以下问题。

### 1. 经营理念滞后、服务意识有待提高

如企业内部对客户资料的收集、整理、分类往往显得比较零乱，缺乏系统性，缺乏对客户的分析能力，客户沟通渠道单一、落后。同时，企业营销数据传统方式统计困难，销售策略、技术准备、客户监控战略等还难以细化。现阶段，大多数物流企业虽然已经开始重视客户资源，购买了客户关系管理软件或相关模块，在不同程度上意识到并且实施了客户关系管理，但其本质上仍是以利益为中心，一旦客户和企业的根本利益发生冲突时，他们会毫不犹豫地选择牺牲客户的利益，导致实际工作无法真正满足客户的需求，也就更加谈不上满足客户的个性化需求，所谓满意度和忠诚度也就更加无从谈起。

### 2. 组织结构和流程改造困难

企业在设计客户关系管理系统架构时，应当进行企业组织结构和业务流程重组，这是客户关系管理实施的基础。要真正地以客户为重，企业必须采用以了解客户、服务客户为目标的组织形态和业务流程，否则客户关系管理难以取得成功。然而，由于众所周知的原因，我国大多数物流企业是由传统的运输、仓储企业转型而来的，企业现有的组织结构是一种以产品为中心的内部导向型组织，没有体现以客户为中心的经营理念。企业组织结构和流程重组又非朝夕能够见效，考虑到物流企业的现实管理问题，流程改造必然与现实利益发生矛盾，其难度可想而知。因此在原有的组织结构和业务流程上架构客户关系管理系统，让原本可以维持运转的企业变得无所适从，组织结构出现混乱。

### 3. 物流方案设计与实施的个性化不强

所谓个性化的物流方案，就是根据客户所提出的需求，结合企业相关制度及所拥有的资源，为客户量身定制一个独一无二的物流方案。很多客户在选择物流企业的时候，都想找一家能最大限度地满足自己需求、提供贴心服务的企业。但是，目前我国大多数物流企业面对不同类型、不同层次的客户采用的却是统一的服务标准和服务流程。所以，不同客

户在合作期间以及合作结束后对企业的满意度也必然是不同的，正是这种毫无针对性、缺乏个性化的物流服务，导致整个物流行业服务水平和质量都难以提高。对此，我国物流企业必须树立以客户作为重要的战略性资源的思想，为客户提供他们所需要的个性化方案及服务，以提高客户满意度，最终实现客户忠诚，只有这样，才能创造客户价值、提升物流企业的利润。

### 4. 客户关系管理系统实施的成本问题

从 IT 角度来看，客户关系管理系统是一个应用软件系统。它包括业务操作管理子系统、客户合作管理子系统、数据分析管理子系统和信息技术管理子系统。系统实施的巨大成本让许多物流企业望而却步。如 PSFT 的全套方案基本上在 5000 万美元左右，即使其中的一些模块实施起来都在上百万美元，这对许多物流企业来讲无疑是天文数字，很多中小物流企业对实施客户关系管理系统的成本还有疑虑。此外，客户关系管理的实施周期会比较长，资金投入和对管理实行改造不会马上产生效益，而国内并没有很多成功实施的案例，这就导致大多数物流企业对实施客户关系管理效益的担心。

### 5. 缺少规范的服务评价标准和行业评价体系

国内很多物流企业只是把客户关系管理水平的高低看成是销售竞争的一种手段，对客户关系管理是物流企业核心竞争力这一点没有引起足够的重视。很多物流企业仅仅从自己的业务范围内看待自己的服务，对客户企业的上游、下游等供应链的诸多环节了解不够、对他们的目标需求了解不够，与客户的沟通、对客户的关怀等难以达到客户的要求。针对这种情况，目前国内除了少数第三方物流企业及外资企业外，大部分物流企业都没有建立起科学合理的客户关系管理评价标准，评价标准的缺失造成服务目标不明确，服务过后没有反馈信息等诸多问题。另外，我国物流行业也缺乏相应的客户关系管理评价体系，以致各物流企业客户关系管理发展参差不齐，没有一个统一的服务评价指标可言，就更谈不上各类型企业的客户关系管理的监督与控制了。

总之，任何能让客户满意程度提高的管理与服务项目，都属于客户关系管理的范畴。满意程度是客户"期望"的待遇与"获得"待遇之间的差距。形成"期望"与"获得"之间差距的因素有很多，从企业服务产品广告宣传到产品本身的设计，以及员工的行为、客户本身的地位、素质，甚至感受服务当时的心情等，这些因素都很重要，但是对企业来说又是很难控制的。因此，满意的根源即构成客户管理与服务的要素，而这些要素可以说是形形色色的，甚至是难以捉摸的。

**资料链接：如何重视物流服务**

据武汉市某报纸报道，武汉有一位女士，其居住在河南的女儿、女婿为尽孝心，委托某货运公司托运了苹果和梨各一箱。该女士按原定的到货时间致电货运公司，货运公司称货物尚未运到。事隔多天后货运公司通知该女士，说水果已经到武汉。该女士前往货运站取货，却发现两箱水果残缺不全，一箱苹果只剩下几个，梨也只剩下半箱，多方责问下，货运公司经理称：水果在运输保管途中因气候原因变质、腐烂，尚好的部分让工人吃掉了，所以只剩下这么一点。当记者问及承运部门是否知道箱内物品的类别以及不同类型的货物不能混装时，这位经理竟答道："这个我们不管。"

（资料来源：https://wenku.baidu.com/view/ac898a186bd97f192279e981.html）

**问题**

客户服务工作的基本前提是什么？

# 本 章 小 结

围绕着客户，物流企业在交易前、交易中、交易后三个阶段都应全面地进行管理与提供相关服务，在分析客户需求的基础上，从客户需求刺激、客户需求思维、客户需求反映方面入手，实现客户价值最大化。值得一提的是，为了提高"客户满意度"，物流企业广泛采用了客户关系管理(Customer Relationship Management，CRM)系统。CRM 是一种以客户为中心的现代管理理念，是一种旨在改善企业与客户之间关系的新型管理机制，更是一种管理软件和技术。它将最佳的商业实践与数据挖掘、数据仓库、一对一营销、销售自动化以及其他信息技术紧密结合在一起，为企业的销售、客户服务和决策支持等提供一个业务自动化的解决方案。其具体包括客户概况分析、客户细分分析、客户满意度分析、客户忠诚度分析、客户流失分析、客户利润分析、客户行为分析、客户未来分析、客户信誉度分析及客户个性化服务分析。21 世纪，现代物流发展将会出现物流信息化、物流网络化、物流标准化、物流社会化及物流全球化等新趋势。

# 自 测 题

1. 物流客户的含义是什么？
2. 物流客户可分为哪些类别？有何特点？
3. 物流客户关系管理有何重要作用？包括哪些内容？
4. 简述物流客户关系管理的流程。
5. 简述现代物流发展趋势。

# 案 例 分 析

## 讯 鸟 软 件

"使用讯鸟呼叫中心在维护老客户关系、改善客户黏稠度、提高客户忠诚度、降低新客户使用门槛方面发挥了非常重要的作用，这是我们最切身的感受。"

——淘宝网客户服务总监　路岩

1999 年 6 月阿里巴巴集团成立。2001 年，成立刚两年的阿里巴巴集团推出"诚信通"会员服务，并通过招标的形式在全国范围内寻找合适的呼叫中心系统供应商。处在创业初期高速发展阶段的阿里巴巴集团，遇到了同样处在类似发展阶段的讯鸟软件，并由此创立了"电子商务+呼叫中心"的黄金模式，演绎出国内电子商务帝国的高速成长神话。

阿里巴巴呼叫中心项目一期工程于 2005 年 1 月开始建设，2005 年 3 月 28 日全部 448 座席上线运营；到 2009 年 8 月，陆续扩容至近 6000 座席。目前，阿里巴巴集团的呼叫中心规模在国内呼叫中心领域内位居前列。

1) 创国内单点呼叫中心超大座席量之最

阿里巴巴呼叫中心全面采用了讯鸟产品，在一套分布式交换机的组网环境下，承担了多达 5000 多个座席的负载，讯鸟产品单点大呼叫量的优势毋庸置疑。

2) 讯鸟技术为 7-24 小时不间断服务保驾护航

阿里巴巴呼叫中心项目充分考虑了交换机、网络或其他故障因素，通过采用远端交换机再生功能和讯鸟产品独有的多机热备系统，保证了该客服中心 7-24 小时不间断运行的要求。

该呼叫中心采用了讯鸟 CTI 多机热备系统(平时负载均衡)，IVR、传真服务器也采用多机在线分布部署的方式。一旦发生网络或其他故障导致交换机与一台 CTI 服务器间连接中断，正常的 CTI 服务器能检测到并立即自动接管相关座席，整个接管过程小于 1 秒，不影响当前的业务及座席通话。当故障原因消除，系统将自动恢复链接，并将接管的座席自动切换回来。

3) 讯鸟 IP 呼叫中心实现座席分散与集中部署相结合

阿里巴巴集团的呼叫中心项目以杭州作为中心点，另设北京、杭州、上海、成都、广州、青岛 6 个地区共 9 个分支点。项目采用集中控制的方式实现中继分散接入、座席分散与集中相结合的方式，非常适合于阿里巴巴这样在全国均有办事机构的公司使用。

4) 提高客户满意度，主动进行电话销售

阿里巴巴呼叫中心项目主要负责阿里巴巴旗下的诚信通、淘宝、支付宝、口碑网等电子商务交易的客户服务和主动销售工作。目前，中国的网商规模已经达到 6300 万，电子商务模式广泛渗入零售业、制造业等传统行业，在为企业提供新型销售模式的同时，快速促进了销售额的上升和业务的发展。这与阿里巴巴集团利用呼叫中心，矢志不渝地推进中国电子商务化进程密不可分。

(资料来源：电子商务研究中心，http://b2b.toode.com/detail-4520955.html)

**问题**

以阿里巴巴为例进行分析，讯鸟客户服务的优点是什么？

# 阅 读 资 料

联邦快递的物流客户关系管理

具体内容见右侧二维码。

第一章阅读资料.docx

# 第二章　现代物流客户关系管理系统

【学习目标】通过本章的学习，使学生了解 CRM 的起源以及对其科学的定义，掌握物流 CRM 的特点及其基本内容，认识 CRM 系统的技术功能。

【关键概念】客户关系管理系统(Customer Relationship Management System)　CRM 系统的基本架构(The basic framework of CRM system)　技术系统(Technology System)

【引导案例】

## CloudCC CRM 犹如物流业信息管理的"木牛流马"

神州云动 CloudCC CRM 客户解决方案，由世界顶端第三代 PaaS 平台提供支持，凝聚了内存计算、云计算、企业移动应用和协同等强大功能，帮助企业超越传统 CRM，革新企业与客户之间的互动方式。

借助由 CloudCC(http://www.cloudcc.com)第三代 PaaS 平台提供支持的内存计算平台的强大功能，进行端到端的客户互动，企业能够实时处理和分析不同数据源的海量数据，随时随地获取实时的、可执行的、真正 360 度全方位的客户洞察力，帮助企业提高营销效果，改善销售业绩，提升服务质量，并实现客户资源利用最大化。

首先，CloudCC CRM 可以帮助物流企业实现全方位、可视化的客户信息管理。CloudCC CRM 提供完善的客户信息，包括行业、规模、经营模式、联系人、问卷调查、行动记录、商机、订单等，以及各种自定义字段。真正的 360 度客户信息，业务信息透明化，让管理者的视角一览无余。完全根据物流业的特点和物流公司的需要定制客户视图、档案库，系统中所有的业务数据都可以与客户关联，在客户档案下可以直接查看和调用数据，提高工作效率。此外，系统可以实现客户的定位及运输线路的查询功能。同时，随着业务的发展，物流公司还可以随时增减账号，大大地提高了运营效率，降低了运营成本。

其次，CloudCC CRM 可以帮助物流企业实现高效、规范的服务管理。CloudCC CRM 系统以客户服务、业务、产品、知识库四大模块为基础，全面记录客户基本信息、订单、车辆、资质、货物、运输线路等信息，并妥善处理业务受理、配载、装货、提货、收款、发票等流程，全面疏通企业信息渠道，实现不同业务部门、不同地域之间的组织协作。同时，系统将客户服务信息、投诉信息、赔偿信息整合到统一的体系中，能够对所涉及的多种服务资源进行全面、精准、高效的管理，从而提高客户的满意度。通过 CloudCC CRM 与呼叫中心的整合，服务人员在收到外呼时，控制台自动显示来电者的信息，包括联系记录、客户信息以及任何其他相关的信息，并快速传递服务请求单、投诉单、处理单等服务信息，提升运输服务处理效率。

最后，CloudCC CRM 可以集中管理信息查看的权限，信息管理安全无虞。客户数据字段级安全设置，在同一系统中，不同的人员有不同的数据查看权限，数据异常批量导入、导出，CloudCC CRM 自动发送短信和邮件提醒管理员，从而防止客户资料泄露和销售离职带走客户资料。某一客户如果长期存在于系统内，会被很多业务员拥有过，记录客户分配的信息，有助于企业在出现问题时以最快的速度找到当时的负责人。此外，物流企业在创建 CloudCC CRM 后，可依据 CloudCC CRM 系统大量的客户和营销业务信息，以及强大的数据分析能力和模型，分别对客户的特征、业务行为、价格、成本、收益等因素进行分析，为企业高层提供有效的决策依据和支持。

思路决定出路。创新是企业发展不竭的动力，而移动信息化的应用给正处在激烈竞争中的物流企业带来了创新发展新思路。在物流市场竞争越来越激烈的今天，只有重视每一位客户的每一个反馈，才能在客户服务上精益求精，获得更多客户的认可。相信通过 CloudCC CRM 打造的行业领先的智能物流管理信息平台，物流企业一定能以更优质的服务，全面提高企业核心竞争力。

(资料来源：http://www.ccidnet.com/2015/0916/10026555.shtml)

# 第一节　客户关系管理系统简介

## 一、客户关系管理产生的背景

下面简要介绍客户关系管理的起源和重要性。

### (一)客户关系管理的起源

也许成功的杂货店老板就是客户关系管理观念的先行者，不难想象，杂货店老板的客户一般是住在附近的街坊邻居，所以很多老板几乎记得所有客户(至少是大多数客户)的名字，例如，隔壁张三要买烟，不等其说出香烟的牌子，老板就可拿出张三平时喜欢抽的烟。老板听说对面王婶的儿媳妇快要生小孩了，在了解预产期后便可事先购进了大量的米酒，以满足王婶的儿媳妇坐月子的需求。客户的消费行为、偏好及客户的需求在客户与老板的互动中得到了很好的诠释。杂货店老板客户关系管理成功的关键在于与客户互动得到的信息，而这些信息就是潜在的商机，它们存在于老板的记忆里，每当与客户交易时，就会利用记忆中的相关信息，以满足各种客户的需求。

从杂货店老板身上可以看出，客户关系管理并不是什么新鲜、了不起的概念。那么为什么近年来，无论是金融业、通信业还是物流业，都在渐渐地导入 CRM 观念与系统，并且已经形成了一股风潮呢？原因主要有以下几点。

- 客户数量激增——无论是金融业、通信业还是物流业，和原来相比，客户的数量都在急剧上升，单凭人的记忆去记录客户的习惯、兴趣、需求等已经不可能了。
- 客户需求越来越多样——随之而来的是企业"个性化""定制化"产品的产生。
- 同行业竞争越来越激烈——尤其是利润丰厚的市场往往聚集了若干家企业进行市场竞争，你方唱罢我登场，大家都在觊觎别人的好客户。市场份额(Market Share)与客户口袋占有率(Wallet Share)的战争总像刚刚开始一样。
- 市场反应时间越来越短——市场对新产品上市或是政策的改变，反应速度越来越迅速，不管企业是否已经做出营收分析或是客户流失风险分析，都必须在很短的时间内做出反应。

客户关系管理(Customer Relationship Management,CRM)这个概念最初是由美国 Gartner 集团提出来的,客户关系管理为企业提供了全方位的管理视角,并赋予了企业更完善的客户交流能力。20 世纪 80 年代初的"接触管理"(Customer Contact)可以说是 CRM 的前身,它的主要作用是收集整理客户与公司联系的所有信息;到 20 世纪 90 年代初,其演变成为包括电话服务中心与支援资料分析的客户服务系统(Customer Service System,CSS)、销售力量自动化系统(SFA)。但随着大环境的改变,很多企业已经不满足于这种状况,而是开始研发销售自动化系统,后又着手发展客户服务系统。1996 年以后,美国一些公司把这两个系统合并起来,再集成计算机电话集成技术,从此集销售、服务于一体并含呼叫中心的 CRM 产生了。历经近 30 年的验证研究,客户关系管理不断演变、发展并趋向成熟,最终形成了一套较为完整的管理理论体系。

在不断变化的环境压力下,公司运营的重要课题主要体现在如何设法增加营业收入水准、巩固现有客户、减少营运成本、提高投资回报率(ROI),而 CRM 的重要性便在这时显现出来。今天,企业在不断寻找与电子商务的高速扩张模式匹配的经营发展战略,客户的价值被提升到一个前所未有的高度。从微观角度看,企业的各职能部门(如销售、市场、客户服务、技术支持等)都需要系统解决方案来实现业务的自动化,从而打造一个面对客户的前沿平台;从宏观角度看,企业需要现代的管理系统为自身奠定成功实现电子商务的基础,并帮助企业顺利实现向以电子商务为基础的现代企业模式的转变。

### (二)客户关系管理的重要性

随着电子商务的发展,企业经营管理正在发生巨大的变革。进入网络时代之后,CRM 在电子商务的浪潮中又获得了进一步的发展。作为一种保证企业未来竞争优势的途径,CRM 对改善客户关系、提升企业核心竞争力具有不可替代的作用。在电子商务环境下,谁能掌握客户的需求趋势、加强与客户的联系,谁就能获得市场机会、占领竞争优势。可以预见,随着市场的发展,尤其是随着人性化、个性化服务的不断发展,CRM 的前途不可限量。客户关系管理的重要性主要体现在以下几个方面。

#### 1. 提高客户忠诚度

在激烈的市场竞争中,很多企业通过促销、赠券、折扣等手段,期望通过"贿赂"客户得到忠诚的顾客消费群。现在的顾客需要的不仅仅是单独的产品,更需要一种特别的对待和服务,企业如果可以提供超乎客户期望的可靠产品和服务,就有可能实现客户的长期价值。

#### 2. 建立商业进入壁垒

一些简单的促销手段已不能有效地建立起进入壁垒,且极易被对手模仿,这就需要企业主动进行组织结构、工作流程的重组,同时有必要集成客户的各项信息和活动,组建以客户为中心的企业,实现对客户活动的全面管理。随着信息技术的发展,企业核心竞争力越来越依赖于企业信息化程度和管理水平,对企业的信息化改造也涉及一些先进的技术和管理,如企业资源规划、供应链管理等的应用都是在帮助企业削减成本、实现事务处理自动化,在为企业全面电子化运营打好基础之后,接下来企业就需要帮助其真正全面地观察外部的市场和客户,创造收益、为推动企业腾飞提供真正动力的有力工具。从某种角度来讲，建立不易被对手模仿的 CRM 系统，可以运用高科技有效地管理企业资源，将顾客的资料都掌握在自己手中，其他企业想挖走客户则需要更长的时间、更多的优惠条件和更高的成本。不可否认，顾客忠诚度的提高在很大程度上有赖于企业提供的个性化服务。

### 3. 创造双赢的效果

CRM 系统之所以受到企业界的广泛青睐，不仅仅是因为 CRM 帮助企业留住了客户，从另外一个角度来看，它也给企业带来了很多潜在的利益，这是一种双赢的策略。对客户来说，CRM 可以为客户提供优质的产品和服务以及更充分的信息；对于企业尤其是那些拥有庞大而且接触频繁的客户群的企业来说，在激烈的市场竞争中，非常有必要积极实施客户关系管理，确立"以客户为中心"的管理理念。另外，企业管理体系和业务流程中出现了种种难题，例如，业务人员无法跟踪众多复杂的、销售周期长的客户，大量重复工作导致人为错误的出现，由于员工或职能分工的不同导致与客户沟通不畅，因业务人员的离职而丧失重要的客户和销售信息等，也让 CRM 的推行提到了日程上。通过 CRM 可以随时了解顾客的消费行为及需求变化情况，进而制定企业的营销方案。

### 4. 降低营销成本

传统的营销重点都是为了满足企业的内部需要，而不是重视外部的客户，以客户为核心会降低效率，从而增加营销成本。现在企业采用 CRM 系统，通过吸引新客户、维系老客户及追求高客户终身价值等措施来改善销售状况，节约销售、营销费用及客户沟通、内部沟通成本。另外，CRM 系统的应用要比人工作时错误率大大降低，从而降低了营销费用。更何况现在数据库技术的发展和应用，商业智能、知识发现等技术使收集、整理、加工和利用客户信息的质量和效率大大提高，信息技术和 Internet 的崛起，也使企业的 CRM 如鱼得水，有了更广泛的发展空间。

客户关系管理解决方案被处于市场领导地位的企业接受且在不断完善。一些企业渴望实现"在线飞行"，并已经朝着这个方向开始建设属于自己企业的客户关系管理系统，从而实现面向客户的综合商业过程，它在为企业带来更先进的经营理念的同时，如果运用合理也会为企业创造更加光明的未来。

在这样的需求背景下，客户关系管理应运而生。客户关系管理理念的先行者运用一些相关的解决方案创建面向客户的、先进的新商业模式，并且已初步感受到其为企业带来的进步。尽管 CRM 解决方案还在不断地完善和改进，但是它为企业带来的优势是有目共睹的，这些优势体现在提高客户忠诚度、开发新客户和降低成本等方面。所以客户关系管理被视为电子商务的主要推动力量，并领导电子商务的革命，更被视为企业实现电子商务、客户服务和销售自动化的最佳途径。

## 二、客户关系管理系统的含义

实际上，客户关系管理的学术定义在很多书籍中因其拗口的叙述有时会让读者感到费解。简单地说，客户关系管理是一个过程，一个与客户互动的过程，一个以有智慧、有效率的方式与客户互动的过程。我们都知道与客户互动的过程由来已久，只是由于时代变迁，在市场环境不断变化的今天，我们无法用"杂货店"的方式，成功地达到与客户互动的目的。因此，现代客户关系管理的重点在于用智慧的头脑、高效的方式与客户互动。

实际上，与客户互动、了解客户需求、留住客户是从古至今所有商家一直追求的目标，那么在今天的商业社会，我们又如何才算做到"用智慧的头脑、高效的方式与客户互动"呢？

产业界和理论界对客户关系管理的空前重视，已经让许多研究者和研究机构给出了不同的定义，也许从不同的角度看，都可以使读者更加了解客户关系管理，但是要想重新给出一个大家都认为正确科学的定义就变得尤为困难。毋庸置疑，虽然定义很多，但是已有的很多定义是不全面和不科学的，定义者可能因为视野的局限、研究的匮乏或是根据自己的需要来对客户关系管理进行界定。本书也是总结了很多研究者的定义给出了客户关系管理的含义。

客户关系管理以五个 right 为目标：right time、right product、right price、right channel、right customer。简单地说，也就是要做到：在最适当的时候，提供最适合的产品，以最具竞争力的价格，利用最有效的渠道，给最具购买潜力的客户。那么如何实现在数以百万的客户中找到特定商品的潜在客户？什么才是最有效的渠道来与客户沟通(用什么方式可联络到客户)？我们怎么知道客户需要什么商品？又是什么时候需要这些商品？如果以上这些商业问题(Business Intelligence)都不确定的话，我们就无法构建客户关系管理，不能实现客户关系管理的五个终极目标。为了解答这些问题，以客户关系管理为导向的系统规划便应运而生，而其方向有两大主轴，我们可大致将其分为分析性的客户关系管理系统及作业性的客户关系管理系统。前者在于得到咨询、知识，也就是商业智慧，其对应的工具包括"资料仓储"(Data Warehouse)的建立及"数据挖掘"(Data Mining)的应用；后者在于将这些咨询充分利用并以有效率的方式开展营销活动，其对应的系统包括"营销管理系统"(Marketing Management System)、"销售自动化系统"(Sales Automation System)等。

本节以下内容将针对 CRM 的定义进一步分层次阐述其内在含义。

综合现有的客户关系管理定义或概念，大致可以将其分为以下三类[①]。

第一类可以概括为客户关系管理是以客户为中心的战略导向，通过对客户进行系统化的研究，改善企业的服务水平，提高客户的忠诚度，在保留老客户的同时不断争取新客户和商机，同时运用强大的信息处理能力和技术力量作为后盾，确保企业业务行为的实时进行，使利润长期稳定。这类概念的主要特征基本上都是从战略和理念的宏观层面对客户管理进行界定，往往缺少明确的实施方案的思考和揭示。

第二类可以概括为客户关系管理是一种旨在改善企业与客户之间关系的新型管理机制，它实施于企业的市场营销、销售、服务与技术支持等与客户相关的领域。一方面通过对业务流程的全面管理来优化资源配置、降低成本；另一方面通过提供优质的服务吸引和保持更多的客户，增加市场份额。这类概念的主要特征是从企业管理模式、经营机制的角度进行定义。

第三类概念的主要内容是：客户关系管理通过信息系统，搜集、跟踪和分析客户信息，增加客户联系渠道，积极与客户互动，不断地对客户渠道和企业后台的功能模块进行整合，主要范围包括销售自动化(Sales Automation，SA)、营销自动化(Marketing Automation，MA)、

---

① 王广宇. 客户关系管理方法论[M]. 北京：清华大学出版社，2004.

呼叫中心(Call Center，CC)等。这主要是从微观的信息技术、软件及其应用的层面对客户关系管理进行的定义，在与企业的实际情况和发展的结合中往往存在偏差。

尽管客户关系管理历经了多年的发展，在 21 世纪的知识经济时代已成为一个广为人知的商业术语，但关于客户关系管理的定义，不同的研究机构、不同的客户关系管理从业者都会从各自的角度进行定义，所以使大家对客户关系管理的理解并不统一。

## 三、CRM 系统的主要特征

一个完整的客户关系管理系统应当具备以下几个特点。

### (一)整合性

客户关系管理系统不是一个孤立的系统，它综合了大多数企业的客户服务、销售和营销行为优化和自动化的要求，其标准的营销管理和客户服务功能由多渠道的联络中心处理来实现。客户关系管理既可以现场服务，也可以提供远程服务，还可以通过数据库提供服务。销售功能由 CRM 系统为现场销售和远程销售提供客户和产品信息、管理存货和定价、接受客户报价和订单，在统一的信息库条件下开展有效的交流管理和执行支持，使交易处理和流程管理成为综合的业务操作方式。无论在新兴行业还是传统行业，CRM 都使企业拥有了基于畅通有效的客户交流渠道的综合面对客户的业务工具和竞争能力，从而帮助企业顺利实现由传统企业模式向以电子商务为基础的现代企业模式的转变。

企业资源规划(Enterprise Resource Planning，ERP)等应用软件系统的实施优化了企业的内部资源，而客户关系管理则从根本上对企业的管理方式和业务流程进行了改革。值得关注的是，随着计算机的普及以及互联网的应用，企业正在逐步实现企业级应用软件与企业资源规划、供应链管理、集成制造和财务等系统的最终集成。而 CRM 的解决方案具备强大的工作流引擎，有助于保证各部门、各系统的任务都能够动态协调地完成。

之所以说 CRM 具有集成性的特点，除以上原因外，还有企业对于市场变化、客户信息等分散繁杂的数据，可以集中统一地进行分析。

### (二)智能化和精简性

现在不论哪个行业都离不开现代信息技术的支持，客户关系管理应用系统也涉及种类繁多的信息技术，如数据库、网络、语音、多媒体等，同时还有一些特殊技术(如呼叫中心、销售平台、远端销售、移动设备以及基于 Internet 的电子商务站点)的有机结合，帮助企业实现了与客户的全方位交流。而现代信息技术的支持又让整个系统具有商业智能的决策和分析能力。CRM 发展到今天已经不再是一个简单的记录软件，它不仅实现了商业流程的自动化，而且还为管理者提供分析工具并代为决策。挖掘数据、建立数据库是 CRM 最基本的功能之一，其对市场和客户需求展开了完善和智能的分析，并为管理者提供决策参考。改善产品定价方式、提高市场占有率、提高客户忠诚度、发现新的市场机会则是 CRM 一些附加的商业智能。同时，对商业流程和数据采用集中管理的办法也是商业智能的客观要求，通过 Web 浏览器实现用户和员工随时随地访问企业的应用程序和知识库等，都大量地节省了交流成本。

### (三)个性化、互动化

一个成功实施 CRM 的企业，必须通过生产组织、销售、传播和服务等环节与消费者进行互动，了解客户的特点以及真正需求，然后根据这些信息制订相应的服务计划，提供个性化服务，提升企业的竞争力和客户的满意度。

**知识拓展 2-1** 的内容见右侧二维码。

以集成化 CRM 进行
客户分析.docx

## 四、电子商务环境下 CRM 的应用

自 CRM 概念提出以来，受到了社会的普遍关注，电子商务环境下 CRM 的应用得到了迅速的发展与推广。通过交互型 CRM 的应用，如采用 CTI 技术的呼叫中心服务、电子邮件服务、Web 站点服务、现场接触服务等服务方式，使企业与客户联系更加紧密贴切、客户关系与客户服务更加完善；通过运营型 CRM 的应用，使企业更加方便共享客户资源，加强联系与交流，从而提高工作效率；通过分析型 CRM 的应用，使企业更清晰地了解客户，做出更好的分析和营销策略，从而更大潜力地挖掘客户并更好地服务于客户；CRM 与各种信息系统集成与整合的应用，是 CRM 的发展趋势，同时更好地提升了企业的竞争能力。CRM 在营销、物流、政务等方面以及 CRM 的集成与整合方面都有着广泛的应用。

(1) 营销方面的应用。市场营销观念的发展，关系营销的出现，使客户关系管理越来越受到广泛的关注。在网络迅猛发展的带动下，网络营销作为一种新兴的营销方式开始兴起。从客户角度出发，注重相互之间的双向沟通，与其建立友好关系已成为网络营销的经营理念，CRM 在网络营销中的应用在很大程度上提升了企业的竞争力。

(2) 物流方面的应用。在电子商务的推动下，物流行业正经历着一场向现代化物流转型的变革。物流企业需要与客户建立密切的关系。对于服务行业来说，客户资源显得尤为重要。物流企业引入 CRM 体系，实施 CRM 方案，应用 EDI、GPS、GIS 等现代技术，在原有的物流管理网络及系统框架的基础上，可在物流配送的时间尺度、服务内容及形式等方面为客户提供更为精细而具有特色的服务。

(3) 政务方面的应用。电子政务是政府应用电子化手段实施政务工作的方式，使优化政务工作、信息资源更加透明与合理、服务功能增强、政府工作效率得以提升。电子政务中 CRM 的应用，发挥着政府和公民之间的纽带作用，很好地提升了政府的公信力，使社会更加和谐稳定。

(4) 新一代呼叫中心的应用。呼叫中心，又称客户服务中心，是指企业为了密切与用户的联系，利用电话作为交互联系的媒体，为用户提供及时的咨询与技术支持服务。现阶段的呼叫中心是一种基于计算机与通信技术 CTI 技术(通信网、计算机网集成技术)，具备互联网访问功能，提供处理电话呼叫，基于 Web 对客户请求应答的能力如聊天室等。另外，呼叫中心不仅是对客户的服务，也为企业内各部门的合作提供了同一技术平台，是将企业连为一体的一个完整的综合信息服务系统。

(5) CRM 系统的整合应用。在电子商务背景下，CRM 系统应该具有与其他企业级应用系统的集成能力。对于企业来说，只有实现了前后端应用系统的完全整合，才能真正实现客户价值的创造。例如，CRM(客户关系管理)与 ERP(企业资源计划)系统整合的应用，CRM(客户关系管理)与 SCM(供应链管理)系统的整合应用。

## 五、CRM 的发展趋势

随着计算机技术、通信技术、网络技术的进一步发展，电子商务必将走向完善与成熟，CRM 无论从技术上还是从理念上都将伴随着以上这些技术高速发展。在信息时代，企业掌握前沿的客户关系管理理念以及应用必将在未来的竞争中立于不败之地。

(1) CRM 与 ERP 的集成趋势。CRM 与 ERP 在各自的发展上不断相互渗透，二者的重复部分越来越多，且呈现集成的趋势，将二者整合起来，将大幅度增加决策的信息量，使决策更加及时准确。建立电子商务环境下企业前后端系统集成，使企业、合作伙伴及客户集成在一个电子商务平台上，加强企业与合作伙伴及客户的纽带关系、协同与分析能力，是企业赢得竞争优势的关键因素之一。

(2) eCRM 的发展。Internet 和电子商务的发展，eCRM 伴随着出现。eCRM 提供自主服务系统，降低了成本，提高了速度与服务，使企业效率大幅度提升，这将是 CRM 发展的趋势。

(3) mCRM 的发展。无线互联网技术的出现与快速发展，带动了手持设备功能的强大与繁荣，推动着电子商务的发展与变革，使 mCRM 得以出现与发展。无论对于企业还是企业客户来说，mCRM 都是富有吸引力的。mCRM 即 CRM 系统与无线通信技术相结合，使 CRM 的移动得以实现，使重要信息得以及时传递，提高了工作效率并降低成本，使企业与客户交流更加及时与灵活。mCRM 将是未来 CRM 的发展趋势。

(4) 云计算时代的 CRM。云计算时代的 CRM 不同于传统的 CRM，而是将 CRM 作为一种 IT 服务，即 SaaS(软件即服务)模式。云计算与 CRM 的结合消除了传统 CRM 欠缺灵活性、执行期冗长、缺少创新等弊端，并且大大降低了包括软件许可、硬件、基础设施、升级、顾问团队等各个方面的隐性成本。在 SaaS 模式下，软件不再是传统的软件，而是以服务的形式存在。毫无疑问，SaaS 模式是大势所趋。

CRM 既是一种管理理念，也是一种管理技术。CRM 的管理思想必将被越来越多的企业所重视，CRM 也必将被越来越多的企业甚至政府部门所应用。CRM 的整合，eCRM、mCRM 的发展必将成为趋势。

# 第二节　CRM 系统的一般模型

## 一、CRM 基本构架

尽管越来越多的产业界和理论开始关注 CRM 基本构架，但迄今为止在其系统组成、管理运作方式等方面尚未达到统一的观点。本书在系统研究 CRM 的内涵和外延并对客户关系管理的定义做出准确的分层界定后，全面、系统地阐述了目前业内众多客户关系管理解决方案的思路、结构和体系，整合多种不同的认识，对客户关系管理应用系统的基本构架做出如下阐述。

一个完整、有效的 CRM 应用系统，由如下四个生态子系统组成，即业务操作管理子系统、客户合作管理子系统、数据分析管理子系统、信息技术管理子系统。

(1) 在业务操作管理子系统中，客户关系管理的应用主要是为实现基本商务活动的优化和自动化,其中涉及三个基本的业务流程:市场营销、销售实现、客户服务与支持。因此CRM 的业务操作管理子系统的主要内容包括营销自动化(Marketing Automation,MA)、销售自动化(Sales Automation, SA)和客户服务与支持(Customer Service & Support, CS&S)。

(2) 在客户合作管理子系统中,客户关系管理的应用主要是为实现客户接触点的完整管理,客户信息的获取、传递、共享和利用以及渠道的管理,具体涉及企业不同职能部门的关系信息体系、联络中心(电话中心)、移动设备、Web 渠道的信息集成、处理等问题,因此,主要的内容有业务信息系统(Operational Information System,OIS)、联络中心管理(Contact Center Management,CCM)和 Web 集成管理(Web Integration Management,WIM)三个方面。

(3) 在数据分析管理子系统中,客户关系管理的应用涉及为实现商业决策分析智能化的客户数据库的建设、数据挖掘、知识库建设等工作,因此其内容包括数据仓库建设(Data Base/warehouse,DB)、知识库建设(Knowledge-Base,KB)及依托管理信息系统(Management Information System,MIS)的商业决策分析智能(Business Intelligence,BI)等。

(4) 在信息技术管理子系统中,由于客户关系管理的各功能模块和相关系统运行都必须由先进的技术、设备、软件来保障,因此,信息技术的管理也成为 CRM 的有机组成部分。在这个子系统中,主要内容可以分为以下四类。

① 其他子系统应用软件管理,如数据库管理系统(Database Management System,DBMS)、电子软件分发系统(Electronic Software Distribution,ESD)等。

② 中间软件和系统工具的管理,如中间软件系统(Middle Ware System)、系统执行管理工具(System Administration Management)等。

③ 企业级系统的集成管理,如 CRM 与企业管理信息系统的集成,乃至整个企业应用集成(Enterprise Application Integration,EAI)方案,以实现将企业的 CRM 应用与 ERP(Enterprise Resource Planning,企业资源计划系统)\SCM(Supply Chain Management,供应链管理系统)等其他的系统紧密地集成。

④ 电子商务技术和标准管理,如 Internet 技术及应用、EDI 技术及标准、通信标准管理等。

由上述四个子系统组成的客户关系管理系统的基本结构和应用体系如图 2-1 所示。

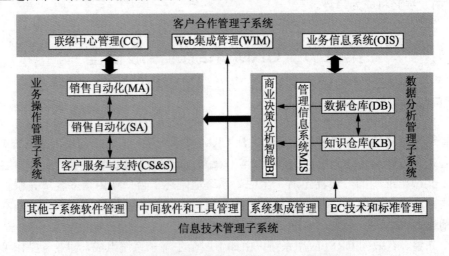

图 2-1　客户关系管理系统的基本结构和应用体系

## 二、基于 Web 服务的客户关系管理系统框架的研究

新的竞争环境和发展趋势，对 CRM 系统提出了新的要求。首先，CRM 系统不仅为企业的员工服务，同时也优化了企业对客户的服务。而对 CRM 系统的使用，必然会导致对广域网大量的并发访问。其次，具有一定规模的企业的各地分公司也有共享客户关系数据库的需求，但是，各个分公司的服务流程和业务实施细节在某种程度上也各不相同，因此使用不同的 CRM 系统是明智的。面对这些变革以及不断增加的需求，传统的 CRM 系统由于具有一定的缺陷(如兼容性不足、无法处理大量并发情况、流程维护难等问题)，显然已不能满足现在的企业需求。而 Web 服务自身的优势，却能很好地处理这类问题。

基于 Web 服务的 CRM 系统框架如图 2-2 所示。

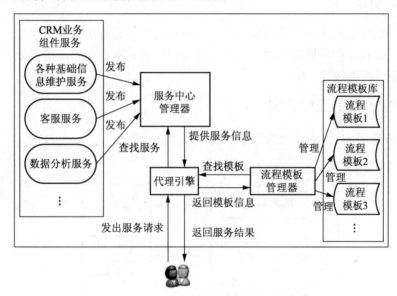

图 2-2　基于 Web 服务的 CRM 系统框架

由于 Web 网络的 CRM 系统框架本身是一个动态的、分布式的系统框架，所以可以在很大程度上解决传统 CRM 系统的问题。CRM 系统框架包括以下几个部分：CRM 业务组件服务中的服务中心管理器、流程模板库、流程模板管理器、代理引擎、CRM 系统的工作机制。

CRM 业务组件服务包括 CRM 系统的所有业务组件服务，例如，各种基础信息维护服务、客户服务、数据分析服务、数据挖掘服务等，实际上是向互联网提供服务的组件。在众多业务组件里，CRM 系统的代理引擎具有至关重要的地位。为了解决传统 CRM 系统在并发访问上的瓶颈问题，这些业务组件被分布式地部署在不同的服务器上，也就是说，把调用量相对比较高的业务组件服务同时部署在几台服务器上。

### (一)服务中心管理器

服务中心管理器通过 CRM 对业务服务的服务信息进行管理，在服务实现以后把其服务信息发布到服务中心管理器上，以供代理引擎进行查找。

## (二)流程模板库

流程模板库主要存放在企业各类业务流程的模板中，模板库里的模板包括客户想获取企业产品信息的客服流程模板、售后服务的客服流程模板、客户咨询的客服流程模板、相关业务部门数据维护流程模板、数据分析流程模板等。流程模板采用 BPEL4WS 语言做出相关指示，即指出哪些类型的服务及其被调用的顺序应该在此流程中出现。

## (三)流程模板管理器

流程模板管理器负责流程模板的管理，存储流程模板的信息，流程模板管理器和流程模板库是实现 CRM 系统中客户服务与支持的关键部分。

## (四)代理引擎

代理引擎是整个系统框架的核心部件，负责协调整个系统的运作，通过与流程模板管理器的交互，进行流程模板的获取，通过与服务中心管理器的交互，进行服务的查找，以及最后进行服务的组装等工作。

## (五)CRM 系统的工作机制

基于 Web 服务的 CRM 系统的工作机制如图 2-3 所示。

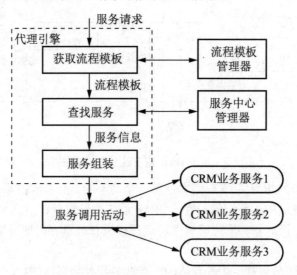

图 2-3 基于 Web 服务的 CRM 系统的工作机制

用户的服务请求被代理引擎接收后，通过与流程模板管理器的交互来获取合适的流程模板。之后该流程模板进行服务查找和服务组装，这样就简化了企业修改服务或工作流程的过程，因为不再需要对整个系统进行大的改动，而只需对相应的模板进行修改就可以了，而且让流程维护也更加便利。同时，企业的各地分公司也会按照自己公司的地域特点或是客户特点制定具有自己特色的流程，而在流程模板库里添加不同的业务流程模板即可满足各地分公司的资源共享需求，同时又各具特点。

代理引擎在获取流程模板后，解析流程模板，根据流程模板的描述，与服务中心管理器进行交互，查找需要的 Web 服务。代理引擎的服务查找大多数是按关键字进行相应的查找，由于在 CRM 系统中，用户的请求一般都涵盖了精确的关键信息，采用这种方法查找，能够快速地检索到合适的服务及信息，提高工作效率。同时，代理引擎在搜索服务的同时，还会考虑到各个公司自己业务的特点(如根据服务请求的地域特点)。最后代理引擎会按照模板提供的流程把相应的服务器组合起来供用户调用。而代理引擎的另外一个明显的优势就在于如果在用户调用的时候发现服务器失效，则代理引擎会在备用服务器里查找下一个最佳服务器，有效地缓解处理服务器失效的压力。

## 三、物流 CRM 的内涵

物流 CRM 的内涵包括如下几个方面。

### (一)物流 CRM 内涵之一：新管理理念

客户关系管理，是提升物流企业竞争优势，让企业迅速发展的手段之一。客户关系管理是奉行以客户为中心的发展战略，力求提供优质的、特别的服务，并在此基础上开展包括判断、选择、争取、发展和保持客户所需要实施的全部商业过程。这个内涵主要基于企业管理的基本理念和指导思想。

目前 CRM 已经成为世界众多企业关注的一个重要概念，因为其关注的不仅仅是企业针对客户服务的单一方面，还涉及企业内所有独立的职能部门和全部的业务流程。换句话说，客户关系管理的先进之处就在于在这个理念和思想的指导下，企业加大力度建立"以客户为中心"的商业模式，通过对各种资源的整合，确保直接关系到企业利润的客户满意度的实现。物流 CRM 作为经营理念、指导思想、发展战略，其重要性在以下领域得到了具体体现。

#### 1. 客户

客户关系管理作为一种业务战略首先是对客户的选择和管理，其目的是实现客户长期价值的最大化。通过客户关系管理，物流企业不但实现了业务流程的重组，而且促使企业不断更新客户管理观念、重新审视客户关系以及客户价值。换句话说，客户关系管理在重新定义了物流企业职能的同时重组了其业务流程，要求企业把"以客户为中心"的经营理念贯穿于营销、销售和服务等方面的各个环节。传统的企业总是过分关注企业的内部运作，而现代的经营理念颠覆了这种传统的思维模式，物流企业积极地关注客户关系，加强与客户深入的交流，全面了解客户的需求；与此同时，对产品及服务也不断地改进和提高，慢慢地转变为注意力集中于客户的商业模式。企业的客户关系管理理念，不仅关系到公司高层的职员或领导者，更紧密地联系着所有可能与客户发生关系的环节上的每一位具体操作的员工，企业从上到下充分沟通，以客户关系为中心更好地开展工作。从宏观的角度来讲，客户关系管理不仅关系到物流企业与顾客之间的沟通，也关系到其与合作伙伴之间的资源共享、共同协作。而在如何帮助企业真正制定以客户为中心的解决方案中，客户关系管理创造了具备智能化的完整的 CRM 系统，根据不同客户的特点提供个性化的服务，这充分体现了客户关系管理的核心思想和内涵。

## 2. 市场

以客户为中心是客户关系管理的核心理念,因此在物流企业的整体操作中(如市场定位、市场细分和价值实现等),都有必要坚持贯彻这一理念。简言之,企业在市场上的地位以及最终收益在很大程度上取决于掌握客户的需求与否,以及满足客户个性化需求的程度。越来越多的企业已经意识到客户资源是企业最重要的资产之一,客户满意度直接决定着企业获利的多少,因此管理现有客户和挖掘、培养潜在客户已成为企业在市场上能否成功的关键。市场上更多的竞争和不确定性,让如今的企业不得不把目光转向对客户个性化需求的满足,这样企业的资产回报率才会有所提高,这也体现了客户关系管理的思想对于企业在市场上如何获得最佳效益的影响。

## 3. 业务

客户关系管理实际上也是企业从"以产品为中心"的业务模式向"以客户为中心"的业务模式的转变。也就是说,它通过改进企业的市场营销、销售、服务与技术支持等与客户有关的业务领域,以增进与客户之间的关系。其目标一方面是通过快速、周到、优质的服务吸引和保持更多的客户和拓展新的市场,并通过提供个性化服务来提高客户的满意度、忠诚度和企业的营利性;另一方面,CRM 提供的不仅是单方面的管理,还是对整个物流业务流程的全面管理,从而达到降低成本、缩短销售周期、增加收入等目的。在具体业务范围内,企业利用客户关系管理收集、整理和分析每一个客户的信息,为客户提供最适合的服务,并观察和分析客户行为对企业收益的影响,从而可以优化企业与客户的关系及企业的盈利能力。

## 4. 技术

技术是客户关系管理思想的重要方面之一,即如何使以客户为中心的商业模式自动化,以及通过先进的技术平台和技术支持改善、优化业务流程。因此,CRM 的理念与企业在管理应用中的技术也息息相关。首先,技术方案可以帮助企业解决全公司范围内的协调、信息的传达和责任的承担等问题;其次,企业中信息技术支持和应用状况与业务流程的整合和较高的客户服务期待密不可分;最后,客户关系管理的重要性和时效性不断得到加强是当前技术领域进步的一种发展趋势。

## (二)物流 CRM 内涵之二:新商务模式

客户关系管理是企业以客户关系为重点,开展系统化的客户研究,通过优化企业组织体系和业务流程,提高客户满意度和忠诚度,提高企业效率和利润水平的工作实践。CRM之所以与传统的生产、销售的静态商业模式具有根本区别,是因为其作为一种旨在改善企业与客户之间关系的新型管理机制,实施于企业市场营销、服务与技术支持等与客户有关的业务领域。

增值服务、零缺陷服务或产品的提供,为客户和企业找到一种共存的方式。在物流活动中,如快捷的货物交付或减少缺货率等都是一种增值服务。

CRM 的概念,集中于具体的企业经营管理模式,主要体现在市场营销、销售实现、客户服务和决策分析四大业务领域,这些领域都可以通过提供有竞争力的服务,为企业创造优势和利益。从这几方面入手，企业的客户关系管理业务模式与其电子商务战略同步发展，从而实现资源的整合和协调，确保客户体验的一致性。客户关系管理的业务模式，是实现客户和企业双赢的最佳选择。

### 1. 营销与销售

客户关系管理中的市场营销涵盖的范围包括对传统市场营销行为和流程的优化、整个系列的商机测量、获取和管理等。个性化和一对一营销已经成为营销的基本思路，最初企业通过实时测量客户的需求，然后有针对性地开展具体集中的营销活动，既要符合互动的规范，又要关注客户的喜好和购买习惯。实时营销的方式主要有电话、传真、Web 网站、E-mail 等，旨在使客户用自己喜欢的方式、在方便的时间收集自己需要的信息，从而形成更好的客户体验。在获取商机和客户需求信息后，及时与销售部门合作以激活潜在消费行为，或与相关职能人员共享信息、改进产品或服务，可以从速从优满足客户的需求。

客户关系管理使销售的概念得到了更广泛的扩展，它既包括销售人员的不连续活动及公司各职能部门，又纳入了员工的连续销售过程。公司上下人员(销售人员及各部门员工)与客户的互动行为，不仅能够保持现有客户的忠诚度，还可以大大提高对潜在客户的发现和培养，从而影响企业的盈利。因此毋庸置疑，CRM 对于销售是十分重要的，在具体流程中，它被拓展为包括销售预测、过程管理、客户信息管理、建议产生及反馈、业务经验分析等一系列工作。

### 2. 客户服务

与传统的商务模式相比，客户关系管理模式最明显的进步之处就在于其把客户服务视为最关键的业务内容，在重视企业成本控制的同时还注重企业的盈利。传统的客户帮助平台已远远不能满足客户服务的要求，因此，新平台的开辟已经被越来越多的企业看作是能够保留并拓展市场的关键，只有提供更快速和周到的优质服务才能吸引和保持更多客户。优良的客户服务包括积极、主动、完善地处理客户各种类型的信息询问、订单请求、订单执行情况反馈，整个服务贯穿于售前、售中和售后整个服务过程。同时，传统的电话呼叫中心已经不能满足 CRM 的客户服务中心的范围，CRM 的客户服务中心在不断地更新和完善，如 E-mail、传真、网络及其他任何客户喜欢使用的方式，而且越来越多的客户通过 Internet 来查询产品或提交订单，对企业提供自助服务的要求也在不断提高。

### 3. 决策分析

之所以说客户关系管理模式具有独特的优势，是因为其创造和具备了使客户价值最大化的决策和分析能力。例如，首先，通过全面收集客户信息分析客户数据，达到消除交流障碍和信息共享的目的，测量客户的需求、潜在消费者的优先级别定位、衡量客户满意度，以及评估客户带给企业的价值，并提供管理报告及建议和完成各种业务的分析；其次，把数据和业务应用系统纳入分析环境中开展智能型分析(包括定量和定性的及时分析)，再通过标准报告将分析结果反馈给管理层和各职能部门，让企业领导者通过权衡信息的重要性，做出全面及时的商业决策。

### (三)物流 CRM 内涵之三：新技术的应用

CRM 是一种管理软件和技术，企业可以利用 CRM 不断改进与客户关系相关的全部业务流程，整合企业资源，实时响应客户的要求，最终实现电子化、自动化运营目标。CRM 技术应用系统中包含大量有关企业潜在客户的广泛信息，决策者需要利用和分析这些信息，据此做出更明智和及时的商业决策，所以对技术系统的选择也是客户关系管理的关键。

例如，建立能够精确描绘客户关系的数据库，实现客户信息的集成、综合各类客户接触点的电话中心或联络中心等。但是，一个集成的客户关系管理应用系统或产品，应该涵盖 Web 在内的所有客户接触点的管理，同时应当集销售、营销、客户服务、技术支持、数据库、电话中心和客户智能分析等功能模块于一体。同时，整个企业为了更好地协调与融合，CRM 有必要与企业电子商务平台在企业资源运用和价值实现过程中达成统一。事实上，企业不得不承认 CRM 是实现电子商务整体战略的首要部分。

在 CRM 的应用系统中，解决方案主要集中在以下几方面：业务操作管理(涉及的基本商业流程有营销自动化、销售自动化、客户服务)；客户合作管理(对客户的接触点的管理，如联络中心、电话中心建设、网站管理、渠道管理等)；数据分析管理(主要涉及对客户数据库的智能分析、数据挖掘、知识库建设等工作)等。

CRM 通过与企业管理信息系统的有机结合，不断丰富客户信息，并有效地利用获得的客户信息满足客户提出的个性化需求，努力实现企业前后台资源的优化配置。在前台管理方面，CRM 应用系统主要致力于客户信息的收集、分析，从而达到扩展新市场、提升满意度、增加企业营利的目的；在后台管理方面，CRM 与传统企业管理方案(如企业资源规划等)有机结合，率先实现了内部商业流程的自动化，提高了劳动生产率。

网络技术的蓬勃发展，使 CRM 在企业内部、企业与客户和业务伙伴之间建立的无缝协作的价值也在不断攀升。传统的观念认为，技术只是管理的一种辅助手段，但现代信息技术已发展成为众多企业运营管理的重要工具和手段。Houston-based Brendler & Associates 公司的总裁比尔·布伦德勒(Bill Brendler)曾指出："在一个已建立的组织结构中进行改革是比较困难的，艰巨的工作就来自那里了……人们总想抛下技术，但是我们要告诉他们的是，它不仅仅是技术，它是一种做事情的新方法，是商业的一条新出路。"

## 四、物流企业 CRM 系统的基本构架

物流企业 CRM 系统可以分为界面层、功能层和支持层，其系统基本构架如图 2-4 所示。

### 1. 界面层

界面是指客户与企业接触的界面，主要有 Web 信息门户和呼叫中心两个渠道，通过这两种方式实现了客户接触点的完整管理及客户信息的获取、传递、共享和应用。Web 信息门户利用 Web 技术，将多元化的信息整合到单一的 Web 用户窗口，把分散的模块信息有效地整合在一起，提高了传递信息的效率，并为企业内部员工、合作伙伴及最终客户提供了更多的资源。作为组建虚拟企业、实现规模化经营的重要手段，企业实现了 Web 信息门户与企业合作伙伴系统的对接。呼叫中心则通过电话、邮件、传真、E-mail 等渠道，实现了与客户的实时交流，为客户提供人性化的服务，使客户选择自己的表达方式，在方便的时

间获得所需的信息，从而形成更好的客户体验。

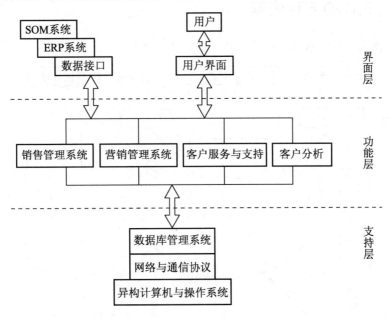

图 2-4　物流企业 CRM 系统的基本构架

### 2. 功能层

功能层主要包括销售管理、市场营销、客户服务三大模块，并以过程管理模块作为技术支持平台，实现了物流商务活动的优化和自动化。销售管理模块是各种销售渠道和销售环节的有机组合，它可以帮助企业达到提升销售水平和实现销售自动化的目的。随着销售自动化的逐步实现，销售人员将有更多的时间和客户进行面对面的销售活动。同时，它通过为企业提供最新的信息，使销售人员更有效地与客户进行面对面交流，从而提高销售成功率。市场营销模块通过对客户和市场信息的全面分析、对物流市场的细分，进行高质量的市场营销活动。对客户信息的分析还能得到客户信用度、客户价值等重要的客户信息，从而实现企业资源的合理分配。此外，引入"一对一市场营销"理念，可为不同客户提供个性化和专业化的服务，提高客户满意度。客户服务模块作为 CRM 系统的重要组成部分也为我们提供了多种选择，例如，针对不同类型的客户、同一个客户在不同的地点可采取不同的服务模式。再如，由于一些不可抗拒因素致使货物不能及时到达目的地，那么企业会提前告诉客户做好准备，以便客户事先做出安排，这就体现了企业对客户的关怀，同时，支持和改善所有与物流过程有关的人员的协同工作，争取尽可能早一点把货物送到目的地。

### 3. 支持层

支持层主要包括决策分析模块和信息数据库两大部分。作为整个 CRM 系统运行的基础，与客户关系管理相关的所有信息数据都被保存在信息数据库里，这些信息数据包括客户数据、服务数据以及客户互动数据等。决策分析模块运用联机分析、数据挖掘等手段，对各种信息进行分析、提取、转换和集成，得到统一数据后，提供给相关部门及整个系统使用，为物流企业客户的获取、交叉销售、客户个性化服务、重点客户发现等操作提供了大力支持。

## 五、物流 CRM 的五种要素

要素1：物流客户关系管理的相关者，如图 2-5 所示。

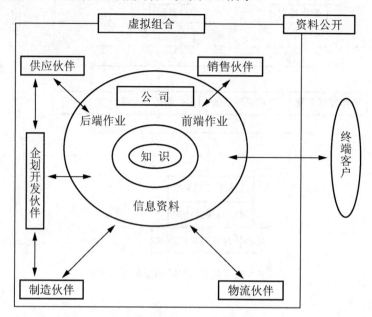

图 2-5　物流客户关系管理的相关者

要素2：物流客户关系管理的途径。

物流客户关系管理利用的工具包括电话、网络、电子邮件、PC、便利店终端机等；利用的媒体种类包括声音资料、文字与数字、书籍资料、动画资料；利用的模式有完全自动化、半自动化(部分自动+部分人工)、全人工服务。

要素3：物流客户关系管理的信息技术工具，如表 2-1 所示。

表 2-1　物流客户关系管理的信息技术工具

| 客户接触渠道 | 信息技术工具 | 信息技术系统 |
| --- | --- | --- |
| 营业网点 | 销售自动化 | 销售自动化——营业支援系统 |
| 电话接线 | 电脑电话整合 | 电脑电话整合 |
| 电话自助式 | | |
| 网络聊天 | 电子商务 | 电子商务<br>光学读取系统 |
| 邮寄 | | |
| 电子邮件 | | |
| 网站自助式 | | |

要素4：物流客户关系管理数据库。即整合客户信息，建立物流客户关系管理的数据库，如图 2-6 所示。

要素5：客户关系管理的合作关系。

提高客户忠诚度的沟通模式有三种，如表 2-2 所示。

前两种形式不能只是单向沟通，而要以达到双向沟通为目标；第三种形式可以很好地协助企业以倍数效果提高客户忠诚度，是最有价值的资源。

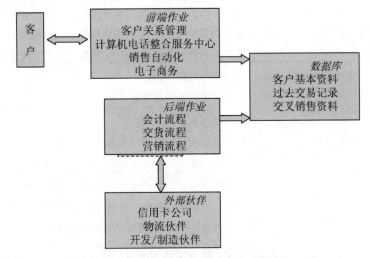

图 2-6    物流客户关系管理数据库的建立

表 2-2    提高客户忠诚度的沟通模式

| 沟通模式 | 内　容 | 做　法 |
|---|---|---|
| 1. 客户—企业 | 调查有关服务、商品、购买过程；听取客户的意见和需求 | 切实进行客服中心人员培训与企业内部人员的责任分派 |
| 2. 企业—客户 | 了解促销过程(促销活动、相关访谈、赠品等) | 建立人际关系(企业快讯、积点制、客户忠诚度与满意度调查) |
| 3. 客户—客户 | 网络客户<br>会员联合<br>俱乐部 | 提供客户之间交往的场所与设施 |

## 六、物流 CRM 的七个步骤

物流客户关系管理的七个步骤，如表 2-3 所示。

表 2-3    物流客户关系管理的七个步骤

| 步　骤 | 内　容 |
|---|---|
| 1. 分析客户关系管理环境 | 3C(客户 Customer，竞争者 Competitor，企业 Company)分析<br>客户区隔、客户满意度分析<br>竞争者基准、竞争力分析<br>企业信息技术解决方案分析<br>3C 分析结论 |
| 2. 构建客户关系管理框架 | 界定与相关者的关系、联盟、客户接触渠道<br>客户关系管理理念与目标选择 |

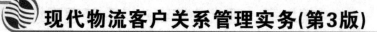

续表

| 步　骤 | 内　容 |
|---|---|
| 3. 制定客户关系管理策略 | 客户分析工具运用(客户满意度调查、客户接触渠道分析) |
| | 客户关系管理策略体系(策略选择、策略模式) |
| | 客户关系管理策略体系的构建(操作模式、效益模式) |
| 4. 进行客户关系管理与企业流程重组(客户服务中心、网站) | 客户服务过程分析 |
| | 设计各客户接触渠道的最佳方案 |
| 5. 建立客户关系管理系统 | 各信息技术工具的制定 |
| | 以信息技术来构建客户关系管理系统 |
| | 将信息技术运用于客服中心、销售自动化、电子商务等 |
| 6. 运用客户关系管理信息 | 活用客户分析工具(最近消费时间、消费频率、消费形态等) |
| | 调查与研究非企业客户与原企业客户族群 |
| | 数据挖掘(一对一数据库、大量定制化) |
| | 商品开发、促销、提升服务的回馈 |
| 7. 利用客户关系管理知识 | 建立客户关系管理合作的架构 |
| | 建立并运用知识管理的架构 |
| | 进行人力资源管理、人力资源发展体系管理(教育评估、目标管理等) |

# 第三节　客户关系管理系统的技术功能

近年来，随着企业对 CRM 理念认同程度的扩大以及行业产品的日趋成熟，使 CRM 无论在中小企业还是在大型国内、国际企业发展的过程中都发挥着越来越重要的作用。值得关注的是，CRM 产品无论在技术上还是在功能上都变得更加灵活，更具有适应能力。

## 一、CRM 系统的技术功能

CRM 产品所贯穿的是从售前、售中到售后这样十分清晰的业务主线，企业从市场活动、营销策划、挖掘机会、跟踪客户、达成交易到服务支持、决策支持，可以说涵盖了市场、销售、服务和决策部门的所有流程。CRM 系统的主要功能有很多，其中包括客户管理、数据管理、服务管理、营销管理、市场管理、基础管理、客户自助、系统管理、决策管理、自定义业务等。

CRM 系统拥有独特的优势，充分体现出先进性、实用性和灵活性相结合的特点。以下简单阐述几方面的技术功能。

- 客户管理。其主要功能有客户基本信息的存储，与此客户相关的基本活动和活动历史的记录，联系人的选择，订单的输入和跟踪，协议书和销售合同的生成。而客户管理还包括潜在客户的管理和重要客户的管理。

- 数据管理。实际上 CRM 系统所涉及的数据不仅仅关系到一个部门，从 CRM 中心收集的资料可以为企业每一个部门提供数据支持，可以帮助企业很好地分析产品应用前景、客户需求，有助于企业领导层做出相应的决策。

- 营销管理。可以说市场的每一个行业都需要营销自己的产品，这里面所说的营销不单是销售产品这么简单，更重要的是如何为客户提供他们所需要的产品，展现企业的个性化服务。企业通过实施 CRM 系统可以迅速锁定企业的重要客户、一般客户等，然后根据相应的客户类型制定不同的营销方案，力求做到让每一位顾客满意，为其提供个性化服务。其主要功能包括产品配置与价格比较；在进行营销活动(如广告、邮件、研讨会、网站、展览会等)时，能获得预先定制的信息支持；把营销活动与业务、客户、联系人建立关联；显示任务完成进度等。当然这么做的最终目的是挽留客户，提高客户忠诚度，创造企业价值。

- 系统管理。系统管理实际上也为企业提供了很多操作上的便利，企业之前根据软件的提示自由设置界面，可以与企业各个部门在 Web 的支持下共享信息，并且可以实现客户的自助管理。例如，企业可以通过设定常见问题的知识库，让系统自动回答，从而大大节省企业提供人工回答的人力、物力、财力，客户也节省了很多等待时间，使企业与客户的互动得到增强。

- 安全管理。也许很多企业会担心，信息共享会降低安全性。但是 CRM 的实施却可以设置精细的权限控制，而不同的人员只能根据不同的模块、功能、数据等进行相关操作，如果得不到企业许可，则无权访问。

- 自定义业务对象。企业实施 CRM 系统，其所有的业务对象均可定制，用以满足消费者和企业的不同需求。定制的内容通常包括模块自定义(可以任意隐藏、显示或修改相关的功能模块)、数据自定义(定义数据过滤和字段)等。

- 销售管理。其主要功能包括组织和浏览销售信息；对销售业务给予战术、策略上的支持；对地域(省市、邮编、地区、行业、相关客户、联系人等)进行维护；把销售人员归入某一地域并授权；地域的重新设置；根据利润、领域、优先级、时间、状态等标准，用户可定制关于将要进行的活动、业务、客户、联系人、约会等方面的报告；提供类似 BBS 的功能，用户可以在网页上交流销售技术方面的信息；销售费用管理；销售佣金管理。

- 时间管理。其主要功能有进行日常事件安排，如 To-dos(待办事项)、约会、会议、电话、电子邮件、传真、备忘录；进行团队事件安排，查看团队中其他人的安排，以免发生冲突；把事件的安排通知相关的人员；设置任务表等。

- 合作伙伴关系管理。其主要功能包括对公司数据库信息设置存取权限，合作伙伴通过标准的 Web 浏览器以密码登录的方式对客户信息、公司数据库、与渠道活动相关的文档进行存取和更新；合作伙伴可以方便地存取与销售渠道有关的销售机会信息；合作伙伴通过浏览器使用销售管理工具和销售机会管理工具，如销售方法、销售流程等，并使用预定义和自定义的报告；产品配置与价格比较。

## 二、CRM 系统技术的应用环境

与其他传统的技术相比，CRM 系统技术有着不同的使用环境。

### 1. 互联网的应用

很多年以前我们很难想象，今天我们会在家里与世界各地的人聊天交流，可以足不出户地购买商品。Internet 的发展也给企业带来了翻天覆地的变化。它作为一个全球性的计算机互联网络，将不同地区而且规模大小不一的网络连接在一起，基于互联网的应用，所有的人都可以通过网络的连接来共享和使用各种各样企业或客户的信息。

### 2. 采用 B/S 结构

所谓的 B/S(Browser/Server)结构，就是浏览器和服务器结构。它随着 Internet 技术的兴起，逐渐取代了 C/S(Client/Server)结构。在这种结构下，用户工作界面是通过 Web 浏览器来实现的，极少部分事务在前端(Browser)实现，主要事务是在服务器端(Server)实现，由此形成所谓的三层(3-tier)结构。这样就大大简化了客户端计算机的载荷，减轻了系统维护与升级的成本和工作量，降低了用户的总体成本(Total Cost of Ownership，TCO)。

### 3. 全面应用组件技术

CRM 涵盖的技术或软件不仅涉及单一的服务方面，而且包括 CRM 系统的所有业务服务。关于其包含的组件前面介绍过，而且其支持标准的建模语言(Unified Modeling Language，UML)规范，采用面向对象的分析和设计方式。

### 4. 采用大型主流关系数据库

在企业能力允许的范围内，公司会优先选择一些大型的主流关系数据库，如 Oracle、SQL Server 等大型数据库，其数据处理能力极强。

# 本 章 小 结

现代客户关系管理是市场营销的主要手段之一，是在合适的时间和合适的场合，以合适的价格和合适的方式，向合适的客户提供合适的产品和服务的过程中所进行的计划、组织、领导和控制等一系列活动。物流客户关系管理以现代客户关系管理为基础，它包括对企业相关的部门和外部客户——业务伙伴之间发生的从产品(或服务)设计、原料和零部件采购、生产制造、包装配送直到终端客户全过程中的客户服务的管理。物流客户关系管理从松散到紧密、从混乱到规范，逐步形成了完整的管理体系和运作系统。

一个完整、有效的 CRM 应用系统，由业务操作管理、客户合作管理、数据分析管理、信息技术管理四个生态子系统组成。其业务组件服务包括服务中心管理器、流程模板库、流程模板管理器、代理引擎、系统的工作机制五个部分。

# 自 测 题

1. 简述 CRM 的定义。
2. CRM 的内涵有哪些？请结合 CRM 的内涵举出具体的例子。

3. CRM 系统具有哪些基本特征？CRM 应用系统是怎样构成的？

4. CRM 业务组件服务包括哪几部分？

5. 物流 CRM 管理的五种要素是什么？

6. 你还知道哪些 CRM 系统技术上的实现方式？

# 案 例 分 析

## UPS 的物流服务与客户关系管理

美国联合包裹服务公司(UPS)始建于 1907 年，是一家百年老字号，也是美国经济支柱企业。在经过一个世纪的运作之后，公司在美国国内和世界各地建立了 18 个空运中转中心，每天开出 1600 个航班，使用机场 610 个。UPS 每日上门取件的固定客户已逾 130 万家。目前 UPS 的固定资产达 126 亿美元，在全球快递业中独占鳌头。UPS 的成功源于 UPS 在数字时代来临时紧紧抓住了发展电子商务这一良机，实现了由传统物流企业向电子物流企业的跨越。

**1. 实施电子商务**

(1) 对电子供应链与传统供应链进行区别。UPS 认为传统供应链与电子供应链的区别是：电子供应链改变了传统供应链的运行方向。在传统供应链中，供应商是将货物沿着供应链向最终用户的方向推动。这样的系统需要在仓库里储存货物，这在经济上是不合算的。而电子供应链主张的是只及时生产顾客所需的产品，而无须在仓储上耗费巨资。

(2) 建设电子商务信息技术系统。早在 20 世纪 80 年代，UPS 就决定构建一个强有力的信息技术系统。在最近 10 年中，该公司在技术方面投入 110 亿美元，配置主机、PC 机、手提电脑、无线调制解调器、蜂窝通信系统等。这种投入，不仅使 UPS 实现了与 90% 的美国公司和 96% 的美国居民之间的电子联系，同时也实现了对每件货物运输即时状况的掌握。

**2. 电子商务的功能**

(1) 在电子商务及新的在线购物系统中，顾客可从供应链的每个成员中"拉出"他们所需的东西，结果是顾客可获得更加快速而且可靠的服务，而供应商也可以减少成本。目前，UPS 可向顾客和供应商提供瞬间电子接入服务，以便查阅有关包裹运输和传递过程的信息。

(2) UPS 能够对每日运送的 1300 万个邮包进行电子跟踪。

(3) UPS 的司机是公司大型电子跟踪系统中的关键人物。他们携带了一块电子操作板，称作 DIAD(货物信息收集器)，可同时捕捉和发送运货信息。同时，司机行驶路线的塞车情况，或用户需即时提货等信息也可发放给 DIAD。

(4) 除利用网络对货件运送与监控外，利用其网络，公司还可以开拓新的综合商务渠道，既做中间商，又当担保人。

(资料来源：https://max.book118.com/html/2015/0428/15967104.shtm)

**问题**

1. 在客户关系管理方面，UPS 有哪些值得我们借鉴的地方？

2. 你认为 UPS 在客户关系管理方面还有哪些方面需要改进？

3. 为什么说现代物流客户关系管理系统在激烈的市场竞争中起到了重要的作用？

# 阅 读 资 料

被忽略的硬币两面

具体内容见右侧二维码。

第二章阅读资料.docx

# 第三章　现代物流客户关系管理实施流程

【**学习目标**】通过本章的学习，使学生明确 CRM 具体实施流程的制定，掌握 CRM 技术的一般要点，认识大数据背景下 CRM 管理的新特点。

【**关键概念**】CRM 流程(CRM Process)　战术整合(Tactical Integration)　大数据(Big data/Mega data)

【**引导案例**】

## 沃格林的客户服务

沃格林在近年来不知不觉上升为全美地位最牢固、利润最高的零售企业之一，它顺利地度过了衰退期，创造了 17 年利润持续上涨的好成绩。它经营的 1700 家商店分布在 29 个州，年获利 70 亿美元，居全美第一。

沃格林公司的零售商店，给人以不同的感觉：长长的走廊里陈列着各种各样的小商品、小礼物，诸如钟表、拖鞋、土豆片、玩具、磁带、首饰、工艺品等。也许看起来有点杂乱无序，但它们都可用一个词来表达：便利。公司的商品陈列及位置的选择无不体现了公司无论何时何地都将便利放在最重要的地位。沃格林便利店之所以有如此大的吸引力，关键在于便利，而这正是顾客最希望的。

沃格林公司之所以取得如此辉煌的成绩，在于他们从每一处做起，不放过任何机会，做好每一笔生意，从每一个细小的地方来方便顾客。沃格林的便利策略经过实践的考验被证明是有效的，以下从几个具体方面分析沃格林公司的经营战略。

1) 从价格方面方便顾客

沃格林的每一件商品都是"个人的日常用品"，这不仅指食物和药品，还包括电池、磁带、手表、闹钟、收音机等其他商品。贝鲁纳认为，价格也与方便顾客有关。

2) 在商品的选择上方便顾客

沃格林选择商品一方面基于市场调查，另一方面则源于直觉。公司管理人员一直引以为豪的是无论顾客希望在沃格林买到什么商品，他们都能很快满足其愿望，并且他们与生产商密切联系，可随时获取最新产品的动态。

3) 商品的陈列以方便顾客为主旨

公司经营的基本战略之一就是陈列商品使之便于购买，并支持生产商的广告宣传，介绍新产品，最终使人们熟悉并大量购买。

4) 不断地推陈出新以方便顾客

沃格林的标志之一就是商店后面的喷泉和饭馆现已消失得无影无踪，因为快餐业确实压制了饭馆业的发展。引起饭馆业滑坡的另一关键原因是地理位置问题。沃格林每增加一个新品种，必须淘汰某一旧品种，决策的依据仍然是感觉和潮流。

5) 店铺的选址以方便顾客为前提

在零售业中，地点选择始终是一个重要因素，沃格林对此十分清楚。在喧闹的商业区的中心地带,在城市郊区的交叉点,在商业大厦内的显眼处,你都可以发现沃格林的商品。贝鲁纳认为地点是零售业成功的关键所在。对公司新商店选址的考察,如对每一待选地点的交通状况、出口和入口、人口增长、人口分布、竞争性、销售潜力和便利性等情况进行认真研究,其中便利性是关键。

进行地点决策的程序一般是:首先由市场调查委员会研究各潜在地点,收集信息;其次,由一执行小组评估经济上的可行性,然后由财团评价该地点;最后由包括董事长和总裁在内的决策委员会评审决定。

6) 利用先进的信息系统方便顾客,战胜竞争对手

在美国的每家沃格林商店都有卫星通信系统联系,这套系统不仅可以提供各商店的销售收入存货情况,而且还可以用来战胜竞争对手。

展望未来,沃格林计划继续靠新技术在竞争中战胜对手,公司已创设了一个"计算机集成制造系统"(SIMS)以促进商店的自动组货。

国外零售企业从 10 年前开始抢滩中国零售市场,至今已呈站稳脚跟之势。从进入到扎根的 10 余年时间里,与之竞争的中国零售企业真正体会到了国际化竞争的艰难,国外厂商开拓、占领市场的成功经验是值得我们学习的,本案例沃格林经营中的一些做法就很有特色。沃格林经营中的做法,如果独立来看都是市场营销教科书中最基本的内容,并无过人之处,但用沃格林的经营理念"便利" 二字串联起来,这或许就是它的成功所在。

(资料来源:https://m.book118.com/html/2019/0310/5141223103002020.shtm)

# 第一节　客户关系管理方案流程的制定

如何实现以客户为中心,以适应势不可当的互联网大潮?首先需要一个以 CRM 为核心的数据收集系统与业务流程运作相结合,将公司外部客户和内部员工以业务为中心连接起来。

## 一、CRM 流程的创建

CRM 通常是一个由若干项目组成的企业级项目群。无论复杂性如何,其开发应当是渐进式的、多层次的。理解 CRM 项目的复杂性对规划 CRM 项目很关键。如果 CRM 是一个企业级项目,那么在整个公司可能有几十个甚至成百上千个独立的需求,使项目规划变得极其复杂;即使项目是部门级的,每一个需求将逐步被分解成许多不同的功能,以解释内在的复杂性以及所需开发的资源。下面从三个方面简要介绍 CRM 流程的创建。

### (一)创建 CRM 流程的必要性

营销部门和企业的利润息息相关,尤其在竞争激烈的商业环境下,营销投资所获得的结果将对一个公司的运作产生深刻的影响。先让我们看看下面的数字。

- 高达 98%的促销券被白白扔掉。
- 从一个新客户身上产生收入的成本要比从一个现有客户身上产生收入的成本高出 10 倍。

- 客户保留比率增长 5%，可以使公司利润增长 60%～100%。
- 通过因特网为客户服务，比通过呼叫中心为客户服务使成本降低 60% 以上。
- 推荐其他客户的忠诚客户将在极低(甚至没有)成本的情况下带来业务。
- 被推荐的客户通常会长时间地保留，稳定性比较好，会更多地使用企业的产品，而且将(很快)成为你的创利客户。

所有这些信息都在向我们展示 CRM 的重要性，而 CRM 作为一种信息时代的管理系统，从其本质上就决定了其在我国企业实施中的必要性。但是企业切不可盲目创建 CRM，而是需要创建一个详细的流程，有计划、有步骤地实施 CRM，这样才能让企业在经济全球化、网络现代化、市场竞争激烈化的今天立于不败之地。

## (二)CRM 流程中主要的目标和利益

在整个 CRM 的实施流程中，企业会因为不同的时期、不同的目的、不同的策略而设定不同的目标。例如按时间进行划分，企业可以将目标分为以下几种。

- 近期目标——主要实现企业和客户的交易，对信息进行有效监控，对客户与企业发生的交易信息进行有效监控，依据不同的客户类型提供不同的服务和产品，网上营销等。
- 中期目标——实现对企业销售人员的管理，让这些销售人员很好地利用 CRM 提供的信息，不断地更新营销理念，改变营销策略，提高企业的经营效率。
- 远期目标——通过系统知识的积累，实现对客户价值的深入挖掘，建立与客户的长期合作关系，从而实现企业总体竞争能力的提升。

从客户的角度来看，企业也可能会制定不同的战略目标。

- 客户保留——创建和保留忠诚客户的能力，从而让企业扩大市场份额，有利可图。
- 客户获得——利用客户数据库了解的客户特征，最重要的是这些特征能够促进业务发展和增加利润收入，从而使企业获得正确的客户。
- 客户盈利能力——通过在正确的时间提供正确的产品，从而增加单一客户的利润。不管企业制定什么样的目标，似乎都离不开客户，而客户是企业重要的资源，可以帮助企业发展壮大。增加客户，扩大可盈利的市场份额，培养品牌忠诚度，实现客户的终身价值等，可以说都是 CRM 为企业创造的利益和价值。

## (三)制定 CRM 流程

可以说 CRM 是一个流程而非项目，它通过积极收集和使用信息，将客户信息转化成客户关系。这一流程的建立从客户知识开始，直到形成高影响(High-Impact)的客户互动。CRM 的这种互动有助于企业或政府代理机构建立长期的、可管理资源的、盈利的客户关系。企业可参照图 3-1 所示的 CRM 流程循环，分析、制定正确的整体行动策略。

### 1. CRM 是一个包含了主体要素和群体行动的流程循环

1) 客户发现

客户发现是通过分析客户信息以识别市场机遇和制定投资策略。它主要包括客户识别、客户细分和客户预测。客户发现可以帮助营销人员详细了解客户信息，如分析客户的历史信息和客户特征,以便做出正确的决策。

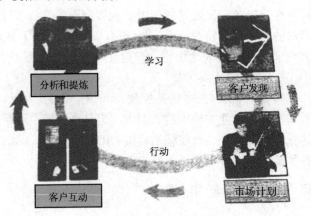

图 3-1　CRM 流程循环

客户数据库组建后,包含了详尽的内部和外部历史信息,可以帮助企业通过公开途径解决详尽且复杂的问题。由于很多这类问题都是环环相扣的,一个问题的解决依赖于另外一个问题的解决,因此数据库的使用为企业找到了解决该问题的办法。

信息的来源既可以是销售点、自动应答机、因特网途径、客户跟踪应用系统、呼叫中心档案和呼叫记录、投诉档案、直销接触和被拒记录、第三方的预测信息,也可以是各种客户互动和设在各地的商业网点交易资源中收集的详尽的数据。除此之外,政府和行业的分析(竞争)信息也被很多企业包含在信息的来源之内。

利用这些具体的客户信息,企业可以对所有不同数据要素之间的复杂关系进行分析,从而准确地制定相应的市场营销策略和服务方案。而这些策略和方案不仅可以提升客户的满意度,还可以降低成本,减少执行新活动的时间,你的客户会对你能在正确的时间以正确的信息与他们接触而感到惊喜。客户关系管理必须使用客户发现来感受客户购买行为的细微变化。

2) 市场计划(生产计划、营销计划和沟通计划)

市场计划决定了具体的客户方案、配送渠道、时间表以及所依赖的条件。有了这些可依赖的条件,市场营销人员、服务管理团队、生产计划和分销链,都会得到加强,并且增加了企业在客户互动、分销网点(渠道)、处理计划以及产品和服务中的投资机会。不可否认,市场计划使策略性问题、计划和程序的发展成为可能。

3) 客户互动

客户互动是一个关键的活动阶段,其间运用各种各样的互动渠道和前端办公应用系统(如客户跟踪系统、销售应用系统、客户接触应用和互动应用系统等),整理集合相关的、及时的信息,与客户(及潜在客户)进行沟通。这一阶段是从客户发现和市场计划中创造出的计划和信息的应用。

显示出与客户之间的联系方式是客户互动的一个必要环节,有助于扩展企业活动的潜在区域,影响企业销售和应对客户购买行为的策略(见图 3-2)。在利用现代化的技术手段、运用自己的信息渠道收集信息的同时,企业也可以快速优质地解决存在的问题。

销售和售后服务都是与客户互动的关键环节,企业可以通过电子商务平台与客户进行接触和沟通，从而获得巨大的回报。

销售　代理人　零售分支　直邮　多功能厅　寻呼中心　邮件/传真　内部网　ATM

图 3-2　了解与客户互动的手段

4) 分析和提炼

分析和提炼是一个通过与客户不断对话进行学习的过程。这种对话可以捕捉和分析来自客户互动中的数据，并对信息、沟通方式、价格、销售额、销售地点、销售途径和时间安排等信息进行提炼，从而了解客户对刺激手段(营销或销售)所产生的具体反应。

**2. CRM 实施成败的要素**

即使再简单的 CRM 产品，其开发方法都会因为企业具体操作、员工的技能以及 IT 标准的不同而不同，其实施技巧也不尽相同。

1) CRM 成功的开发标准

(1) 需求引导开发。对于创建和量身定做 CRM 功能的开发者来讲，理解 CRM 功能的同时有必要对引发 CRM 的业务需求有一定的理解。开发面向需求，需求引发消费，摒弃了闭门造车的现象，这样才能确保用户获得他们所期望的产品。

(2) 增补开发。开发或增补"模块"，即公司定期会更新一定数量的 CRM 功能，这不仅是由于 CRM 项目本身具有的复杂性，还因为开发或增补 CRM 会引发企业文化效应(企图一次性吸引复合的重大功能变化和流程变化几乎是不可能的)。逐步增补开发 CRM 项目，会让企业股东和管理者产生一种持续的价值感。

(3) 用户的持续参与。许多 CRM 团队走进了这样一个误区，在 CRM 开发的开始和结束阶段企业用户都会参与进来，但是关键的开发中期却很少让他们参与进来。换句话说，参与并不等于持续参与，而持续参与意味着开发者、企业股东和 CRM 业务主办人之间建立的一种定期的交流机制。其具体操作可包括参与概念评估、确认企业数据和业务准则、权衡 CRM 培训的内容以及检查新的界面或功能等。

(4) 技术选择。CRM 的技术选择是一个既简单又复杂的问题，如果你已经为构建和实施 CRM 付出了很多努力，理解了 CRM 对现有系统的影响和它对新功能的需求，那么你应当会处在一种相对良好的状态，根据你现有的 IT 环境来选择各种备选的 CRM 产品，这也是成功的要素之一。

(5) 严格执行实施流程。为了确保 CRM 和项目经理能够参与并准确地观察不同的开发活动，即使有其他比较好的 CRM 实施条件，CRM 开发也必须围绕一个结构化的开发流程来规划和执行。一个良好的开发规划图既能确保程序员较少地关注实施流程，也能确保其关注如何交付有价值的 CRM 功能。

目前，CRM 还是一项新技术，多数企业仍处于初期建置阶段。即使有很多企业操作成功，但也不乏失败的案例。

2) CRM 实施失败的原因

CRM 成功的原因是相似的，失败的原因却错综复杂，从项目实施前的准备工作到项目实施完成的整个过程中，都可能出现导致 CRM 失败的因素，所以每一个 CRM 实施失败的个案都异常珍贵。

(1) 有问题的流程被自动化了，是典型的执行错误。由于企业内部沟通欠缺，各部门各自为政，缺乏协同工作的氛围，无法完成流程优化，只好在 CRM 建设中将原有流程自动化。有问题的流程被自动化之后，原本存在的问题会更加凸显，CRM 实施失败也在情理之中。

(2) CRM 只关注企业内部需求，忽略了客户，造成策略错误。搭建的时候只考虑企业需求，CRM 实施并运行后客户信息无法在系统中自然流转，对销售或客服工作没有帮助反而增加了工作量，CRM 系统自然遭到了员工抵制。

(3) 基层工作人员不会使用 CRM。这个问题以前比较常见，但随着"80后""90后"逐渐成为职场主力军、CRM 操作界面不断更新，不会使用 CRM 的员工越来越少。不过此时企业也不能忽视培训，培训内容应由通转精，组织员工深入学习 CRM 系统的规则与操作。

(4) 高层领导介入过晚，当 CRM 推行遇到阻力时高层领导才强势介入，已经错过最佳时机。如果有全面负责公司业务的高层领导在实施前介入，宣传 CRM 建设意义，协调跨部门合作，使现有工作流得到优化，能更好地保证 CRM 实施成功。

(5) 实施人员的素质与经验对 CRM 成败也有一定影响。只有企业将 CRM 真正使用起来，团队积累了大量的实施经验，形成良性互动，客户数量才能稳定增长。

随着企业组织扁平化转变和客户接触方式的改变，CRM 成为联系企业内部运营与外部客户的纽带，CRM 建设是企业发展的必经之路。认真分析导致 CRM 实施失败的原因，企业才会少走弯路。

## 二、CRM 系统实施步骤

实施 CRM 不仅涉及企业现有资源的整合，也涉及企业未来的发展规划。CRM 作为一个创新的系统工程，其实施包括以下七个步骤。

### (一)CRM 战略评估

CRM 已经发展成为一种潮流。企业为了在新的竞争中赢得先机、获取回报，在大潮的冲击下也纷纷希望实施 CRM 项目。但是究竟是不是所有的企业都适合或者都有能力实施 CRM 项目呢？为了避免实施 CRM 项目不当给企业带来灾难性的损失，我们有必要在实施 CRM 之前，先做出客观、充分的可行性评估。可行性评估不仅是一种技术评估，更是一种文化评估，从全球实施 CRM 的经验来看，企业成败的原因在很大程度上取决于企业文化的变革。想要实施 CRM 的企业有必要聘请经验丰富的专业咨询管理公司或专家对企业进行评估，明确问题的症结所在，如什么问题可以通过技术解决，什么问题可以通过战略调整解决等，而不是盲目购买软件。只有解决了根本问题，企业 CRM 项目才有可能成功。

评估之后也许不是所有的企业都适合实施 CRM 项目。例如，如果规模很小、供应商不多、生产流程简单、产品品种有限、业务量不大的企业，其下游企业和客户都很明确的话，只要开设一个服务热线，用计算机建立一套适合企业自身业务的客户管理档案即可。如果是生产和销售季节性日用品的企业，生产量大、生命周期短的产品的企业，要想满足较庞大的客户需求，CRM 系统就会比较复杂。

除此之外，有些企业应该暂缓实施 CRM。如果企业在某一条供应链中处于非核心地位，并且希望能够在此供应链中长期与核心企业合作，最好在核心企业实施了 CRM 之后再实施，并且 CRM 软件要与核心企业兼容。

CRM 不能"雪中送炭"。只有运行良好、业务流程清晰、运作规范的企业，才有利于 CRM 的实施，从而提升企业的竞争力。而对于那些存在严重问题的企业，CRM 也许并不是一剂良药，因为 CRM 是以规范的业务运作和部门之间、企业之间的协调运行为基础的。

### (二)确定 CRM 项目的范围和优先排序

CRM 业务主办人或执行委员会有必要先将需求分解为独立的项目，然后进行创新。事实证明，如果同步实施如图 3-3 中列出的需求是很危险的。但实际上，许多 CRM 主办人和项目经理忽略了这一步骤，直接设法实施所有列出的需求，那么很多问题就会随之而来，例如，没有确定 CRM 项目的范围和优先排序，项目负责人在开发过程中将会缺乏总体方向；应用程序开发员也可能在开发中任意增加或改变产品功能，造成的后果往往是灾难性的。范围的确定有助于 CRM 项目的定义。

在需求紧急的情况下，客户支持部门可能负担过重。因此，需求的优先排序，如图 3-3 所示。

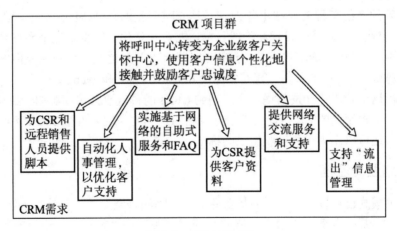

图 3-3　CRM 项目群

(1) 实施基于网络的自助式服务和 FAQ(常见问题解答)。

(2) 提供网络交流服务和支持。

(3) 支持"流出"信息管理。

(4) 自动化人事管理，以优化客户支持。

(5) 用现有数据为 CSR(企业社会责任)提供客户资料。

(6) 为 CSR 和远程销售人员提供脚本。

如果项目实施的复杂性是一个问题,公司需要一个 CRM 的"快赢",那么下面的优先排序显得更有意义。

(1) 用现有数据为 CSR 提供客户资料。

(2) 自动化人事管理,以优化客户支持。

(3) 为 CSR 和远程销售人员提供脚本。

(4) 实施基于网络的自助式服务和 FAQ。

(5) 提供"流出"信息管理。

(6) 提供网络交流服务和支持。

### (三)规划 CRM 目标与实施路线

对企业的资源进行评估之后,企业应该规划好目标,然后去思考如何达成这一目标。因为实施 CRM 的真正目标是与客户建立适当的关系,整合企业和社会的优势资源,提高企业竞争力,从而提高企业盈利水平。

在规划企业目标之前,盲目追赶潮流不顾自己企业的实际状况,往往得不偿失,甚至会使 CRM 成为企业的负担。企业经过慎重考虑确定要实施 CRM 时,也要征求专家顾问的意见,为企业制定短期目标、中期目标、远期目标和根本目标。目标要符合自己企业的实际情况,不可过高或过低,因为市场的变化发展,存在太多的不确定因素,唯有确定适合的目标才能保证 CRM 的顺利实施。

定义 CRM 的整体目标(部门级目标和企业级目标)以及相关的需求是企业在规划阶段最关键的活动。规划企业目标对于企业级的 CRM 来说主要包括将公司的 CRM 战略文件化,并定义战略架构下相应的项目。

一个复项的系统工程需要逐步分析,不是一蹴而就的,CRM 也一样。在确定要实施 CRM 之前,企业规划的战略目标和阶段目标,要进行量化,缺少了这个步骤是不行的。另外,实施路线对 CRM 的成功也有着深远影响。设计好目标之后,企业还要根据具体情况和技术发展趋势确定 CRM 的入口,现在常用的是 Call Center 和 Web 入口。

规划目标这个阶段在开发初期,会影响到 CRM 能否获取公司高层的一致认可及支持。规划目标对于需求驱动的 CRM 开发是十分有利的;同时,规划目标在 CRM 项目部署一个应用程序后,还可以作为一种检验结果的标准。

### (四)规划业务流程

目前营销模式已从以前的"产品是企业的主要利润来源""服务是为了让产品卖得好"转变为"产品是提供服务的平台""服务是利润之源"。"客户中心论"的历史趋势不可逆转,只有把握了这种趋势才能更好地围绕客户这个中心,设计企业的业务流程。

成功的项目小组会把主要的注意力放在流程上,而非技术上。技术只能说是一个促进因素,并不是解决方案。因此,有经验的项目小组开展工作的第一件事就是花费时间去研究现有的营销、销售和服务策略,并找出相应的对策。

灵活运用技术也是实施 CRM 技术时需要注意的一个重要因素。在那些成功的 CRM 项目中，技术的选择与亟待改善的特定问题紧密相关。如果销售管理部门想缩短新员工熟悉业务流程的时间，企业应该选择营销百科全书进行功能培训。选择的标准应该是根据业务流程中存在的问题选择需要的功能、合适的技术，而不是调整流程来适应其他要求。

确定了业务流程后，接下来企业就应该调整其组织结构，使其组织结构具有足够的柔性，能够应对市场和客户的变化，避免企业行为与市场行为脱节。

### (五)设计 CRM 系统结构

CRM 系统结构的主要功能有对供应商、销售商、客户和企业内部信息的流程化、系统化和信息化的设计，与供应商、销售商、客户实现集成化、自动化、简便化的沟通，以及在此基础上的智能化决策。

在设计 CRM 系统结构时，可以借鉴他人的先进经验，但是因为各个企业都有各自的特点，切不可照搬，在选择方案时要多方比较，不要认为"一种号码，人人通用"。如果一个企业盲目寄希望于 CRM 软件，没有明确的企业方向，没有科学的流程，仓促上马 CRM 项目，结果输掉的不仅是金钱，更严重的后果可能会是企业失去将来的发展机会。据德勤咨询公司调查，在北美发达地区成功实施 CRM 的企业只有 1/3，它为企业提高了绩效；而另外 2/3 的企业实施失败的原因，是没有对企业现状和对现有影响客户关系的运作方法进行分析。

### (六)CRM 的实施与员工培训

CRM 流程设计是专业技术人员的事情，但 CRM 的具体运用却是全体员工的事情。因此在专业技术人员实施 CRM 时，企业应该广泛开展培训，让员工深入学习，掌握其操作要领，为以后的工作打下基础。

培训的重点有三个方面：一是通过培训改变观点，由以"产品为中心"的观点转变为以"客户为中心"的观念；二是通过培训掌握专业技术，例如，如何应用 CRM 系统，如何使业务行为与 CRM 相配合，如何借助 CRM 更好地为客户服务；三是通过培训增强创新能力，也就是在企业实施 CRM 后，可以不断地随着企业环境、企业业务和客户情况的变化进行相应的调整和完善，使其能够"与时俱进"。

CRM 需要企业高层的支持和首肯，需要中层管理人员的积极投入，企业上下只有协调一致，共同努力才能完成实施 CRM 的任务。只有所有的人员都真正理解 CRM 的概念和原理，才能更好地运用 CRM 为企业带来长期利益。而实施 CRM 的工作人员在上岗之前进行一系列相关技能和操作的培训也是非常必要的。

### (七)系统的整合与项目评估

系统各个部门的集成对 CRM 的成功很重要，CRM 的效率和有效性的获得需要经历以下过程：终端用户效率的提高、团队有效性的提高、企业有效性的提高、企业间有效性的提高。

因此，CRM 系统试运行过程中应当与企业的信息系统互相配合达到统一，如物流采购系统、物流配送系统等，形成信息兼容的庞大功能群。

企业在实施 CRM 时，有必要聘请专业公司顾问为企业服务，适时地评估实施进程和效果。评估的效果还应作为项目参与人奖惩的依据,有了奖惩依据可以保证参与者的职业操守得到尊重。尽量避免在实施过程中发生工作人员效率不高、情绪消极的行为。

# 第二节 物流客户关系管理的技术应用

## 一、物流客户关系管理技术上的实现方式

企业在对自身管理目的、管理特点以及管理需求有了充分认识的基础上,就可以根据需求选择适合的技术构件来实现企业 CRM。相关的技术实现方法有如下几种。

- 软件。
- 数据库。
- 数据挖掘。
- 知识发现。
- 决策支持。
- 数据管理。
- 交互式语音集成。
- 呼叫中心的组建与维护。

通过以上方式,企业可以实现以下目标。

(1) 对物流产品销售、物流市场营销和客户服务三部分业务流程的信息化。

(2) 与客户互动供求信息(例如通过电话、传真、互联网、电子邮件)。

(3) 对上述两模块所汇总的信息进行分析处理,进行科学的客户需求分析,对物流企业产品和服务的提供给予支持。

下面介绍几种 CRM 中可以应用的现代技术。

## 二、CRM 呼叫中心

下面依次介绍 CRM 呼叫中心的结构、功能及重要性。

### (一)CRM 呼叫中心的结构

CRM 系统中的呼叫中心首先必须基于计算机电话集成技术(CTI)的应用系统,适合较大规模的客户呼叫以及复杂的呼叫流程。在 CRM 系统中,CTI 技术提供了足够的呼叫信息支持功能,例如来电显示(Caller Identity)有助于工作人员整理客户的来电信息,自动话务分配(Automatic Call Distribution,ACD)可以用计算机回答常见问题,均衡了呼叫人员的话务工作量等。

订单的完成通常情况下是各个部门通力合作的产物,CRM 系统中的呼叫中心与后台业务流程相整合,与销售自动化(SA)、营销自动化(MA)等结合,有利于快速处理订单及反映客户需求。

CRM 系统中的呼叫中心根据其应用企业的具体情况不同,组件方面也将有所区别,但一般而言,应当包括以下六个部分,各部分之间通过网络进行通信,共享网络资源,向用

户提供交互式服务。

(1) 程控交换机。

(2) 交互式语音应答器。

(3) 自动"呼叫"分配器。

(4) 计算机语音集成服务器。

(5) 人工座席代表。

(6) 系统主机。

## (二)CRM 呼叫中心的功能

CRM 呼叫中心的电话自动查询系统取代了传统的咨询方式。呼叫中心可以 24 小时不间断地随时提供服务，用户不必跑到营业厅，只要通过电话就能迅速地解决问题，因此，呼叫中心可以增加用户对企业服务的满意度。呼叫中心不仅为外部用户，也为整个企业内部的管理、服务、调度、增值起到非常重要的统一协调作用。现代呼叫中心应当实现以下几方面的功能。

### 1. 客户信息分享

客户信息分享是与呼叫转移同步的屏幕弹出技术，确保该客户的信息能在不同客户服务代表之间分享。

### 2. 最优化电话交流活动

来电与去电处理技术让企业与客户的交流变得更加畅通无阻。一方面系统自动生成潜在客户名单，且能够自动拨通他们的电话。另一方面，预置拨号技术也大大地节省了座席员的时间，当有客户(而不是传真机、调制解调器或答录机)接听电话时，再将电话转接给座席员，让座席员的时间利用最优化。与此同时，屏幕也会给出相应提示(如欢迎词和问候语)。

### 3. 数据传输

数据传输是指接通客户电话的同时，客户的详细数据也会传递给座席员，多名座席员可以通力合作，满足客户的需要。

### 4. 智能化顾客信息分析

CRM 呼叫中心的智能化顾客分析信息模块按照顾客的具体需要、偏爱和兴趣定制产品和服务信息，并及时与一线业务人员沟通。智能化的信息模块保证了信息的连贯性、高质量和及时性，降低了营销成本，由于对客户的要求能够妥善、完美地处理，大大提高了客户的满意度。更重要的是，通过具体分析客户和产品信息，制定个性化的产品推荐方案，可以及时抓住潜在的商机。

## (三)CRM 呼叫中心的重要性

在 CRM 的发展和应用中，不仅运用了各种基于 Web 平台的新技术，而且与传统的工具或渠道密切联系，以实现企业与客户接触渠道的全面整合。CRM 不仅可以使企业看到网络平台的潜力和树立发展电子商务的信心，而且对利用传统工具弥补目前网络平台和交易中现存的不足也有充分准备。这就是今天的 CRM 系统中仍然包含了用 IT 改进呼叫中心的主要原因。

呼叫中心拉近了客户和企业的距离。我们不得不承认,从成本的角度来讲,完全网络化的人机界面操作是一种省钱、迅速的交易方式,但是纯电子化的交易在权衡客户信任度、消费习惯、运输、付款、售后服务等因素时还远远不够。根据互联网数据中心(IDC)的调查,人们在网上购物时,虽然很多时候把产品放进了购物车,但是最后放弃完成交易的比例高达 70%,这说明购物前的互动会对顾客的购买行为产生很大影响。呼叫中心的出现恰恰缓解了这种危机,它为习惯运用电话的顾客提供了一种亲切的沟通渠道,并且可以及时确认信息的有效性。例如亚马逊书店通过实施 CRM 发现,消费者在其网页上放弃完成交易的比例约为 60%,这也从一个侧面反映了单单用网站作为电子商务交易的媒介是不够的,因此亚马逊书店选择了网络媒介的同时,还大力扩充了其呼叫中心的规模。

从总体上来说,在 CRM 系统中,呼叫中心为企业发挥的作用包括以下几方面(见图 3-4)。

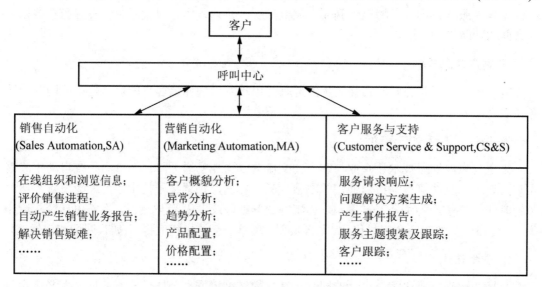

图 3-4  呼叫中心的作用

### 1. 呼叫中心是连接企业与客户的纽带

呼叫中心是企业和客户对话的窗口,在与客户互动的过程中可以解决客户的困扰,并且独立于企业内部作业。如果缺少呼叫中心这个媒介,一方面,不同性质的客户问题必然会涉及企业不同部门人员的协助,甚至需要多个部门共同解决;另一方面,企业如果任由客户打电话到内部单位联系,会干扰内部人员的作业,甚至阻碍日常工作的进度,最终影响客户的满意度。企业通过呼叫中心提供个性化服务,协调企业内部与客户的矛盾,可以提高解决问题的效率。

### 2. 事先了解有关顾客的各种信息,建立沟通渠道

呼叫中心是企业全面接近市场和客户的需求的纽带。它通过收集客户的基本资料、偏好与关心的问题,帮助企业建立客户资料库,分析市场消费倾向;另外对客户的意见与建议的收集也是改善产品及服务品质的重要依据。

### 3. 为客户提供优质的个性化服务，为企业创造利润

优质的服务依赖于企业听取和响应顾客需求的能力，同时也是提升客户满意度和忠诚度的重要手段之一。从全局考虑，呼叫中心可以帮助企业有选择性地提供个性化服务。通过了解不同客户的特点、需求、想法以及未来的购买欲望等，帮助企业建立竞争优势，提供卓越的顾客服务。简言之，CRM 的呼叫中心实际上是通过技术的应用将与客户的交流从简单的活动变为对双方都有用的活动。企业推出个性化产品，消费者优先选择使用企业的产品，从而大大提高了企业的销售额，为企业创造了丰厚的利润。

知识拓展 **3-1** 的内容见右侧二维码。

联想的呼叫中心.docx

## 三、CRM 与商业智能

商业智能，又称商务智能(Business Intelligence，BI)。商业智能被很多业内人士定义为将企业中现有的数据转化为知识，成为帮助企业做出明智的业务经营决策的工具。这里涉及的数据包括订单、库存、交易账目、客户和供应商等多方面的信息。而商业智能最重要的优势就在于它能够辅助企业的经营者、管理者做出快速准确的业务决策，这些业务决策既可以是操作层的决策，也可以是战术层和战略层的决策。而在将数据转化成知识的同时，我们还需要利用数据库、联机分析处理(OLAP)工具和数据挖掘等技术。

商业智能是一个对商业信息的收集、管理和分析的过程，它一般由数据库、联机分析处理、数据挖掘、数据备份和数据恢复等部分组成。商业智能的实现涉及软件、硬件、咨询服务及应用，其基本体系结构包括数据库、联机分析处理和数据挖掘三个部分。

将 CRM 系统与商业智能工具集成在一起，使企业的前端系统和后端系统都能满足企业业务和操作需求是一件非常有挑战性的工作。企业把这两个系统集成在一起的目的是多种多样的，比如有的是为了追求最大的用户购买量，有的是为了使最终用户受益。提供商业智能解决方案的著名厂商包括 Microsoft、IBM、Oracle、Microstrategy、Business Objects、Cognos、SAS 等。

从根本上来讲，商业智能工具只有在拥有丰富的数据进行分析的条件下，才能发挥最大的作用，比如存储在 CRM 系统中的信息就非常适合商业智能工具的分析需求。总体来说，商业智能工具能够帮助企业从上到下地组织和管理客户和交易数据，改进战术和战略决策，从而促进公司的发展。其功能如下。

- 读取数据。
- 分析功能。
- 丰富的画面。
- 定型处理。
- 数据输出功能。

有了商业智能的辅助，企业的管理层可以快速、准确地做出决策，及时发现企业经营管理中存在的问题，警示相关工作人员迅速解决。但商业智能软件系统不能完全取代管理人员进行决策，不能自动处理企业运行过程中遇到的问题。因此，从经济效益的角度来看，

它不能为企业带来直接的经济效益。但必须注意的是，商业智能为企业带来的是一种经过科学武装的管理思维，可为企业提供快速准确的决策支持。从这个角度来讲，企业节省了时间，及时发现了问题，避免了资源的浪费等，都等同于为企业带来经济效益。

# 四、CRM 与数据库建设

下面介绍 CRM 系统中数据库的功能与客户数据库的建设。

## (一)CRM 系统中数据库的功能

内容详尽、功能强大的客户数据库是 CRM 系统运行通畅的基础。CRM 客户数据库在保持良好的客户关系、维护客户忠诚度方面发挥着不容忽视的作用。美国早在 1994 年的商业调查就显示，56%的零售商和制造商拥有强大的营销数据库，85%的零售商和制造商认为在 21 世纪客户数据库至关重要。

在客户关系管理环境下，客户数据库应当具有如下功能。

### 1. 有效地管理和查询客户数据

CRM 数据库是动态的、整合的数据库系统。动态的数据库能够提供实时的客户资料以及丰富的历史交易信息，而且在客户每次交易完成后，系统就会自动补充新的信息。整合的数据库意味着数据库与企业其他资源和信息系统综合、统一，不同类型、不同权限的信息分发给各业务部门及人员，客户数据库与企业的各交易渠道和联络中心紧密结合。

### 2. 警示客户流失

观察和分析客户数据库中的历史交易记录具有发挥警示客户异常购买行为的功能。如果老客户的购买周期或购买量出现明显变化时，都是潜在客户流失的前兆。客户数据库做出相应警示后，企业应予以重视。

### 3. 信息共享

Web 数据库已成为企业信息共享不可或缺的一部分。浏览器使用的接口是支持客户关系管理的基本架构，通过用户点击的结果可以进行数据分析。现在的 Web 数据库已经不再被某个用户独享，而是渐渐被多个用户共享，甚至企业供应链之间的商业合作伙伴也借助 Web 数据库实现了信息的共享。在 CRM 环境下，分散的数据中心被链接在一起，在 Web 数据库的不同部分为实际数据的描述制定基于空间模型的统一标准结构；在 Web 数据库构造之初为其所有的部分确立一致数据元，并通过一致数据元实现数据库的总线体系结构。

### 4. 识别客户关系结构和忠诚客户

基于数据库支持能够识别忠诚客户的功能是不容忽视的。企业需要建立一套合理的格式和结构来实施忠诚客户的管理。简单地说，把新客户提升为老客户的方法和计划就像企业建立雇员的提升计划一样。例如，航空公司的里程积累计划——当客户飞行的公里数达到一定程度时，就可获得相应的免费里程等。上述企业建立的格式或结构可以吸引客户多次消费并且提高购买量。客户购买产品时，企业可以及时识别客户身份，为其提供相应的服务，从而刺激客户反复购买。

**5. 基于数据库支持的客户购买行为参考功能**

企业之所以能提供具有针对性的客户服务，是因为客户数据库在服务人员需要的时候为他们提供了客户偏好、习惯的购买行为等。例如，现在大部分读者俱乐部会提供定制寄送服务，他们会根据会员最后一次的购买记录，以及相关的交流信息，向会员推荐不同的书籍。客户得到了尊重与理解，无疑有益于客户忠诚度的培养。

## (二)客户数据库的建设

客户数据库的地位在实施 CRM 的过程中得到了越来越多的重视。客户数据库的价值所在，实际上也是客户关系管理的价值所在，它集成了分散在企业内外的客户数据，向企业及员工提供对客户总体、统一的看法。客户数据库作为数据库的一种，在建立的时候不仅要遵循建立数据库的一般规律，而且要根据 CRM 的特征和要求特别注重以下几个方面。

### 1. 收集和集成高质量的数据资料

在物流企业的各个环节都隐藏着若干重要的数据，如订单处理、客户服务与支持、营销、销售、查询系统等，企业可以通过客户数据库集成这些信息。数据的集成是为了企业在恰当的时间、地点以恰当的价格满足恰当客户的需求。成功的数据收集是 CRM 的重要步骤。

CRM 的客户数据库集成了企业内外的客户数据。但是不同的信息来源对客户的标识是不相同的，这在某种程度上造成了对同一客户进行匹配的困难。这时，模糊匹配方法找寻相同的记录也许变得更常见。实际上，这也是实施客户关系管理的初衷，就是把不同来源的信息合并在一起，产生对客户总的看法，如账户信息、信用等级、投资活动对直接营销的反应等。记录的匹配和合并的完整性与准确性是十分重要的。

客户数据的收集和集成的繁杂主要来自对不同信息源的客户数据进行匹配、合并和整理，也正因如此，客户数据库中确保数据的质量才越发显得重要。首先，在建立数据库时，确认客户编码的唯一性是保证其他数据质量的基础。其次，准确的姓名和地址对于客户匹配和建立完整准确的客户数据库来讲是很重要的。最后，企业如果想收集一些没有一定结构且信息量比较大的数据时(如文本信息)要慎重。

### 2. 共享数据库，最优化数据库效益

客户数据库把销售、市场营销和客户服务的信息链接起来，实现了数据的统一共享。这样做的一个很重要的原因就是横跨企业各部门采集的信息可以使企业与客户的互动变得协调一致，而不是像孤立、冲突、过时的信息那样给企业造成负面影响。客户数据库建立的最大价值是其可以保证企业各级工作人员都能方便、快捷地得到相关数据，不论是客户服务、销售和营销等部门还是企业管理决策者。

### 3. 实时更新客户数据

客户数据库的维护在通常情况下是逐渐更新而不是一次性完成的。造成这种后果的原因有很多，比如数据库的历史数据经过一段时间后可能被擦掉，客户的信息可能随时需要更新，所以从长远的角度看，不断地补充数据是一种省时、省钱、省力的方法。通常情况下，企业在保留原有数据的基础上必须实时更新。数据更新同步化，是 CRM 数据库的特点之一。

# 第三节　大数据背景下CRM

随着移动互联网、云计算、物联网等的快速发展，以及视频监控、智能终端、应用商店等的迅速普及，全球数据量出现爆炸式增长。数据也在潜移默化地影响着人们的生活，即使在遭遇金融危机的2009年，全球信息量也比2008年增长了62%，达到80万PB($10^{15}$字节)，2010年增至120万PB。据互联网数据中心(IDC)的数据，至2020年全球以电子式形式存储的数据量达到32ZB($10^{21}$字节)，事实表明，大数据时代已经到来。大数据概念自提出以来，一些行业领先的企业率先进行大数据管理理念与具体操作软件和程序的不断研发与升级。由于现代物流的快速发展，物流行业积累与掌握的客户信息确实是过去无法比拟的，同时这些数据所携带的价值信息更值得重视。因而，在大数据时代背景下，物流企业如何在原有客户关系管理的基础上，进一步提出能够适合大数据需要、改善对数据的有效信息处理，并且能够将提炼的有效信息真正运用到客户身上，更加具有现实意义。

## 一、大数据的特点

大数据如同其他新兴的学术术语一样，作为一个曝光率极高的关键词经常出现在人们的视野中。一般而言，大数据(Big data/Mega data)，或称巨量资料，指的是需要经过新处理模式处理才能具有更强的决策力、洞察力和流程优化能力的海量、高增长率和多样化的信息资产。

在维克托·迈尔舍恩伯格(Viktor Mayer Schnberger)及肯尼斯·库克耶(Kenneth Cukier)编写的《大数据时代》中，大数据是指不用随机分析法(抽样调查)这样的捷径，而采用所有数据进行分析处理。大数据具有4V特点，即Volume(大量)、Variety(多样)、Value(价值)、Velocity(高速)。

第一，数据体量巨大。大数据的发展是与互联网息息相关的，互联网技术的时时更新与不断发展，无疑产生了海量数据。毫不夸张地说，无时无刻不在产生新的数据。常规数据的存储单位一般为GB或TB，而大数据的单位往往从TB级别跃升到PB级别。

第二，数据类型繁多。以前的数据大都是结构化的数据，现在由于信息采集、加工与传输技术的不断发展，尤其是在互联网络上，产生各种非结构化的数据，代表性的非结构化数据如网络日志、视频、图片、地理位置信息等。

第三，价值密度低。以视频为例，在连续不间断的监控过程中，可能有用的数据仅仅有一两秒。海量的数据并不意味着海量的价值，不可能所有的信息都具有价值，如一些冗余信息，需要利用数据挖掘技术，对海量信息进行有效的提取与挖掘。

第四，处理速度快。1秒定律。最后这一点也和传统的数据挖掘技术具有本质的不同。物联网、云计算、移动互联网、车联网、手机、平板电脑、PC，以及遍布地球各个角落的各种各样的传感器，无一不是数据的来源或者承载方式。

## 二、大数据时代物流企业CRM面临的挑战

CRM既是一种管理理念，也是一种应用软件，更是一种管理模式。客户一直都是企业

非常重视的资源，而且对客户的重视早已从进行交易扩展到注重潜在客户(即交易尚未发生时)的挖掘、重视售后管理(即交易发生后)，即在整个过程中都强调客户的地位和重要性。在这个数据高速增长、信息高度发达的年代，数据无疑是驱动物流企业发展的动力。面对海量数据，低密度的价值数据，物流企业的数据"短板"，与客户信息、客户需求之间的矛盾与差距，导致物流企业在大数据时代进行客户关系管理时面临严峻的挑战，主要体现在以下几个方面。

### 1. CRM 模式滞后问题

许多第三方物流企业对 CRM 的认识还停留在传统的与客户互动及管理方式上，虽然认识到客户的重要性，但是在具体客户关系实施管理上，还存在很多问题，与信息时代的要求严重脱节。同时，在海量数据到来之时，又显得力不从心，大数据处理和分析的能力远远不及理想中的水平。数据量的快速增长，对物流企业存储技术提出了挑战，同时，要求物流企业具备高速信息传输能力与低密度有价值数据的快速分析、处理能力。

### 2. 数据不足导致客户流失问题

针对客户流失的控制与预测，传统的方法是建立在收集客户信息、资料的基础之上，对客户的满意度进行分析。而往往这些数据是非常具有局限性的，仅仅是来自物流企业自身积累的客户服务信息。如今客户的需求多样而富于变化，客户的很多信息大多体现在社交网站或商务网站，而且信息的价值密度又比较低，造成物流企业不能很好地去收集、分析客户的信息，只能用相对少且相对固定的数据制定客户流失控制策略，或进行客户需求预测及市场预测，这些做法效果往往不理想。

### 3. 数据更新不够导致客户聚类以及个性化服务不足问题

根据数据对不同的客户群体进行聚类分析能够做到有针对性地进行管理，在降低客户关系管理成本的同时，也能够有效地制定实施营销策略。对于物流行业这样一个数据驱动型的物流企业，要求及时将新的信息反馈给管理部门。普遍的结构化数据，或已有的数据库数据信息相对陈旧，脱离客户不断变化的需求，这必然导致据此制定的各项 CRM 策略缺少有效性，甚至导致营销策略发生失误。

### 4. 数据类型单一使关联性分析不足

当前信息时代，除了传统的结构化数据，可以通过各项技术获得更多的半结构化(如网页、文本等)数据及一些非机构化数据，这些数据往往和客户的已有信息相关联，这些数据的收集与分析，能够为挖掘潜在客户提供基础。当前物流企业大部分依旧依赖于结构化数据，数据类型比较单一，不能及时了解客户的进一步需求或与当前需求相关的产品或服务，导致对潜在市场的忽略。

### 5. 数据分析与客户隐私问题

大数据环境下通过对用户数据的深度分析，很容易了解用户的行为和喜好，乃至企业用户的商业机密，对客户隐私问题必须引起充分重视；同时，大数据时代对政府制定规则与监管部门发挥作用也提出了新的挑战。

### 6. 大数据物流专业化人才缺乏

大数据时代对物流数据分析师的要求极高，只有大数据专业化的人才，才具备开发语言分析应用程序模型的技能。而且现今黑客的组织能力、作案工具、作案手法及隐蔽程度更上一层楼，在海量的数据洪流中，在线对话与在线交易活动日益增加，其安全威胁更严峻。

## 三、大数据在物流企业 CRM 中的框架设计

在将大数据技术应用在第三方物流企业 CRM 的过程中，整个 CRM 框架设计都要明确体现出 CRM 的工作是围绕客户进行的。数据的正确获取，数据的有效预处理，数据的合理存储，采用先进的数据处理技术进行数据处理，以及优秀数据挖掘方法和技术的选择与应用，这些工作都离不开信息技术。适用于大数据的技术，包括大规模并行处理数据库、数据挖掘、互联网技术、分布式文件系统和可扩展的存储系统等。根据这种指导思想，在第三方物流企业 CRM 中，应用大数据的框架结构如图 3-5 所示。

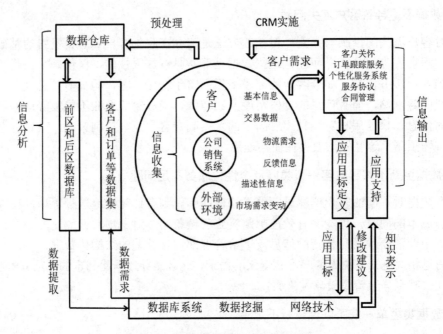

图 3-5　CRM 应用大数据的框架结构

该框架结构以客户信息为主线，将第三方物流企业的客户关系管理分为三个层次：客户信息收集层、客户信息分析层、信息输出——客户服务与支持层，在整个过程中都离不开网络技术、数据挖掘等技术层面的支持。具体地说，在将大数据应用于第三方物流企业 CRM 中时，第一步通过大数据获取技术获取各种类型的数据，主要包括从客户和市场等企业的外部环境，以及公司销售记录等内部渠道，收集各种客户信息和市场信息，形成大数据集；第二步应用包括数据仓库、数据挖掘和商业智能等技术手段对获取的大数据集进行计算、汇总，通过"聚类分析""关联分析""数据融合"，实现对客户的个性化分析、竞争情报分析、市场需要变动和产品扩展分析及共性分析；第三步是把这些信息输出给客户或企业内部用来制定各种决策及提供服务支持，形成可行性报告，应用于服务管理、市

场管理、销售管理及物流企业管理等。

总之，第三方物流企业在将大数据应用于 CRM 的过程中，必须拥有完善的基础设施建设、人才的培养和储备、有利的政策法规支持，以及物流企业领导层对 CRM 和大数据足够的理解和支持。同时，构建大数据下物流企业 CRM 模式，是对大数据下物流企业如何能够更好地做到以"以客户为中心"的一个新探讨。

# 本 章 小 结

CRM 系统是一个由若干项目组成的企业级项目群，是一个涉及控制、影响、沟通、交流等多方面技术与行为的系统性工程，它可以促进物流企业的变革，降低企业的运营成本，提高企业的整体效率，增强物流客户的满意度和忠诚度。CRM 系统的开发是渐进式的、多层次的，当企业开始决定实施 CRM 项目时，就需要做好长期作战的准备。企业需要创建一个详细的流程，有计划、有步骤地实施 CRM，具体包括 CRM 战略评估、确定 CRM 项目的范围和优先排序、规划 CRM 目标与实施路线、规划业务流程、设计 CRM 系统结构、CRM 的实施与员工培训、系统的整合与项目评估七个步骤。CRM 流程中的主要目标既包括近期目标，又包括中期目标和远期目标。CRM 开发是否成功的标准可以从下列几方面考察：开发是否面向客户需求，能否确保用户获得他们所期望的产品；能否逐步增补开发 CRM 项目，让企业股东和管理者有持续的价值感；用户的持续参与；技术选择；能否严格执行实施流程等。现代科技的应用，如呼叫中心、商业智能和数据库的使用等为 CRM 提供了强有力的技术支持。

# 自 测 题

1. 为什么要创建 CRM 流程？
2. CRM 系统实施的步骤有哪些？
3. CRM 呼叫中心可以实现哪些功能？
4. 大数据时代物流企业 CRM 面临哪些困难？如何有效地解决？

# 案 例 分 析

## 顺丰速运：信息化助力高效物流

快递作为物流细分行业之一，为客户提供"门到门"的服务，其从收取到派送的生产过程覆盖物流所有的功能环节，其生产活动的特点决定了需要全部实现物流的运输、储存、装卸、搬运、包装、流通加工、配送、信息处理八项功能才能完成整个生产过程。各种信息的流动和挖掘是其核心业务的关键需求，直接影响到服务能力、服务质量和业务发展。

在"工业化和信息化"两化融合示范企业评选中，顺丰速运当选为物流领域示范企业，其信息化建设思路、路径、经验和思考，颇有值得借鉴之处。

顺丰速运以物流营运全部环节为主体逐步推进信息化路径，截至2020年，顺丰速运共有信息系统200多套，实现物流全部环节与配套环节的信息化管理。"十一五"期间，顺丰速运在信息化方面投入约15亿元，"十二五"期间，顺丰速运投入超过50亿元。顺丰速运在其投资近亿元自主研发的"时效管理系统"中，快件全生命周期持续下降，快件安全性持续提升。顺丰速运成为目前快递行业中唯一采用"快件全生命周期"对物流中各个环节进行监控的企业。

顺丰速运在收派件环节应用电信无线分组交换技术GPRS，实现订单的自动派发和快件信息的上传，便于用户及时掌握快件的流转地理位置；应用电子签名技术，可使客户识别签收人；还包括手持终端使用条形码识别技术、热敏打印技术、电子签名、手写识别技术以及可以预见的先进技术的接口等，信息化综合集成应用全面。

顺丰速运坚持以科技提升服务质量，大力进行科技投入。顺丰速运投入巨资以项目形式开展，由公司内部运营与IT共同组成团队进行研发，陆续实施上线了HHT手持式数据终端、全/半自动分拣系统、呼叫中心、营运核心平台系统、客户关系管理系统、全球定位系统和航空管理系统等先进的软硬件设施设备，率先在国内实现了对货物从下单到派送的全程监控、跟踪及查询，并全部采用全自动与半自动机械化操作，优化快件的操作流程。

通过运用手持式数据终端、全球卫星定位、全自动分拣等高科技手段，顺丰速运整合了包括航空货运、公路运输、铁路运输等多种运输方式，在不同运输方式的衔接环节保持运作调度、信息流转和操作标准的高度融合和协调一致，从而确保快件安全、快速地送达客户手中。同时，通过整合使单位能耗逐步降低，为节能减排做出企业应有的贡献。充分应用计算机技术、网络技术及相关的关系型数据库、条形码技术、EDI等技术，高度集成物流系统的各个环节，借助信息技术对生产过程进行运筹和决策，集中反映了应用现代信息技术改造传统物流业的方法和趋势，通过物流信息化水平的提升推动物流业务发展。

(资料来源：https://www.taodocs.com/p-248706065.html)

**问题：** 在互联网技术日益普及的当代社会，如何塑造先进的物流客户管理与服务形态？

# 阅 读 资 料

互联网+时代的数据中心解读

具体内容见右侧二维码。

第三章阅读资料.docx

# 第四章　现代物流重点客户关系管理实施

【学习目标】通过本章的学习，使学生认识物流重点客户的特点及其价值评价，明确划分物流客户的基本方法，掌握利用个性化服务满足重点客户的需求，学会应用数据库技术做好客户管理。

【关键概念】客户关系(Customer Relationship)　数据库(Database)　价值客户(Valuable Customer)　重点客户(Very Important Person，VIP)

【引导案例】

### 上海友谊集团与联合利华为客户提供个性化服务

上海友谊集团物流有限公司是由原上海商业储运公司分离、改制而来的。公司的主要物流基地处于杨浦区复兴岛，占地面积为 15.1 万平方米，库房面积为 8 万平方米，货车及货柜车 200 辆，设施齐全，交通便捷，距杨浦货运站 1.5 千米；拥有一支近 500 人的专业技术人员队伍，长期储存国家重点储备物资和各类日用消费品，积累了近 50 年丰富的物流管理经验。20 世纪 90 年代初，上海友谊集团物流有限公司为联合利华有限公司提供专业的物流服务，并与其建立了良好的物流合作伙伴关系。

由于联合利华采用 JIT(即时制生产方式)，要求实现"零库存"管理，如生产力士香皂的各种香精、化工原料，需从上海市内外及世界各地采购而来，运到仓库储存起来，然后根据每天各班次的生产安排所需的原料配送到车间，不能提前也不能推迟。提前将会造成车间里原料的积压，影响生产；推迟将使车间流水线因原料短缺而停产。因此，友谊物流改革了传统储运的白天上班、夜间和双休日休息的惯例，实施 24 小时作业制和双休日轮休制，法定的节假日与物流需求方实施同步休息的方法，以满足市场和客户对物流服务的需求，保证了全天候物流服务。

物流需求方的业务流程都不一样，所需要的服务也不尽相同，一项独特的物流服务能给客户带来高效、可靠的物流支持，而且使客户在市场中具有特别的、不可模仿的竞争优势，友谊物流就是通过向客户提供个性化的服务，使客户满意而获得成功的。

(资料来源: https://www.taodocs.com/p-258271273.html)

## 第一节　物流客户等级的划分

在当今激烈的市场竞争中，客户已经成为企业最重要的资源，谁拥有了客户，谁就赢得了市场，谁就获得了利润。然而客户不同，给予企业的贡献也不尽相同，甚至于少量顾客做出的贡献占据物流收入的大部分；如果采用相同的处理方法，可能会导致大客户和重点客户的流失。因此，有必要针对大客户和重点客户进行必要的重点管理，以防止出现顾客流失的现象。管理的前提就是要对客户进行分类，针对各类不同的客户采用不同的策略，所以本节将研究客户等级的划分。

# 一、基于客户价值的等级划分

"以客户为中心"的新型商业模式是在改善企业与顾客之间关系的基础上发展起来的。它通过搜索、整理和挖掘客户资料，建立和维护企业与顾客之间卓有成效的"一对一"的关系，使企业在提供个性化的产品、更快捷周到的服务和提高客户满意度的同时，吸引和保持更多高质量的客户，并通过信息共享和优化商业流程有效地降低企业的经营成本，从而提高企业的绩效。客户价值是客户分类管理的基本依据。客户价值分析，能使企业真正理解客户价值的内涵，从而做好客户等级管理，使企业和客户真正实现"双赢"。

## (一)客户价值及指标

客户价值研究是近些年营销领域和客户关系管理领域的一个热点。在客户价值的定义、评价、量化、优化以及相关的管理应用方面都有相当深入的研究和探讨。

(1) 客户方面，客户价值即客户从企业的产品和服务中得到的需求的满足。肖恩·米汉(Seán Meehan)教授认为客户价值是客户从某种产品或服务中所能获得的总利益与在购买和拥有时所付出的总代价的比较，即顾客从企业为其提供的产品和服务中所得到的满足，公式为$V_c=F_c-C_c$($V_c$: 客户价值，$F_c$: 客户感知利益，$C_c$: 客户感知成本)。

(2) 企业方面，客户价值即企业从客户的购买中所实现的企业收益。客户价值是企业从与其具有长期稳定关系的并愿意为企业提供的产品和服务承担合适价格的客户中获得的利润，也就是顾客为企业的利润做出的贡献。"长期的稳定的关系"表现为客户的时间性，即客户生命周期(CLV)。一个偶尔与企业接触的客户和一个经常与企业保持接触的客户对于企业来说具有不同的客户价值。这一价值是根据客户消费行为和消费特征等变量所测算出的客户能够为企业创造出的价值。

客户价值、客户忠诚作为客户细分的两个指标，构成客户分类矩阵，得到金牌客户(Golden，高价值—高忠诚度)、风险客户(At Risk，高价值度—低忠诚度)、边际客户(Marginal Value，低价值度—高忠诚度)和无须过多服务的客户(Don't over—Service，低价值度—低忠诚度)，并针对不同的客户类型提出客户关系的不同发展策略。该研究将客户价值和客户忠诚作为两个独立的变量，客户价值仍然是指客户当前的净现金流，客户的忠诚则隐含了对客户未来现金流潜力的预测，但是两者还没有统一到客户价值中。

阿希姆·库恩(Achim Kuhn)、汤姆斯(Toms)和汉斯(Hns)(2001)将客户价值定义为企业的关键决策者从客户关系中所感受到的收益(Benefit)与付出(Sacrifice)之间的权衡(Trade off)。这种收益和付出既包括货币因素，又包括非货币因素，阿希姆·库恩首次将客户价值的非货币化因素和货币化因素置于同等重要的地位，并以此区分客户价值为直接功能、间接功能和社会功能。该研究以直接功能—间接功能作为客户分类的指标，将客户关系分为四类，即高绩效关系、买卖关系、低绩效关系和网络关系。该研究给出了客户价值的清晰界定和划分，突出强调了客户价值的非货币价值，这是它与上述研究的一个最大区别和特色所在。

以上研究分别从客户响应、客户忠诚度和客户的非货币因素等不同角度对客户价值进行分类。

本教材更趋近于以下认识，认为客户整个生命周期的价值，由客户历史价值、客户当前价值和客户潜在价值构成。从客户生命周期的角度看，客户历史价值并不很重要，重要的是客户当前价值的表现，更重要的是对客户未来潜在价值的预测判断。因此，客户价值评价体系应该从客户当前价值和潜在价值两方面进行评价。客户当前价值可用总利润和销售量两个指标来间接描述。客户潜在价值可从客户满意度、忠诚度、信任度等几方面来预测客户今后一段时间内潜在价值的变化，其中客户忠诚度和信任度是最主要的，且常常随着潜在价值同方向变动。如果客户当前忠诚度和信任度较高，就可以说，在今后的一段时间内，其价值有上升趋势；反之，则有下降趋势。

### (二)客户等级划分

在客户生命周期内，根据客户价值大小可把客户分为核心客户、重点客户、一般客户。企业可以进一步根据这些分类采取有针对性的管理对策。

核心客户：因为他们为企业带来最大比例的收益，所以是进行客户管理的重点对象，其总的价值创造接近于 70%。

重点客户：其创造价值比例约为 20%，客户数量比例约为 20%。

一般客户：次于重点客户与核心客户的其他零散客户。

知识拓展 4-1 的内容见右侧二维码。

星巴克的客户选择.docx

## 二、客户等级划分的方法

常用的客户等级划分方法包括 ABC 分类法与成对比较分析方法。

### (一)ABC 分类法

ABC 分类法是由意大利经济学家维尔弗雷多·帕累托(Vilfredo Pareto)首创的。1879 年，帕累托在研究个人收入的分布状态时，发现少数人的收入占所有人收入的大部分，而多数人的收入却只占一小部分，他将这一关系用图表示出来，就是著名的帕累托图。该分类方法的核心思想是在决定一个事物的众多因素中分清主次，识别出少数的但对事物起决定作用的关键因素和多数的但对事物影响较少的次要因素。后来，帕累托法被不断地应用于管理的各个方面。1951 年，管理学家戴克(H. F. Dickie)将其应用于库存管理，为其命名为 ABC 分类法。1951—1956 年，约瑟夫·朱兰(Joseph M. Juran)将 ABC 分类法引入质量管理，用于质量问题的分析，被称为排列图。1963 年，彼得·德鲁克(P. F. Drucker)将这一方法推广到企业管理中，使 ABC 分类法成为企业提高效益的普遍应用的管理方法。

ABC 分类方法的基本程序包括以下三个步骤。

#### 1. 开展分析

开展分析即按分析对象和分析内容收集有关数据。包括确定造成某一管理问题的因素，收集相应的特征数据；分析主要影响因素数据和次要影响因素数据。以库存控制涉及的各种物资为例，如拟对库存物品的销售额进行分析，则应收集年销售量、物品单价等数据。

**2. 计算整理**

计算整理即对收集的数据进行加工,并按要求进行计算,包括计算特征数值、特征数值占总体数值的百分数、累计百分数;因素数目及其占总因素数目的百分数、累计百分数。

根据一定的分类标准,进行 ABC 分类,列出 ABC 分析表。各类因素的划分标准并无严格规定,习惯上常把主要特征值的累计百分数达 70%~80%的若干因素称为 A 类,累计百分数在 10%~20%的若干因素称为 B 类,累计百分数在 10%左右的若干因素称为 C 类。

**3. 绘制 ABC 分析图**

以累计因素百分数为横坐标,累计主要特征值百分数为纵坐标,按 ABC 分析表所列的对应关系,在坐标图上取点,并连接各点绘制成曲线,即绘制成 ABC 分析图,如图 4-1 所示。除利用直角坐标绘制曲线图外,也可绘制成直方图,如图 4-2 所示。

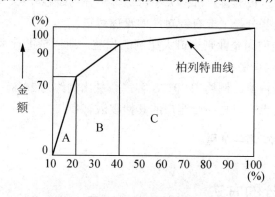

图 4-1　ABC 分析图

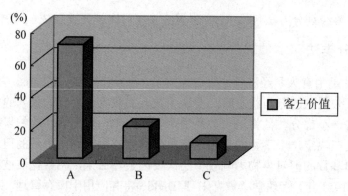

图 4-2　ABC 直方图

**4. 实施对策**

实施对策是"分类管理"的过程。根据 ABC 分类结果,权衡管理力量和经济效果,制定 ABC 分类管理标准表,对三类对象进行有区别的管理。

## (二)成对比较分析方法

**1. 成对比较分析方法的含义**

成对比较分析方法也称相互比较法,就是将所有要进行评价的客户价值放在一起,两两成对比较，其价值较高者可得 1 分，最后将各客户所得分数相加，其中分数最高者即等级最高者，按分数高低顺序将客户进行排列，即可划定客户价值等级。由于两种客户的困难性对比不是很容易，所以在评价时要格外小心。

### 2. 成对比较分析方法的基本做法

成对比较分析方法的基本做法是将每一位客户按照所有的评价要素与所有其他客户进行比较。在运用成对比较分析方法时首先要列出一个如表 4-1 的表格，其中要标明所有需要被评价的客户姓名及需要评价的所有价值要素。其次，将所有的客户依据某一类要素进行成对比较，再用加和减(也就是好和差)标明谁好一些、谁差一些。最后，将每一位客户得到的好的次数相加，如表 4-1 至表 4-3 所示。

表 4-1　客户价值成对比较

| 比较客户 | 被比较客户 | | | | | | | |
|---|---|---|---|---|---|---|---|---|
| | A | B | C | D | E | F | G | 得　分 |
| A | | 1 | 1 | 0 | 1 | 1 | 1 | 5 |
| B | 0 | | 0 | 0 | 1 | 0 | 1 | 2 |
| C | 0 | 1 | | 0 | 1 | 1 | 1 | 4 |
| D | 1 | 1 | 1 | | 1 | 1 | 1 | 6 |
| E | 0 | 0 | 0 | 0 | | 0 | 0 | 0 |
| F | 0 | 1 | 0 | 0 | 1 | | 1 | 3 |
| G | 0 | 0 | 0 | 0 | 1 | 0 | | 1 |

表 4-2　客户价值顺序

| 客户价值 | 分　　数 | 序列顺位 |
|---|---|---|
| D | 6 | 1 |
| A | 5 | 2 |
| C | 4 | 3 |
| F | 3 | 4 |
| B | 2 | 5 |
| G | 1 | 6 |
| E | 0 | 7 |

表 4-3　成对比较法客户评价结果的权衡

| 客　户 | A | B | C | D | E | F | G |
|---|---|---|---|---|---|---|---|
| 甲评定结果 | 1 | 3 | 4 | 2 | 5 | 6 | 7 |
| 乙评定结果 | 2 | 1 | 4 | 3 | | 5 | |
| 丙评定结果 | 1 | | 2 | 3 | 6 | 4 | 5 |
| 评判序数和 | 4 | 4 | 10 | 8 | 11 | 15 | 12 |

续表

| 客 户 | A | B | C | D | E | F | G |
|---|---|---|---|---|---|---|---|
| 评定总人数 | 3 | 2 | 3 | 3 | 2 | 3 | 2 |
| 平均序数 | 1.3 | 2 | 3.3 | 2.07 | 5.5 | 5 | 6 |
| 客户相对价值 | 1 | 2 | 4 | 3 | 6 | 5 | 7 |

# 第二节　物流重点客户VIP

从前面的分析可知，在物流企业中，重点客户与核心客户占整个收入与利润的90%，因此要对其采用VIP管理方法，以保证其持续地为物流企业创造价值。

## 一、VIP概述

VIP的用语起源于20世纪80年代，来源有以下两种说法。一种说法是在第二次世界大战中，英国的运输部队用飞机运载许多重要人物前往中东时，基地的指挥官为了保护他们的身份秘密而创造了VIP这个简称。另一种说法是当时电子邮件在美国一些发达地区很流行，人们没事就发一封快捷、简单、便宜的邮件向朋友问候，一个人在发送邮件的时候不想让其他人知道邮件的内容，所以就把邮件标名为"Very Important Person"，后来VIP这个词被沿用到现在。

今天的市场竞争越来越超越了简单的产品功能的竞争，从而进入了服务竞争的阶段。对于金融行业，服务几乎就是工作的一切。

如今，VIP越来越成为一个流行术语，今天这个术语被企业界和管理学界广泛运用，VIP代表的是企业客户群中最有价值的部分。所以，追求长远发展的企业，都不能在重要的大客户身上打折扣，因为对大客户打折扣就是对企业未来的经营目标打折扣；或者说，在很大程度上，大客户管理就是对未来的管理。

当前，寻找、发展、锁定与管理重点客户，是企业亟须解决的问题之一。那么，如何管理、维护和服务好这些VIP客户，并与之建立长期稳定的合作关系呢？

## 二、VIP贵宾卡的作用

以银行VIP贵宾卡为例，持有VIP卡的客户享有优先服务权，这种"绿色通道"服务最直接的好处就是可以帮助客户节省时间。一些基层管理者或网点人员对VIP服务的认识有很大的偏差，认为企业发放VIP贵宾卡，只是让大客户避免排队办业务，其实VIP卡更大的作用是将VIP客户和普通客户的服务区别开来。VIP服务还表现在增值服务上，如成立客户俱乐部、企业家沙龙、酒会、金融产品推介会、各类文体活动竞赛等各类联谊活动，作为企业与客户之间的沟通桥梁，加强沟通，增进友谊，拓展视野，提高市场驾驭能力，以构建新型的银企合作关系和实现多赢目标。

### 三、改变与客户关系的处理模式

一个企业如果丧失了客户，也就丧失了一切，因为只有与客户保持长期良好的关系，企业才能够在市场竞争中不断提高市场份额并增强竞争力。因此，企业以客户为本，实乃以客户关系为本，客户关系的竞争实乃市场竞争的焦点。要与 VIP 客户建立良好关系，必须突破在商言商、你交钱我发货这种简单的滞留在交易层次的客户关系处理模式，需要上升到更高层次上去——向客户提供零距离服务，培养客户信任，让客户参与企业服务的过程，与客户进行情感交流，形成互动型的客户关系。

### 四、VIP 客户的管理

要在激烈的市场竞争中赢得高端 VIP 客户的长期信任和合作，扎扎实实地做好客户关系的管理工作是企业的必由之路。许多企业的 VIP 服务不论是在硬件方面还是在软件方面都没有做到位，许多网点主任或客户经理只会联系客户而没有管理客户，这种客户关系带有浓厚的商业利用色彩，因而客户对企业服务的忠诚度较低。所以，企业应将 VIP 客户群进行有效和建设性的管理，在客户的主营业务或最感兴趣的行业领域方面提供增值服务和信息服务。同时，在进行客户管理的时候要注意与客户的即时信息沟通，让客户明白你的所作所为，而且明白这些所作所为均是为了客户本身或双方的共同利益。客户关系管理的一个关键就是让客户了解到你在为他做事，没有你不行，这样才能既赢得客户又赢得市场。

### 五、建立有效的客户反馈机制

建立一条反馈的渠道，使客户的种种意见和评价能够通畅地在该渠道上流动，最后流动到企业的各个职能部门去并得以解决。因而，建立有效的客户反馈机制是服务体系建设中非常重要的环节，只有如此，才能将有限的服务资源用在刀刃上，从而产生最大的边际利益。

总之，大客户管理就是要建立长久维持的良好的客户关系，因为这种关系是企业最有价值的财产。这份财产会在将来为企业也为大客户带来源源不断的红利。

对于许多企业来说，VIP 客户管理目前只是处于客户管理的初级阶段；但只要调动起企业员工的一切积极因素，深入细致地做好各项工作，牢牢地抓住大客户，就一定能以点带面、以大带小，使企业始终保持良好的战斗力和竞争力，在市场竞争日益激烈的今天，屹立潮头，稳操胜券。

## 第三节　物流重点客户的个性化服务

### 一、个性化服务

个性化服务是一种有针对性的服务方式，根据用户的设定来实现，通过各种渠道对资源进行收集、整理和分类，向用户提供和推荐相关信息，以满足用户的需求。从整体上说，个性化服务打破了传统的被动服务模式,能够充分利用各种资源优势,主动开展以满足用户个性化需求为目的的全方位服务。

在网络环境下,个性化服务是一种网络信息服务的方式,这种服务方式的实现主要是根据用户的设定,借助计算机及网络技术,对信息资源进行收集、整理、分类、分析,向用户提供和推荐相关信息,以满足用户对信息的需求。开展网络个性化服务是提高信息服务质量和信息资源使用效益的重要手段,突出了信息服务的主动性,开拓了信息服务的新思路。从整体上说,个性化服务打破了传统的被动服务模式,能够充分利用网络资源的优势和各种软件支持,主动开展以满足用户个性化需求为目的的全方位的服务。

个性化服务是"以用户为中心"的服务,根据用户提出的明确要求,或通过对用户个性、习惯的分析主动地向用户提供其可能需要的信息和服务。简言之,个性化信息服务是指针对不同用户的不同需求提供不同的服务策略和服务内容。个性化信息服务主要包括两方面的含义:一是信息服务方式的个性化,即根据个人的爱好或特殊需要进行服务;二是信息服务内容的个性化,即让人们从个人的职业、兴趣等方面获得信息。

个性化服务实现过程是首先建立个性化的用户动态需求模型;搜索、挖掘符合模型需求的相关信息;按照特定主题,将搜索挖掘到的信息进行过滤、加工和组合,整合成相对完整的信息集合,并以在线或离线的形式主动发送给用户或服务代理,以实现信息支持;按照特定主题,融合、激活信息集合,产生新的提供问题解决方案的知识,并主动发送给用户,以实现决策支持,这也是较高级的个性化信息服务。

## 二、重点客户个性化服务的特点

如果说个性化服务在以往的运输服务中只是一种空泛、理想化的营销思路的话,那么在当代综合物流实践中,个性化服务已经成了一种关乎企业生存的营销观念。物流企业的个性化服务属于实践性极强的课题,应视为现代物流项目运作中的一项重要原则。

### (一)需求个性化决定服务的个性化

应当说,现代物流的个性化服务趋势,是现代物流营销观念逐步走向成熟的必然结果。这种营销观念要求百分之百地将满足客户需求置于最核心的位置;但这并不等于说传统的货运服务不把满足客户需求作为自己的服务目的,只是传统的运输服务在具体运行时往往受到观念、体制和模式上的种种局限,不可能将个性化服务做得十分到位,传统运输服务是一种以满足大众需求为基本前提的服务。这就好比生产服装的厂商为实现产销的规模化,可以在流水线上批量生产某种规格和款式的服装。这里的问题是:当这些服装还处在生产过程中的时候,它们的消费者(客户)仅仅存在于厂商的假定之中,并不具体,等到产品上了柜台,消费者才有可能从中选择适合自己的产品。在这里,个体消费者的需求虽然千差万别,但在这些产品面前,他们的选择却被限定在生产厂商事先假定好的框架内,这就势必会有不少消费者无法在市场上买到让自己称心甚至适合自己的产品。生产厂商的用意并不错,他们也想尽可能满足消费者的多种需要;但如此大规模的经营格局、如此格式化的生产模式,迫使他们根本无法将视点定格在每一个具体的消费者身上,这就类似以往的传统运输服务。传统运输服务的运行模式是事先设定的,客户只能被动地适应这种模式,这其中肯定会有一定数量的客户个体被排斥在外,这一点显然与市场的发展趋势是背离的。现代物流则要求纵深渗透，与客户自身的运行融为一体，这就必须以客户的具体需求作为提供服务的基本前提，也就是以需求的个性化来决定服务的个性化。这时的物流企业只能打破自身固定的运行模式，专门为不同的客户设计并提供一整套运行流程和操作方案，以完全适应客户的实际需求，这就如同服装厂商真正做到为每一位个体消费者量体裁衣、度身定制。

### (二)个性化服务的本质是与客户互利双赢

在现代物流服务过程中，物流服务的提供者与客户之间显然是一个利益共同体，物流运作所带来的利润应当是客户经济效益的一部分。换言之，客户一旦先确定了物流服务的提供者，同时也就先确定了取得更好效益的手段。互利双赢，这是双方之间结成牢固同盟的最终结果。这就要求物流企业与客户之间的接触是一种互融的关系，而不仅仅是叠加的关系，这是个性化服务最重要的本质特征。虽然物流运作从根本上说并不直接涉及产品生产本身，是一种对生产流程的延伸和辅助，如后勤保障、原料供应、零件储备、后道加工、仓储运输等，但是这种延伸和辅助又是整个生产过程的一个有机组成部分，不但不可或缺，而且是生产厂商得以提高经济效益的一个重要因素。因此，一个成功的物流合作项目往往意味着一个双赢的利益共同体的形成。事实证明，物流企业对客户介入得越深，双方契合得越完美，个性化服务的特征就越鲜明，所得到的收益也就越大。上海中远国际货运有限公司(以下简称上海中货)与上海通用汽车公司合作的 CKD 物流项目就充分印证了这一观点的正确性。这种合作的直接成果是：生产利润和效率的最大化以及成本控制的理想化。

### (三)个性化服务模式的可变性和程序性

现代物流的个性化服务并不排斥将操作过程置于某种模式之中，它反对的只是将服务程序僵硬化、模型化和单一化。与传统服务相比，其最大的优势是：由静态到动态，由等候反馈到积极追踪。现代物流的个性化服务模式是处在一个随时变化的状态中的。不妨设想一下：产品市场的变化带来了订单的变化，订单的变化带来了流水线节奏的变化，而流水线节奏的变化必定会带来物流运作上的变化。所以，现代物流的服务模式必须具备一种极好的应变性能，以适应多种突如其来的变化。正是这种良好的应变性，才使物流的个性化服务产生了实际意义：完全融入客户的计划和运行中，上海中货为上海通用汽车专门设计的服务模式，具有强大的追踪与调控功能，能够随时应对各种变化，从而将厂商从巨大的仓储、配送和资源匮乏的压力下解放出来。必须指出的是，这种依据个性化原则设计出来的服务模式从本质上说是以客户为中心理念的产物，其中的个性化特色体现在全方位的客户倾斜过程中。较之以往传统服务中运输企业一味地以自我为中心，被动等待客户来适应的僵硬模式，显然，个性化服务模式更加有利于服务朝着精品化方向发展。由此可见，各种个性化服务的竞相推出，必将成为未来物流市场竞争的主流趋势。

### (四)个性化服务与行业特色

物流企业是否必须了解、熟悉服务对象的运行状况、行业特色和生产规律呢？这一问题在传统服务中是存在的，因为在传统服务中，运输企业与客户只在门外接触，双方并不互相渗透，其关系仅仅是"物理"意义上的。然而在个性化服务中，物流企业首先遇到的就是如何尽快地了解对方、熟悉对方，以便在未来的服务流程中很好地体现服务对象的行业特色和运行规律。因为在个性化服务状态下，物流企业与客户之间是相互渗透、有机结合为一体的，其关系是"化学"意义上的。在某种程度上说，物流企业以一个同盟者的身份介入个性化服务对象的内部营运中，并与对方同步运作。

物流企业深入客户内部的真正用意是什么呢？仅仅是为了与对方取得运行节奏上的和谐吗？事实上，在这个过程中，现代物流企业做到了以往传统服务根本无法做到的事情，就是意外地发现和了解到服务对象内部存在着的原先并未察觉到的种种管理上和成本控制上的疏漏和黑洞，由此可以提前挖掘到对方潜在的需求。上海通用汽车进口零件从成套报送变为散件报送，从而大幅降低成本的典型个例，正是上海中货深入其内部，在个性化服务中挖掘到客户潜在需求的结果。

## 三、物流企业个性化服务的策略

现代营销学认为，随着社会的进步，人们的消费观念和消费方式经历了从基本消费时代到理性消费时代，直到目前感性消费时代三个重要的阶段。感性消费时代最大的特点就是人们在购买商品时常常诉诸情感，逐渐摒弃了"从众心理"而转向"求异心理"。感性消费时代对企业的市场开拓提出了更高的要求，最明显的是，传统营销学小的市场细分原理遭到了市场的冷落。这是因为情感因素的加入使原本简单的问题复杂化了，同样的商品，同样的质量、价格，顾客可以用"不喜欢"给予否定，因此，个性化服务大行其道也就不足为奇了。

### (一)与顾客结盟

实行个性化服务，从营销管理上来看，就是把市场细分微型化，甚至把单个顾客作为一个细分市场。因此，企业必须改变以往"自己生产什么，顾客就买什么"的观念，变成"顾客需要什么，我就生产什么"。这样与顾客建立长期而密切的联系就变得十分必要了。

以个性化服务著称的美国戴尔公司，把与顾客结盟作为公司战略中的重要组成部分。戴尔公司总裁迈克尔·戴尔(Michael Dell)说道："很多公司只从单一角度与顾客建立关系。而我们与顾客所建立的直接关系，则让我们可以兼顾成本效益及与顾客组成的顾问小组讨论业绩和存在的问题。"某航空公司为了了解顾客的需求，甚至派销售经理到新泽西州的纽瓦克机场，在新顾客登机时与他们交谈。公司总裁说："我们又回到了过去与顾客交谈的日子。"

能够及时得到顾客的指导。在现代顾客中，很大一部分是各个方面的专家，他们最了解产品存在的不足，最清楚今后的发展趋势，及时收集这方面的意见和建议，才能留住更多的回头客。专家型顾客扮演着指示的角色，告诉市场的走向，提供各种点子。拜顾客为师，企业才能在个性化服务中精益求精，以超越现有产品和服务，为顾客提供更大的附加值。

### (二)实施供应链管理

实行个性化服务遇到的一个很大的问题，就是如何在保持大规模生产方式的"快"的特点的同时，满足每个顾客的需求。此外，还有一个问题是成本上升，产品品种增多、款式多样，必然带来一个生产成本升高的问题，解决这一问题的一个重要途径就是实施供应链管理。

供应链管理的基本概念是建立在这样一个合作信念之上的，即它能够通过分享信息和共同计划使整体物流效率得到提高。供应链管理使渠道安排从一个个松散地联结着的独立企业群体，变为一种致力于提高效率和增强竞争力的合作力量。在本质上看，它是从每一个独立参与者进行存货控制，变为一种渠道整合和管理。供应链管理的背后动机是增强渠道的竞争力。把单个企业为顾客提供服务转变为多个企业结成一个个性化服务链。美国莱维公司的例子最典型。作为一家生产牛仔裤的著名企业，每天晚上，它通过电子数据交换系统，收集到主要零售商西尔斯公司及其他主要零售点销售的牛仔裤尺寸和型号。然后，莱维公司通过计算机网络向纤维布供应商米利肯公司订购制造这些牛仔裤的纤维织布。接着，米利肯公司又向其纤维供应商杜邦公司订购一定数量的纤维。首先是通过这种方法，供应链条中的所有参与者都运用先进的计算机网络得到销售信息，生产出即时销售的产品，而不是去盲目生产那种有可能与需求脱节的产品。在此基础上，莱维公司于 1998 年就推出了一项服务，使顾客能自己选择合身的尺寸、式样和颜色，它能生产近 170 万种不同的牛仔裤来满足不同层次顾客的需求。这样做的好处是，减少了库存，相应地也降低了成本。其次是改变了传统的大规模生产方式中"先生产、后销售"的生产推动型的生产模式，变成以客户提出的个性化需求为生产的起点的需求拉动型的生产模式，提高了个性化服务的敏捷性和满意度。在这方面，福特公司也行动起来，进行资产重组，调整结构，收购著名品牌，改变资产管理方式，用外部供应链取代本公司的制造业，利用因特网把推动销售模式改为拉动销售模式，把一家旧经纪公司改造成一个机构精简的新经济企业。

### (三)以"网"取胜

网络的出现，是个性化服务产生的基础。因为个性化服务是在消费者提出需求后才开始生产的，因此与先于需求的大批量生产相比存在时间上的劣势。在个性化服务与大批量生产并存的阶段，企业是否能够缩短向顾客提供产品和服务的时间，是能否取得全面竞争优势的关键。此外，网上联系也是企业得到顾客需求信息不可或缺的渠道。互联网为全球企业供应链提高其运作效率、扩大商业机会和加强企业间协作提供了更加强大的手段——电子商务平台。如果企业能在很好地规划运作内部资源的同时，整合其所具有的外部资源，如供应商、代理商、承运商等，将提高其生产、采购及交货计划的准确性，从而能在快速应对市场的同时，提高对客户销售及服务承诺的准确性与实时性。

以美国的一家小企业——量子循环公司为例，该公司通过个性化服务创造了一个特殊需求市场。在发现哈利-戴维森汽车公司的摩托车客户常常花费成千上万美元来改装新买的摩托车以后，量子公司决定让顾客们从一开始就能这样做。顾客们可以在网上或经销商那里选择座位、把手和油漆的颜色，结果是顾客以出厂价买到了定做的摩托车。戴尔公司推广了一种使顾客自己设计个人计算机的互动在线系统。顾客从一系列的性能、元件、价格和送贷方式中进行选择。根据这种选择向供货商的制造系统发出指令，制造系统开始启动采购、装配和送货的过程。顾客能利用戴尔公司的在线配置系统，在存储能力、硬盘能力、调制解调器等方面进行各种选择，得到 1600 多种组合。每种选择都有花多少钱和省多少钱的确切数字，顾客很容易得到额外的具体信息。其结果是，顾客很满意，戴尔的配置系统使顾客的需要与产品性能完全一致，而不必像在通常情况下那样顾此失彼。戴尔公司也很满意，因为没有必要处理积压的未售产品。实际上，戴尔的库存从来没有超过六天的用量——在计算机的产品价值不断因为技术变化而下跌的行业，这是一个重要优势。

在这方面，传统产业并非无用武之地。福特公司已经利用它现有的电子数据交换系统与第一层供应商(指制造大型集成系统、座椅或车轮的公司)进行顺利的沟通。同时，与第二层供应商(指为第一层供应商提供部件的公司)的交流也加快了速度。油漆制造商将利用基于因特网的供应链得到相关的信息，与福特公司供应链中任何其他公司一样生产更多种颜色的油漆。汽车的生产不会由于合适的油漆颜色短缺而推迟。

一个大型 B2B 商务中心，使得来自福特公司、通用汽车公司和戴姆勒-克莱斯勒公司这些老竞争对手的经理们以甚至几年前还闻所未闻的方式进行合作。B2B 使他们走到了一起，雷诺-日产汽车公司的经理们也会很快加入他们的行列。这个 B2B 商务中心由这些大汽车公司共同持股。它有望成为世界上最大的 B2B 商务中心，将与为会员公司提供产品的 5 万多家未来供应商联网。

美国明尼苏达州的窗户制造商安德森(Anderson)开发了一种名为"知识之窗"的系统，该系统构造了由 5 万多种可能的窗户元素组成的图标结构，由分销商与最终用户合作设计窗户。这个系统能够自动生成报价单和详细的制造说明书，并将订单直接传送到加工厂。公司的加工系统可以做到将定制产品连夜送给分销商。总之，为顾客提供个性化服务对企业来说是一个巨大的系统工程。企业要在深刻了解顾客需求的基础上，利用电脑网络技术，提高服务的敏捷性和准确性。要实现这一目标，物流企业与上下游有关企业结盟、组成快速反应链是十分必要的。

知识拓展 4-2 的内容见右侧二维码。

内蒙古通辽市盛达贸易公司——抓大拉小.docx

# 第四节　数据库——重点客户管理的利器

将数据库用于客户管理与营销，在欧美已经得到了广泛应用，在中国大陆，也已经呈现"燎原之势"。包括 DM(Direct Mail，定向直邮)、EDM(E-mail Direct Marketing，电子邮件营销)、E-Fax(网络传真营销)和 SMS(Short Message Service，短消息服务)等在内的多种形式的数据库营销手段，得到了越来越多中国企业的青睐。其中 EDM 由于投资低、回报率高被国内外企业广泛应用，如今 EDM 已被国内中小型公司、网店、网站等广泛使用，部分得到初步发展的企业已开始自建 EDMSYS 平台，而第三方营销平台也在蓬勃发展。可以说，数据库营销迎来了一个黄金发展时期。

## 一、数据库营销

数据库(Database)是按照数据结构来组织、存储和管理数据的仓库，它产生于 1951 年雷明顿兰德公司引发的数据管理革命，随着信息技术和市场的发展，特别是 20 世纪 90 年代以后，数据管理不仅是存储和管理数据，而转变成用户所需要的各种数据管理。数据库有很多种类型，从最简单的存储有各种数据的表格到能够进行海量数据存储的大型数据库系统，都在各个方面得到了广泛应用。

之所以越来越多的企业开始选择数据库营销，这与它相对于传统营销所具有的独特优势是密不可分的。

(1) 可测度。数据库营销是唯一一种可测度的广告形式。你能够准确地知道如何获得客户的反映以及这些反映来自何处。这些信息将被用于继续、扩展或重新制订、调整你的营销计划。而传统的广告形式(报纸、杂志、网络、电视等)只能面对一个模糊的大致的群体，究竟目标人群有多少无法统计，所以效果和反馈率总是让人失望。正如零售商巨头沃纳梅克(Wanamaker)说过："我知道花在广告上的钱，有一半被浪费掉了，但我不知道是哪一半。"

(2) 可测试性。数据库营销就像科学实验，每推进一步，都可以精心地测试，其结果还可以进行分析。假设你有一间酒吧，可以发出一封邮件，宣布所有光临酒吧的女士都可以免费获得一杯鸡尾酒。而在另一封邮件中，你可以宣布除周六、周日外所有的顾客都可以获得八折优惠。在进行一段时间的小规模测试后，计算哪一封邮件产生的回报最高，之后就运用获得最佳反应的方案进行更大规模的邮寄。不管企业的大小如何，只要运用适当的形式，都可以进行小规模的测试，以便了解哪种策略最有可能取得成功。

(3) 降低成本，提高营销效率。数据库营销可以使企业集中精力于更少的人身上，最终目标集中在最小消费单位的个人身上，实现准确定位。目前美国已有 56%的企业正在建立数据库，85%的企业认为他们需要数据库营销来提高竞争力。由于运用消费者数据库能够准确地找出某种产品的目标消费者，企业就可以避免使用昂贵的大众传播媒体，可以运用更经济的促销方式，从而降低成本、增强企业竞争力。具有关资料统计，运用数据库技术筛选消费者，其邮寄宣传品的反馈率，是没有运用数据库技术进行筛选而发送邮寄宣传品的反馈率的 10 倍以上。

(4) 获得更多的长期忠实客户。据权威专家分析，维持一个老顾客所需的成本是寻求一个新顾客成本的 0.5 倍，而要使一个失去的老顾客重新成为新顾客所需花费的成本是寻求一个新客户成本的 10 倍。如果比竞争对手更了解顾客的需求和欲望，留住的最佳顾客就更多，就能创造出更大的竞争优势。用数据库营销与消费者经常保持沟通和联系，可以维持和增强企业与消费者之间的感情纽带。另外，运用储存的消费者记录来推测其未来消费行为具有相当大的精确性，从而使企业能更好地满足消费者的需求，建立起长期的稳定的客户关系。

(5) 企业制胜的秘密武器。在传统市场营销中，运用大众传媒(报纸、杂志、网络、电视等)大规模地宣传新品上市或实施新的促销方案，容易引起竞争对手的注意，使他们紧跟其后推出对抗方案，势必影响预期的效果。而运用数据库营销，可与消费者建立紧密联系，一般不会引起竞争对手的注意，从而避免公开对抗。如今，很多知名企业都将这种现代化的营销手段运用到自身的企业，将其作为一种秘密武器运用于激烈的市场竞争中，从而在市场上站稳了脚跟。

随着经济的日益发展和信息技术对传统产业的改造，使物流客户的个性化需求得到满足成为可能，中国加入 WTO 以后，物流企业也面临更加严峻的形势，如何在这场强敌环伺的较量中胜出，需要全方位地提升物流企业的竞争力——物流企业增强客户信息管理的能力，利用数据库是未来的必然选择，也促使企业最终构建 CRM。

物流企业在不断成长的过程中，会逐渐积累起相对稳定的重点客户群体，这一群体将是企业发展的重要因素。因此，分析好、维护好属于自己的重点客户显得非常重要，建立重点客户数据库，就是一个有效的方式。目前基于PC的数据库系统应用已经走向成熟。

企业通过建立的客户数据库，在信息处理分析的基础上，可以研究客户购买产品的倾向性，当然也可以发现现有经营产品的适合客户群体，从而有针对性地向客户提出各种建议，并更加有效地说服客户接受物流企业的产品。

建立客户数据库的理由显而易见，随着市场竞争的激烈程度与日俱增，企业自己的客户群体已经成为企业赖以生存的基础。不能很好地跟踪客户的变化，不能提前研究出客户的发展态势，就很难把握向已有客户销售的时机。归纳起来，建立客户数据库的理由主要有以下几点。

(1) 建立重点客户数据库可以帮助企业准确地找到目标消费群体。

(2) 帮助物流企业在最合适的时机以最合适的产品满足重点客户的需求，从而降低成本、提高效率。

(3) 帮助企业结合最新信息和结果制定出新策略，以增强企业的环境适应性。

(4) 发展新的服务项目以促进企业发展，并促使购买过程简单化，提高客户重复购买的概率。

(5) 运用数据库建立企业与消费者的紧密联系，从而建立稳定、忠诚的重点客户群体。

## 二、数据库是物流客户关系管理的基础

21世纪，对于物流企业而言，有两个方面最重要，一是企业品牌，二是顾客的满意度。但顾客的满意和忠诚不是通过简单的削价可以换来的，也不是通过折扣、积分等暂时的经济利益可以买来的，要靠数据库和顾客关系管理系统，从与顾客的交流互动中更好地了解顾客的需求来实现。

(1) 数据库管理作为20世纪90年代一种方兴未艾的管理形式，包含了关系营销的观念，着重于给顾客提供全方位的持续的服务，从而和客户建立长期稳定的关系；同时和现代信息技术、网络技术相结合，利用计算机信息管理系统来充分地建设和利用客户数据库，而且，强大而完善的数据库是未来网络营销和电子商务的基础。

(2) 未来的物流企业重点客户关系与数据库紧密结合。忠诚、持久而稳定的重点顾客群成为物流企业最宝贵的资源，在国外，有93%的公司首席执行官认为"顾客资源"是企业成功和更具有竞争力的最重要的因素。物流企业发展的关键是争取和留住顾客，满足消费者个性化需求，和顾客建立互相信任的稳定的双向沟通的互动关系。传统的只是单向被动地适应消费者的方式已经过时，这种慢一拍的市场跟进不仅不能获得高额利润，在这个快速变化的社会中往往对企业而言还可能是致命的。现代企业的各个部门将被高度整合起来，以顾客为中心，追求顾客的终身价值。

(3) CRM作为新一代的客户关系管理系统，把企业的销售、市场和服务等部门整合起来，有效地把各个渠道传来的客户信息集中在一个数据库里。公司各个部门之间共享这同一个客户数据库，企业与这个客户的各种接触，无论是他何时索要过公司简介，还是他曾经购买过产品都记录在案，每个与该顾客打交道的部门经手人都可以很轻易地查询到这些数据，让这个顾客得到整体关怀。从中我们也可发现，CRM系统的基础是一个数据完备、

功能完善的客户数据库在营销中的整体应用。

## 三、数据库物流客户关系管理的运作程序

一般来讲，数据库物流客户关系管理应该经历数据采集、数据存储、数据处理、寻找理想消费者、使用数据、完善数据六个基本步骤。

(1) 数据采集。数据库数据一方面通过市场调查物流企业客户消费记录以及促销活动的记录；另一方面利用公共记录的数据，如人口统计数据、医院婴儿出生记录、患者记录卡、银行担保卡、信用卡记录等都可以有选择性地录入数据库。

(2) 数据存储。将收集的数据，以重点客户为基本单元，逐一输入计算机，建立起重点客户数据库。

(3) 数据处理。运用先进统计技术，利用计算机把不同的数据综合为有条理的数据库，然后在强有力的各种软件的支持下，产生产品开发部门、营销部门、公共关系部门所需要的任一详细数据。

(4) 寻找理想消费者。根据使用最多类客户的共同特点，用计算机勾画出某产品的客户模型，此类客户具有一些共同的特点，比如兴趣、收入，以专用某品牌产品的一组客户作为营销工作目标。

(5) 使用数据。数据库数据可以用于多个方面，如根据客户特性制定营业推广的方法；根据重点客户的使用需要，开发新服务项目；根据重点顾客的消费特性，有效地制作广告。因此，数据库不仅可以满足信息需要，而且可以进行数据库经营项目开发。

(6) 完善数据。随着物流服务的发展，对重点客户的数据收集及处理，并根据客户的发展，不断完善和充实数据库。

## 四、数据库用于重点物流客户关系管理的实际应用

数据库营销是企业通过收集和积累重点客户大量的信息，经过处理后预测重点客户需要的物流服务的情况，并利用这些信息有针对性地制定营销策略。通过数据库的建立和分析，各个部门都对顾客的资料有了具体全面的了解，可以给予顾客更加个性化的服务支持，使"一对一的顾客关系管理"成为可能。

从全球来看，数据库正越来越受到企业管理者的青睐，在维系顾客、提高销售额中发挥着越来越重要的作用。

### (一)市场预测

客户数据库的各种原始数据，可以利用"数据挖掘技术"和"智能分析"在潜在的数据中发现盈利机会。基于顾客年龄、性别、人口统计数据和其他类似因素，对顾客购买某一具体货物的可能性和所需要的物流服务做出预测；能够根据数据库中的顾客信息特征有针对性地制定营销策略、使用促销手段，从而提高营销效率。

### (二)分析每位顾客的盈利率

事实上，对于一个企业来说，真正给企业带来丰厚利润的顾客只占所有顾客中的20%~

30%，他们是企业的重点顾客，盈利率是最高的，对这些顾客，企业应该提供非凡的服务、折扣或奖励，并要保持足够的警惕，因为竞争对手也是瞄准这些顾客发起竞争攻击的。然而绝大多数企业的顾客战略只是获取顾客，很少花精力去辨别和保护他们的最佳顾客，同时去除不良顾客。利用企业数据库中的具体资料，我们能够深入信息的微观程度，加强顾客区分的统计技术，计算每位顾客的盈利率，然后去抢夺竞争者的最佳顾客，并保护好自己的最佳顾客，培养自己极具潜力的顾客。通用电气公司的消费者数据库能显示每个顾客的各种具体资料，保存了每次交易记录。他们可以根据消费者购买产品的历史记录，来判定谁对公司和新式家用电器有偏好，能确认谁是公司的大买主，并给他们送上价值30美元的小礼物，以促使他们产生下一次购买的欲望。

### (三)数据库是CRM的基础

CRM系统主要包括销售自动化、营销管理、客户服务和支持、客户呼叫中心、网络功能等几个模块。它的实质是充分发挥市场、销售、服务三大部门的作用，并且使这三个部门能充分共享顾客信息，打破各部门之间信息壁垒的封锁，从而使各个部门以一个企业的整体形象出现在顾客面前。在企业前端CRM系统的背后，其实就是一个功能强大的顾客服务数据库，存储了顾客的各种资料及交易行为，并能利用各种数学分析模型对这些数据进行深层次挖掘，对顾客的价值和盈利率进行分析。可见，在实施CRM的过程中，将企业原有的顾客历史数据整理有序化，输入数据库，搭建好一个完整的数据库是基础。

光收集大量的客户信息还远远不够，成败关键取决于利用这些信息针对个体客户制定出适合的服务政策。

肯·罗布(Ken Block)的营销秘密是当他的顾客来商场采购时，他十分了解这些顾客想要买些什么。这一点连同超市所提供的优质服务的良好声誉，是迪克连锁超市对付低价位竞争对手及其他对手的主要防御手段。迪克超市采用数据优势软件(Data Vantage)，是一种由康涅狄格州的关系营销集团(Relationship Marketing Group，RMG)所开发的软件产品，对扫描设备里的数据加以梳理，即可预测出其顾客什么时候会再次购买某些特定产品。接下来，该系统就会"恰如其分地"推出特惠价格。

它是这样运作的：在迪克超市每周消费25美元以上的顾客每隔一周就会收到一份定制的购物清单。这张清单是由顾客以往的采购记录及厂家所提供的商品现价、交易政策或折扣共同派生出来的。顾客购物时可随身携带此清单，也可以将其放在家中。当顾客到收银台结账时，收银员就会扫描一下印有条形码的购物清单或者顾客常用的优惠俱乐部会员卡。无论哪种方式，购物单上的任何特价商品都会被自动予以兑现，而且这位顾客在该店的购物记录会被刷新，生成下一份购物清单。

"这对于我们和生产厂家都很有利，因为你能根据顾客的需求制定促销方案。由此你就可以制定一个与顾客商业价值成正比的方案。"罗布说。

迪克超市还依靠顾客特定信息，跨越一系列商品种类把订制的促销品瞄准各类最有价值的顾客。比如，非阿司匹林产品(如泰诺)的服用者可以被分成三组：全国性品牌、商店品牌和摇摆不定者。这些组中的每组顾客又可以根据低、中、高用量被分成三个次组。用量就代表着在某类商品中顾客对迪克超市所提供的长期价值(仅在这一个产品种类中，就有六个"模件"，产生出总共九种不同类型的顾客，这足以发动一次批量订制营销活动了)。假设超市的目标是要把泰诺用户转变成商店品牌的用户，那么罗布就会将其最具攻击性的营销活动专用于用量大的顾客，因为他们最具有潜在价值。给予大用量顾客的初始折扣优惠远高于给予低用量和中等用量的顾客。促销活动的时间会恰好与每一位顾客独有的购买周期相吻合，而对于这一点，罗布通过分析顾客的以往购物记录即可做出合理预测。

"顾客们认为这太棒了，因为购物清单准确地反映了他们要购买的商品。如果顾客养着狗或猫，我们就会给他提供狗粮或猫粮优惠；如果顾客有小孩，他们就可以得到孩童产品优惠，如尿布及婴幼儿食品；常买很多蔬菜的顾客会得到许多蔬菜类产品的优惠。"罗布说，"如果他们不只在一家超市购物，他们就会错过我们根据其购物记录而专门提供的一些特价优惠，因为很显然我们无法得知他们在其他地方买了些什么。但是，如果他们所购商品中的大部分源于我们的超市，他们通常可以得到相当大的价值回报。我们比较忠诚的顾客常会随同购物清单一起得到价值为30~40美元的折价券。我们的目标就是回报那些把他们大部分的日常消费都花在我们这儿的顾客。"

有时可以通过获取其他相关单位的赞助，来尽量减少折扣优惠所造成的经济损失；反过来，这些单位可以分享你不断收集到的信息资讯。以迪克超市为例，生产厂商会给予绝大多数打折商品补贴。作为整个协议的一部分，生产厂家可以获得从极其详尽的销售信息中所发现的分析结果(消费者名字已去除)。这些销售信息的处理加工均是由关系营销集团进行的，这家公司不但提供软件产品，而且还提供扫描数据采掘服务。

虽然频次营销和优惠卡计划是用于收集顾客资讯的有效途径，但常常遭到滥用，造成不利于自己的结果。一对一营销商的首要任务就是识别和区分客户，所以在零售业，像迪克超市那样的频次营销计划可能会成为一种不可或缺的辅助工具。它激励个体顾客在每次踏进店门时就"举起手来申明身份"，以期获得打折优惠。频次营销计划的实际运作还提供了一个与顾客互动交流的良好平台，这种互动可以通过信函进行，也可以通过收银台抑或网上进行。

知识拓展**4-3**的内容见右侧二维码。

CXO 的数据库营销.docx

# 本 章 小 结

客户等级划分有利于企业有针对性地处理客户关系。以客户价值为基础，确定相应指标，通过等级划分把顾客分成一般客户、重点客户和核心客户。同时介绍价值划分的 ABC 方法。在划分顾客等级后，针对重点客户制定一系列的个性化服务与管理，提出与顾客结盟、实施供应链管理及以网取胜等策略。此外，要利用数据库加强重点客户关系管理。

# 自 测 题

1. 什么是客户价值？客户价值指标有哪些？
2. 什么是 ABC 分类方法？ABC 分类方法的基本程序有哪些？
3. 什么是成对比较分析方法？其基本做法是什么？

4. 怎样对物流重点客户进行个性化服务?

5. 简述数据库客户管理的运作程序。

# 案 例 分 析

## 忠诚顾客靠培养

日本的一家化妆品公司设在人口百万的大都市里,而这座城市每年的高中毕业生相当多,该公司的老板灵机一动,想出了一个好点子,从此,他们的生意蒸蒸日上,成功地掌握了事业的命脉。

这座城市中的学校,每年都输送出许多即将步入黄金时代的少女。这些即将毕业的女学生,无论是就业还是深造,都将开始崭新的生活,她们脱掉了学生制服,开始学习修饰和装扮自己,这家公司的老板了解了这个情况后,每年都为女学生们举办一次服装表演会,聘请知名度较高的明星或模特儿现身说法,教她们一些美容技巧。在招待她们欣赏、学习的同时,老板也利用这一机会宣传自己的产品,表演会结束后还不失时机地向女学生们赠送一份精美的礼物。

这些应邀参加的少女,除了可以欣赏到精彩的服装表演之外,还可以学到不少美容知识,又能个个中奖、人人有份、满载而归,真是皆大欢喜。因此许多人都对这家化妆品公司颇有好感。

这些女学生事先都收到公司寄来的请柬,请柬也设计得相当精巧有趣,令人一看到卡片就神迷,哪有不去的道理?因此大部分人都会寄回报名单,公司根据这些报名单准备一切事务。据说每年参加的人数,占全市女性应届毕业生的90%以上。

在她们所得到的纪念品中,附有一张申请表。上面写着:"如果您愿意成为本公司产品的使用者,请填好申请表,亲自交回本公司的服务台,您就可以享受到公司的许多优惠。其中包括各种表演会和联欢会,以及购买产品时的优惠价等。"大部分女学生会响应这个活动,纷纷填表交回,该公司就把这些申请表一一加以登记装订,以便事后联系或提供服务。事实上,她们在交回申请表时,或多或少都会买些化妆品回去。如此一来,对该公司而言,真是一举多得,不仅吸收了新顾客,也实现了把顾客忠诚化的目标。

### 点评

国外的一项调查研究表明,一个企业总销售额的80%来自占企业顾客总数20%的忠诚顾客。因此,企业拥有的忠诚顾客对企业的发展是十分关键的。但是,企业获得忠诚顾客并非一朝一夕的事。近年来,我国许多企业已经意识到忠诚顾客与企业的经济效益有着直接联系,但是大多数企业却并不清楚怎样才能获得忠诚顾客。从本案例中,或许我们可以得到一些启示。

**启示一:"攻心为上,攻城为下"。**

《孙子兵法》上说:"上兵伐谋""善用兵者,屈人之兵而非战也,拔人之城而非攻也"。未战而屈人之兵,未战而拔人之城,正是"攻心为上"的成功运用。

日本这家公司的老板正是一位高明的"攻心为上"术的使用者。他牢牢地抓住了那些即将毕业的女学生们的心理:脱掉学生制服之后,希望通过装扮和修饰自己能够打造一个不同于以往的形象，能更漂亮、更出众，但却不会装扮又不知该去哪儿咨询。公司老板的服装展示会和美容教学进一步激发这些少女爱美的欲望，并使她们摆脱了"弄巧成拙"的忧虑，让她们在学习的同时也熟悉并接受本公司的产品。

**启示二：优秀的策划可以事半功倍。**

一流策划创造潮流，二流策划领导潮流，三流策划顺应潮流。企业如果通过一流策划创造出使用本企业产品和服务的潮流，这样做的结果必然事半功倍。日本的这家化妆品公司将即将毕业的少女受邀参加服装展示会变成一种少女们趋之若鹜的潮流，使得"每个人都认为不应邀参加展示会的人，是天大的傻瓜"。于是，公司的服装展示会得到了大多数应届毕业女生的青睐，影响到了以后的每一届毕业生。当然，只有优秀的策划是不够的，要想真正形成潮流，要将新顾客变成企业的忠诚顾客，企业所提供的产品和服务必须能给顾客带来实际价值；否则就会像当年的"呼啦圈热"一样，热一阵马上就销声匿迹了。

**启示三：企业要想更高效地获得忠诚顾客，应改被动"等待"为主动"培养"。**

为了获得忠诚顾客，企业大多通过广告等手段将自己的产品及服务特点宣传给广大消费者，然后静等新顾客上门，当新顾客在使用了企业的产品和服务之后感到满意，就会一次又一次地购买，最终成为企业的忠诚顾客。显然，这是一种被动"等待"的过程。由于企业并没有对新顾客进行选择，也没有采取什么主动措施将新顾客牢牢"锁住"，因此，新顾客中可成长为忠诚顾客的比例极低。为了能够更高效地获得忠诚顾客，企业应将传统的被动"吸引"及"等待"改为主动"拉拢"和"培养"。正如这家日本公司所做的，先是针对即将毕业的少女这个目标顾客群，通过服装展示会及美容教学等方法主动将其拉向自己；然后利用申请表收集新顾客的信息以便提供更优质的产品及服务，通过公司的各种优待将新顾客牢牢"锁住"，耐心地将其培养成为企业的忠诚顾客。

(资料来源　http://www.doc88.com/p-2972422182955.html)

# 阅 读 资 料

重点客户关系管理的逆向思维

具体内容见右侧二维码。

第四章阅读资料.docx

# 第五章　现代物流核心客户关系管理实施

【学习目标】通过本章的学习，使学生明确核心客户关系管理的内涵，掌握核心客户关系管理的程序、实施方法及预防核心客户流失的措施等。

【关键概念】核心客户(Key Account)　客户概况分析(Customer Profile Analysis)　客户忠诚度分析(Customer Loyalty Analysis)　客户利润分析(Customer Profitability Analysis)　客户性能分析(Customer Performance Analysis)　客户未来分析(Customer Future Analysis)

【引导案例】

## 德邦物流：新客户关系管理功能助涨重点客户收益达 47.5%

德邦物流是一家国内综合性物流公司，致力于为客户提供多样化的物流解决方案，服务覆盖零担运输整车运输、快递服务和仓储管理。公司现已开设 6600 多家标准化门店，自有营运车辆 10000 余台，全国转运中心总面积逾 124 万平方米。

**1. 发展机遇**

正如其他国内物流企业所面临的那样，多样化的客户群体、日益复杂的市场形势和不断涌现的新兴竞争对手和商业模式，给德邦物流带来了巨大压力。在当今快速变化、竞争日益激烈的市场环境下，德邦物流力求通过业务转型，实现其成为国内领先物流企业的既定目标。而要达到这一点，就需要对其最具价值的客户群体加以甄别，了解他们真正的需求，开发新的战略和创新商业模式，推出新服务，从而为客户提供一套整合的物流解决方案。而始终坚持以客户为中心的理念，运行高效的客户管理系统及相关流程，无疑将会是极大的助力，德邦物流携手埃森哲设计并构建了全新的销售组织架构，并从先进的客户洞察中受益匪浅。

**2. 解决方案**

埃森哲帮助德邦物流利用新的销售和营销模型，创新的行业定制产品及服务，优化交付能力，从而更好地为客户提供服务。同时，结合德邦自身业务流程和架构，我们助其制定新的 IT 系统规划。此外，团队还协助开发了销售线索管理系统和德邦客户关系管理系统的相关功能。以收益和周转率为标准，将客户进行了明确的划分，并专注服务那些重点客户团队，通过分析客户群体，更全面地掌握相关信息，以便更好地理解客户需求，制定相关服务方案和定价模型，从而最大限度地从重点客户那里获得收益。另外，埃森哲还帮助德邦物流对前线员工进行培训，力图打造一个更富有责任感的销售和客服团队。

**3. 业务成果**

通过更好地理解客户需求，德邦物流进行了针对性的产品创新，为各类客户提供更优质的服务。这些革新为企业带来了可持续的商业收益，与上年同期相比，VIP 客户的销售总收入增长了 47.5%。运营上的改进帮助企业更好地适应新的业务模式，为其掌握分析能力奠定了坚实的基础。如今，德邦物流可以灵活有效地针对重点客户分配资源并执行销售计划。

而在其他一些新涉足的领域，行业定制解决方案这一服务模式同样可以适用，这为德邦进一步开拓市场提供了有力支持。这些新能力的部署，使得德邦物流可为客户提供更多更具有针对性的服务，实现更快捷的货物交付。

(资料来源：https://www.useit.com.cn/forum.php?mod=viewthread&tid=15044&extra=page%3D1&page=1&)

# 第一节 核心客户概述

## 一、核心客户

下面是从内涵与作用两方面介绍核心客户。

### (一)核心客户的内涵

核心客户(Key Account，KA)，也称为关键客户或大客户，这类客户现在或者将来对于物流企业要达到的盈利目标起到关键作用，可以是短期内占有整个企业的利润比例高达80%左右的客户群，也可以是对企业持续稳定地提供相对大的利润的客户群。公司对这些核心客户存在一定的依赖关系。核心客户一般包含下列几方面因素。

(1) 本企业事实上存在大订单并至少有 1～2 年或更长时期连续合约的，能带来相当大的销售额或具有较大的销售潜力。

(2) 有大订单且是具有战略性意义的项目客户。

(3) 对于企业的生意或公司形象，在目前或将来有着重要影响的客户。

(4) 有较强的技术吸收和创新能力。

(5) 有较强的市场发展实力。

具备以上因素的客户一般可以称为核心客户，从当前价值和潜在价值角度体现了短期与长期的结合。核心客户有着双重的定义标准，可以从长期、短期两方面进行评价，短期内创造价值的主要客户以及长期创造稳定价值的客户都可以称为核心客户。

符合企业中长期业务定位，再大的企业也很难覆盖所有的市场和客户群体，所以企业必须选择核心客户进行重点服务。核心客户不见得现在就为你创造了大部分的盈利，但长期而言，这类客户是符合企业战略定位(产品战略、品牌战略、发展战略等)的客户群体。通常，企业中长期的业务定位是基于远期市场的判断，远期的市场和主力客户群并不见得是当前的主力客户群。而这里所指的"核心客户"就是远期的主力客户群。如果现在这个群体还不是最主流的，那么企业需要战略性持续地投入。

企业拥有的内外部资源能力和企业的能力(资本运作能力、运营能力、服务能力、社会资源等)决定了企业能做什么样的事。就像生产拖拉机发动机的企业生产不了飞机发动机一样，不同企业有不同的能力。同时，这个资源能力也是在不断发展的，"核心客户"的定位也要与资源能力的发展相匹配。

这个客户群体必须有可能为企业创造出持久的利润。除非垄断企业，并不是所有的客户都能为企业带来持续盈利的。例如，投机型客户永远选择市场价位最低或促销最大的企业，物流企业在他们身上投入再多，这种类型的客户也不可能有忠诚度，投入越多，越是浪费。当然，如果你采取的永远是一种低价策略，他们也可以成为你的"核心客户"。所以这里所说的寻找到的核心客户必然是为物流企业创造持久利润的客户。

澳大利亚最大的航空公司快达航空(Qantas)面对来自维珍航空强有力的竞争，在2003年成立了捷星(Jetstar)航空，目的就是对核心客户进行定位，将快达航空的核心客户定位成商务客人和跨国飞行的旅游者。而捷星航空被定位成廉价航空公司，其核心客户是被定位成价格敏感度高的低端客人和中低端旅游者。两个航空公司各成体系，独立运作，采用不同的票务销售渠道和运营管理模式。与快达航空不同，有的企业干脆把低端客户劝退。例如，国内有的证券公司，通过减少营业部的面积，撤掉现场交易行情显示的大屏幕来主动"赶跑"现场交易的客户，把节省出来的费用用来增强对非现场交易的核心客户服务。

### (二)核心客户的作用

不同的客户对企业的利润贡献差异很大，短期内20%的核心客户贡献了企业80%的利润以及长期内提供稳定的价值，因此，企业必须高度重视高价值客户以及具有高价值潜力的客户。核心客户对公司的发展具有以下几方面重大作用。

(1) 核心客户对于公司要达到的销售目标是十分重要的，在现在或者将来会占有很大比重的销售收入。这些客户的数量很少，但在公司的整体业务中有着举足轻重的地位。

(2) 公司如果失去这些核心客户将严重影响到公司的业务，并且公司的销售业绩在短期内难以恢复过来，公司很难迅速地建立起其他的销售渠道。公司对这些核心客户存在一定的依赖关系。

(3) 公司与核心客户之间有稳定的合作关系，而且他们对公司未来的业务有巨大的帮助。

(4) 公司花费很多工作时间、人力和物力来做好客户关系管理。这些核心客户具有很强的谈判能力、讨价还价能力，公司必须花费更多的精力进行客户关系的维护。

(5) 核心客户的发展符合公司未来的发展目标，公司与他们之间将会形成战略联盟关系。当时机成熟时，公司可以进行一体化战略，与客户结成战略联盟关系，利用核心客户的优势，有利于公司的成长。

## 二、核心客户的类型

核心客户根据不同的划分标准，可以划分成不同的类型，如根据行业特征、与企业关系的发展阶段等。下面介绍按照客户价值取向不同的类型进行划分，具体分为以下几种。

### 1. 内在价值型核心客户

对内在价值型核心客户来说，价值就是产品本身。他们注重成本因素，并对产品有很深的了解。内在价值型核心客户知道如何使用产品。他们将产品或服务视为可以被竞争产品轻易取代的同质产品，希望费用价格尽量合理，或在采购方面获得便利。他们不相信所谓销售附加值，盼望减少销售环节。

企业对于这样的核心客户一般会尽量压缩销售成本，降低销售价格。除此之外，企业推荐客户不完全熟悉的新产品或者提升行业的特色与行业壁垒，如独家经营某些配件，也是可行的做法。

### 2. 外在价值型核心客户

外在价值型核心客户不但注重产品本身，而且注重产品的增值服务、产品的价值或解决方案等外部因素。对他们来说，价值不是产品本身所固有的，而是存在于使用产品的过程中。他们对产品方案和应用感兴趣，认为销售队伍能为他们创造大量的新价值，而他们也会为建议和帮助额外付费。他们希望销售人员能为他们的需要和方案提供新的见解，愿意为找出个性化的方案而与销售人员合作，并投入时间、精力和费用。

由于这种客户愿意与企业建立超出直接交易的关系，相信产品以外的人为价值，企业可以利用项目团队来展示自身的技术和服务，以发挥作用，同时利用对核心客户有影响的人来起辅助作用。

### 3. 战略价值型核心客户

战略价值型核心客户要求非同一般的价值创造，他们的需求远远超过了企业的产品或建议，希望进一步利用企业的核心竞争力，与企业建立资源互补的合作伙伴关系。其战略是与选择的战略型企业建立起密切的关系，以获得最佳利益，并对其组织内部可能进行的深度变革有一定的准备。由于客户希望在双方关系平等的基础上共同创造价值，这对企业来说是求之不得的。要获得这类客户的关键在于，要能够想方设法地为客户创造非同一般的价值和提供超出他们计划的建议及合作方案。

知识拓展 5-1 的内容见右侧二维码。

宝供储运的核心客户服务.docx

## 第二节　核心客户管理

## 一、核心客户管理的概念

核心客户是企业最重要的资产，只有赢得核心客户、留住核心客户并不断地增加核心客户，企业才能发展壮大。可见，企业需要对核心客户进行管理。

鉴于核心客户的作用，物流企业必须重视对核心客户的管理。物流核心客户管理属于客户管理的重要内容，同时又有其自身的特点。客户管理是通过对客户详细资料的深入分析，来提高客户满意程度，从而提高企业竞争力的一种手段。核心客户管理的核心依然是客户关系管理，即客户价值管理，满足不同价值客户的个性化需求，提高客户忠诚度和保有率，实现客户价值持续贡献，从而全面提升企业盈利能力。客户关系管理的目标包括：近期目标，最大限度地提升销售收入；中短期目标，最大限度地提升客户为企业创造利润的能力(客户的利润贡献能力)；长期目标，优化客户关系这一资产(客户关系资本)的价值。而核心客户管理在此基础上更多地注意相对长期与稳定的定位，持久地为顾客创造价值，其综合价值是最高的。

实行核心客户管理是为了集中企业的资源优势，从战略上重视核心客户，深入掌握、熟悉客户的需求和发展的需要，有计划、有步骤地开发、培育和维护对企业的生存和发展有重要战略意义的核心客户，为其提供优秀的产品或服务，建立和维护好持续的客户关系，帮助企业建立和确保竞争优势。同时，通过核心客户管理，能够解决采用何种方法将有限的资源(人员、时间、资金)充分投放到核心客户上，从而进一步提高企业在每一领域的市场份额和项目签约成功率，改善整体利润结构。

通过核心客户管理，一方面在有效的管理控制下，为核心客户创造高价值；另一方面在有效的核心客户关系的管理和维护下，在为核心客户提供个性化解决方案的同时从核心客户那里获取长期持续的收益。

核心客户管理为核心客户提供持续的、个性化的解决方案，并以此来满足客户的特定需求，从而建立长期稳定的核心客户关系，通过对核心客户关系管理，企业可以在以下几个方面保持竞争优势。

1) 产品优势

分析与研究客户，制定个性化的解决方案，保持企业产品与竞争者产品的差异性，形成产品优势。

2) 成本优势

由于核心客户的批量采购，使企业可以形成规模经营，取得成本上的优势。

3) 客户优势

企业与核心客户建立起业务关系后，在合作期内双方逐步了解适应，彼此建立信任，情感递增，客户忠诚度逐步形成。同时，核心客户管理不是孤立的一个管理流程或管理方法，它是对企业长期投资的管理，是一种竞争战略，更是实现核心客户战略的必要手段。因此，核心客户管理必须和企业整体营销战略相结合，这不仅需要对核心客户进行系统、科学而有效的市场开发，更需要用战略的思维对核心客户进行系统管理，需要核心客户管理部门和其他部门及各层次人员持续而努力地工作。从核心客户的经营战略、业务战略、供应链战略、项目招标、项目实施全过程到核心客户组织中个人的工作、生活、兴趣、爱好等方面都要加以分析研究。

## 二、核心客户管理的内容

核心客户管理主要包含以下七个主要方面(简称 7P)。

(1) 客户概况分析(Customer Profile Analysis)，包括客户的层次、风险、爱好、习惯等。

(2) 客户忠诚度分析(Customer Loyalty Analysis)，指客户对某个产品或商业机构的忠实程度、持久性、变动情况等。

(3) 客户利润分析(Customer Profitability Analysis)，指不同客户所消费的产品的边际利润、总利润额、净利润等。

(4) 客户性能分析(Customer Performance Analysis)，指不同客户所消费的产品按种类、渠道、销售地点等指标划分的销售额。

(5) 客户未来分析(Customer Future Analysis)，包括客户数量、类别等情况的未来发展趋势、争取客户的手段等。

(6) 客户产品分析(Customer Product Analysis)，包括产品设计、关联性、供应链等。

(7) 客户促销分析(Customer Promotion Analysis)，包括广告、宣传等促销活动的管理。

通过 7P 分析并结合第四章所讲方法可以筛选出核心客户群,同时了解核心客户的基本状况、层次、面临风险、爱好和习惯,通过基本状况可以为制定客户策略做准备;通过忠诚度分析可以确定核心客户群的稳定情况,只有相对稳定的客户群才能真正成为核心客户。而核心客户群同样也是利润的重要来源,企业不能只考虑销售额,利润也是客户价值最重要的评价标准。除此之外,未来发展的潜力同样不可忽视。后面几项分析主要立足于为留住核心客户群做准备。

## 三、核心客户管理的程序

事实上,核心客户管理不仅是一个程序或一套工作方法,更是一种管理思想观念,一种如何挑选核心客户并稳固他们的业务处理方式。物流企业必须针对核心客户的特点和物流的实际制定切实可行的核心客户管理模式,制定关键的管理制度和管理流程,找出关键的工作环节。

第一,建立一套考评指标体系,对公司的客户做出全面的评估,并综合打分,找出核心客户。

第二,收集信息,要对核心客户进行全面的分析,分析物流企业的竞争对手、分析自己公司的状况、制定客户管理战略。制订客户计划的主要目的在于确定你希望与该客户建立和发展什么样的关系以及如何建立并发展这种关系。制订一份适当的客户计划是取得成功的第一步,与客户共同讨论自己的客户发展目标并与客户建立起一定的信任关系,共同制定一个远景目标规划,确定好行动计划。

第三,开发核心客户。核心客户管理制定的策略一定是实际有效的,而拥有完整的核心客户信息资料是保证这些策略成功的前提。在此基础上,挖掘核心客户需求、了解客户真正需要什么,是理解客户价值的前提。因此,企业只有时刻保持对核心客户的关注,才能真正做到了解客户需求,了解核心客户的采购流程,与核心客户正面沟通,获得顾客更多的需求信息。

第四,保持核心客户。保持核心客户是物流企业发展的重中之重,只有保持住现有客户,才能不断地开发客户的潜力,保证未来的发展。

## 四、核心客户管理的实施

核心客户管理的实施需要首先识别、选择客户,确定客户战略,然后对核心客户进行开发,最终实现核心客户的保持。

### (一)识别与选择顾客

识别与选择客户可按以下两步进行。

#### 1. 确定核心客户

核心客户并不总是那些拥有大片市场的、全国性的甚至全球性的大客户。衡量客户对企业的价值(吸引力)大小,要看客户对企业产品消费的增加潜力及其对企业的长期价值。目前在评估客户吸引力方面,有两类方法可以结合使用——人口统计法和心理描绘法。通过它们可以分析每个客户的平均收益、较高利润的产品或服务的使用百分比、销售或订单的趋势(升或降),以及客户支持或服务的成本等。另外,要注意到不管一位客户具有怎样的吸引力,投资者的投资决定总是建立在与核心客户的合作关系能否达到的现实性之上的。对此我们要对与核心客户的当前关系状况从定性和定量两方面进行衡量。

核心客户是对企业来说相对价值最大、最具有战略意义的客户,必须善于识别出这些核心客户,只有这样,才能将有限的资源投入企业真正急需关注和保持的客户手中,实现企业利润和价值的最大化,这也是进行核心客户关系管理的第一步。根据自身所处的行业、经营状况、拥有的资源等条件的不同,每个企业都有一套识别核心客户的规则。企业在选择核心客户时,会按照单次交易的收益和重复交易的次数,同时考虑成本利润率和客户生命周期以及未来潜力,并进行综合分析,可以依据企业的实际情况制定不同的识别标准。下面介绍如何依据客户的当前价值和潜在价值来识别核心客户。

首先,根据企业需要和管理情景选择合适的指标。其次,将各个指标量化,确定打分规则。对于有数据可循的指标进行打分要以数据为依据,例如,对购买量进行打分时,应参照样本客户的购买量设定规则,然后按照打分规则,对每个样本客户的各个指标分别打分,得到所有样本客户在该指标体系下的评价分值。最后,对所得数据进行聚类分析,把价值总值的50%作为分界线,得到四个客户细分群,分别为最有价值客户群、价值客户群、潜在客户群、低价值客户群,按照当前价值和潜在价值,分别对应着(高,高)、(高,低)、(低,高)、(低,低)四个象限。针对各象限客户群的特点进行分析筛选,识别出核心客户,如图5-1所示。

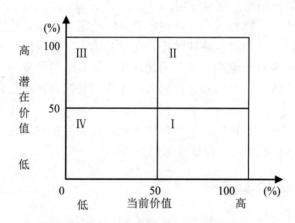

**图5-1 按价值确定物流核心客户企业**

Ⅰ是价值客户群。此类客户的当前价值较高但潜在价值较低,需要区别对待。如果潜在价值低是由于忠诚度和客户关系状况较差的原因,可以通过建立良好的客户关系加以解决,使其转化为最有价值的客户,这类客户属于开发型核心客户。但是如果潜在价值低是由于客户诚信度较差,则不能归入开发型核心客户;否则企业承担的风险过大,极有可能得不偿失。开发型核心客户对于企业而言极具增长力。由于客户关系的不成熟和不稳定,此类客户常常在不同企业之间摇摆不定,因此企业必须重点投入更多的营销资源以便改善客户关系,从而化潜在价值为现实价值。从长远的眼光看,他们极有可能发展成为企业的维持型核心客户。

Ⅱ是最有价值客户群。此类客户的当前价值和潜在价值都很高，企业与此类客户的关系要保持稳定，因为他们是企业收益和利润的主要来源，是企业的维持型核心客户，企业必须尽一切努力维持现有的良好关系。但正因为客户关系成熟稳固，拓展空间不大，故在市场营销中，他们不是企业重点开发的对象，针对这类客户的特点，应重在维持而不是进一步发展客户关系。

Ⅲ是潜在客户群。此类客户的当前价值低，但是潜在价值高，很有可能成为核心客户。由于当前价值较低不能盲目地归入核心客户，应当观察一段时间，如果当前价值有持续的大的增幅，再将其列入核心客户。由于核心客户是动态变化的，如果当前价值有较大增幅，自然会落入最有价值客户群的象限，而不会因此错失了核心客户。所以核心客户为最有价值客户群的全部和价值客户群的一部分，最有价值客户群为维持型核心客户，价值客户群的核心客户为开发型核心客户。

Ⅳ是有待进一步观察的低价值客户群。此类客户的当前价值和潜在价值都低。由于此类客户对企业短期和长期而言，利润影响较小，甚至可能几乎无利润可言，企业可以通过因特网渠道，定期向他们发布公司消息和最新产品消息，使用最低的维护成本，有时也可以干脆放弃对其进行管理，以降低客户关系管理的工作量和营销成本。

### 2. 关系状况的评估

第一步，建立指标体系用来评价当前关系的状况。指标被控制在 10 个之内(除非业务特别复杂)。第二步，要在统一标准的基础上，根据各个指标的相对重要性规定它们的权数。此权数最好在综合考虑业务中的全部活动后，由集体统一决定。权衡过程要遵循的原则是每一指标的权数应当在一定的数值范围内制定，比如 1~5，所有 10 个指标的权数之和为25(或者其他预先约定的数值)。第三步，每个独立的客户按照每组的标准，在一定的数值，比如 0~4 评级。如果客户在某方面得到 4 级评分，说明在此方面该客户完全满足供应商的要求。例如，评价客户吸引力时，10 个方面都得到 4 级评分就意味着客户对供应商具有最大吸引力。对于每个指标的各级评分标准，应当进行充分清楚的说明。第四步，将每个标准的等级数乘以权数得到一个加权和。将所有 10 个标准的加权和相加，就可以得到每个合同或者核心客户的吸引力指数。吸引力指数越大，供应商和客户之间产生业务联系的概率就越大。所有权数之和为 25，每个指标的最高等级数为 4，因而加权总和为 10。计算当前客户关系时也是使用这种计算方法的。

考察客户关系的有代表性的学者有戈登·怀恩(Gordon Wyant)、维纳(Wiener)、杰姆·巴诺斯(Jim Barnes)等。

戈登·怀恩认为：对一个客户关系的评价至少应该包含以下部分。

(1) 谁是客户(即目标客户识别难度)？

(2) 企业如何让客户知道它的存在(即企业识别难度)？

(3) 客户关系的主要内容有哪些？

(4) 关系的持续时间。

(5) 关系的其他参与者。

维纳根据客户关系中的双方行为提出了一个评价方法来衡量客户关系，它包括以下几个方面。

(1) 企业和客户是如何联系的。

(2) 采用的广告媒体形式。

(3) 客户同类产品支出的比例。

(4) 客户反复购买的次数与购买组合。

(5) 客户的满意程度。

(6) 关系的持续时间。

物流企业可以利用以上指标对客户关系进行评价。

### (二)选择与确定顾客战略

选择与确定核心客户可根据客户策略分析图做出策略性选择。

#### 1. 客户策略分析图

通过对一些主要客户或合同,比如排在前 20 位的客户或合同进行吸引力和关系状况的描绘,再利用图 5-2 所示的分为九格的客户策略分析图进行分析,我们能够从核心客户资料库和不同的策略中筛选出适当的部分,并做出顺序选择。

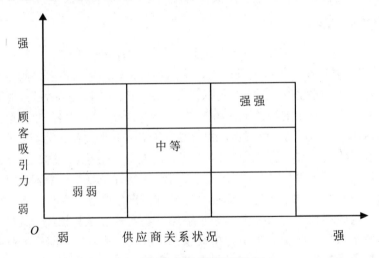

图 5-2  客户策略图关系状况

图 5-2 中的纵轴代表客户的吸引力,其评价标准是建立在如市场销售量、成长率、竞争、利润率和合理产量等前面阐述的指标基础之上。依据每个加权指标对各个客户进行评估,并据此将他们划分为强吸引力、中等吸引力或弱吸引力。

图 5-2 中的横轴代表公司与当前供应商的关系状况或当前满足客户业务需要的能力。每个客户的需求必然会在某个量上与供应商所能提供的供给量相等。这之间的关系在很大程度上由客户对公司相关核心能力的认同来决定,并且客户将根据目前公司业务的参与份额(与竞争对手的对比情况)、价格竞争、产品质量、对客户业务的了解程度、技术实力以及当前关系状况等因素进行评级。

通过对各方面打分,可以对客户的关系状况产生一定的认识。这些标准中的一部分可以量化(如销售量、业务份额),但另一部分属于主观性标准,需要通过客户的评价打分。要弄清客户对公司的看法,办法就是主动询问客户。评价过程需要一个详尽的日程安排来对客户进行常规的正式对话。同客户关系状况的总情况可以用良好、一般、差来评价。

从原则上讲，要提高客户的吸引力是比较困难的，除非为了获得新的核心能力而完全改变业务方向。通过与客户之间关系的量化，能够比较容易地改善与客户的关系。

### 2. 核心客户的策略性选择

对待核心客户，通常有四种策略：第一是将其作为发展目标；第二是防止核心客户被竞争对手抢走而采取防御策略；第三是用最小量的资源维持现有关系；第四是退出。

对于经过筛选、有较好市场前景且吸引力强的客户应当用第一种发展策略。防御策略用于防止现有的核心客户被竞争对手抢走，特别是在潜在的市场成长十分有限的情况下。当然，运用这两个策略都需要投入一些资源。然而，不管是从长期还是短期来看，这些经过筛选的客户往往对实现公司的目标起着举足轻重的作用，所以，资源的投入是非常值得的。

用最少量的资源维持现有关系的策略适用于那些合作业务发展得比较好，但在吸引力指标或核心能力方面并不特别适合的客户。此策略将使用的资源控制在一定范围内，因而也就决定了直接销售将取代远程销售，在与客户的信息交流方式上也更依赖邮件和展示会。

当然，供应商使用后两种策略对待的客户已不可能保持核心客户地位。然而在资源的制约下，总有一些客户被挑选出来作为发展业务关系的对象。一个供应商如果同大量有较强吸引力的客户保持着良好的关系，那么他很有可能将大部分资源花费在运用防御策略上；如果拥有较少此类客户，供应商将把大部分精力放到同少量优势客户发展更加稳固的关系上。

## (三)核心客户的开发

核心客户的开发应注意以下几个问题。

### 1. 获得核心客户信息

核心客户管理已经成为企业的一种长期经营行为，在对核心客户进行营销的过程中，制定的策略一定是实际有效的；而拥有完整的核心客户信息资料，是保证这些策略成功的前提。这些客户资料包括客户的基础资料(如客户规模、员工数量、组织结构、行业状况、消费数量和模式、详细的联络方式、客户各部门情况等)、项目资料(如最近的采购计划、决策人和影响者、采购时间及预算等)、竞争对手资料(如产品使用情况、客户满意度、其销售代表的情况及与客户的关系等)。

### 2. 挖掘核心客户需求

所有的市场销售都始于需求，而需求是应该被引导和激发的。了解客户真正需要什么是理解客户价值的前提。影响核心客户购买决策的因素有很多，要全面考虑客户的处境，通过观察客户的特征和企业文化，耐心倾听和沟通后分析可能影响其购买的关键因素。此外，市场环境的动态变化时刻蕴含着核心客户的新需求。因此只有企业时刻保持对核心客户的关注，才能真正做到了解客户需求。同时，客户会有一些深层次的要求没有被挖掘，在对客户进行差异分析后，企业应与客户保持积极接触，在不断发现客户隐性需求的基础上注重调整产品或服务，以满足核心客户的不同需求。

### 3. 了解核心客户的采购流程

要洞悉核心客户的采购流程，时时关注其活动变化，及时掌控有效信息，做出正确判断。以工业品核心客户的采购为例，一般会有八个环节：提出问题和需求，收集并筛选信息，立项并组建采购小组，建立采购标准，评估比较，确定首选供应商，商务谈判，签订合同。在了解核心客户的一般采购流程后，就应时时关注客户的某一具体采购项目所处的采购阶段、该阶段对企业的具体要求，以及影响该环节决策的促进者情况，以利于企业在不同阶段制订不同的销售计划和行动方案。在营销过程中，企业不仅要善于了解与潜在客户紧密相关的外部影响因素，同时还要对大局形势有正确的认识和评判，了解宏观经济状况和政策导向，视时机而改变。这样才能对潜在客户产生全方位的影响，加速其对采购意向的抉择，最终实现对该客户的成功开发。

### 4. 与核心客户正面沟通

在营销过程中，企业不可避免地要与核心客户进行正面接触和交流，针对合作项目进行沟通。某些事宜没能达成共识需要正面沟通，达成共识后怎样实现最优需要继续沟通，当出现争议和问题时，也必须通过沟通后采取有效的措施予以解决。核心客户是比较强调谈判协商的，由于其采购数量巨大，使其具有很强的讨价还价能力。有效的谈判无疑会降低引起误会、猜疑和不满的概率，并降低合作失败的可能性。掌握好与客户谈判的时机，把握好谈判的节奏和技巧，企业才能实现有效的沟通，才能及时了解客户的要求和传达企业的意愿，从而成功实现客户开发。

## (四)核心客户的保持

核心客户的保持应注意以下几个方面。

### 1. 提升服务标准

只有采用高标准的服务，满足个性化的需求，才能把握核心客户。服务是取得客户信任、开拓市场的基本手段，是企业获取利润、赢得市场的重要法宝。但对核心客户仅仅停留在正常的服务水平是远远不够的，要根据客户的需要提升服务标准。这需要企业进一步强化服务意识，提升服务理念，改进服务方式，优化服务手段，提高服务质量与效率，以满足客户需求，如对核心客户更加尊重和关注，以更快的速度响应客户的需求，持续不断地为客户提供个性化的优质服务等。这些都需要始终以客户为中心，设身处地地为客户着想，这意味着企业要经常站在客户的角度去思考问题，理解客户的观点，知道客户最想要的和最不想要的是什么，只有这样，才能提升服务标准，为客户提供金牌服务。

### 2. 保持个性化核心业务的能力

要长久保持核心客户，还要看企业是否有针对核心客户打造核心业务的能力，只有如此，才能减少客户的流失。核心业务是企业经营谋略、经营哲学的集中体现，它反映一定时期企业经营的价值取向及其对客户心理、市场需求的准确把握，是实现企业经营者与客户、市场有效连接的重要渠道。为更好地满足核心客户的需求，需要创建客户个性化管理模式。例如，物流配送企业的核心业务能力就体现在将货物按正确的时间无损耗、无差错地送达正确地点的能力，而对于核心客户来说，就是要在保持这种核心业务能力基础上的个性化服务，如每日运货量和时间的临时变更、短期代客存储、代收代付货款等。

### 3. 建立学习型关系

客户是使用产品的专家，他们可以提供最新的产品信息和使用情况，对产品或服务进行反馈，识别不同产品的优劣以及对产品的改进提出意见。因此，企业为了克服思维定式，加快创新，紧跟客户需求，应该与核心客户建立"学习型"关系。所谓学习型关系，就是指企业在每一次与客户接触的过程中，都会对客户多一分认识和了解，多长见识。对于客户提出的要求，企业将尽全力对产品或服务进行改进。在这样一个良性循环的过程中，逐步提高企业使客户满意的能力。企业管理核心客户关系的过程就是一个企业不断学习、不断改进的过程。

### 4. 不断进行服务创新

在现代社会，产品的概念已经在日益升级的极力满足客户需要的过程中不断地扩大化，服务已经成为产品的有机组成部分，没有服务的支持，有形产品的各种优势就会被弱化。在有形产品同质化日趋严重的今天，离开了服务系统的支持，企业要想通过保持核心客户来实现经营目标，显然是不可想象的。正因为多数企业已经意识到了服务的重要性，因而在服务上的竞争也就日益激烈起来，这就使得产品的竞争从有形产品拓展到了服务领域，竞争的结果导致服务也趋于同质化。在这种情况下，固守传统的服务模式对企业提高其竞争能力、增加竞争优势已经不具备特别的意义，服务创新成为必然选择的新途径。在整个客户关系管理系统中，服务部分是以客户为核心这种理念的实施反映得最集中的区域。如果拘泥于传统的服务方式和项目，就很难给核心客户带来新的有吸引力的购买体验，就无法达到企业和客户之间的高度和谐统一。只有定期开展调研，时刻关注核心客户需求，不断推出新的服务，客户才会产生惊喜和感动，才会在内心深处与企业产生共鸣，才能真正实现由满意客户向忠诚客户的转变，从而确立企业不可复制的核心竞争能力。因此，服务创新是保持核心客户的关键之一。

## 五、核心客户管理应注意的问题

核心客户管理应注意以下几个问题。

### (一)注意成本和收益的平衡

面向核心客户服务的一个重要原则是确保成本与收益的平衡。平衡不但对追求眼前效益是必要的，而且是谋求未来发展所必需的。企业的可持续发展，同样讲求这种平衡和协调。如果企业花在客户身上的成本在短期内高于收益，但长期看可提高市场占有率，保持客户忠诚度，并能为企业带来长期利润；或者企业虽然短期内亏损，但由于对方成为企业的核心客户后，会使企业的名声大振，为企业带来无形资产，则企业放弃短期利润是明智的。

### (二)做好销售预测

对核心客户与一般客户未来几年的销售额与占企业总销售额比例的预测，是企业分配可用资源的重要依据。预测未来客户的销售以确定未来的核心客户与潜在核心客户是十分必要的过程，应按此结果对企业资源进行合理分配。

### (三)子系统之间的协调

核心客户关系管理系统需要与其他系统资源共享，如利用销售与营销系统中的数据做出针对核心客户的经营计划及销售预测，联系呼叫中心与客户服务系统分配资源，ECRRIRP系统对 CRM 的技术支持等。核心客户关系管理虽然是客户关系管理中的关键所在，但它不能脱离 CRM 而单独存在。

核心客户关系管理为企业创造了最佳竞争优势，它不仅有效地运用了成本收益原则，而且还能够根据客户目前及未来的需求与客户进行持续性的交流。而现有的 CRM 系统还在不断完善中，其将来的发展趋势应是加强对核心客户的管理。核心客户关系管理观念的提出与核心客户关系管理系统的整合必将推动核心客户管理系统的继续发展，它不仅使企业在实施时能够有的放矢，同时还可以使国内物流企业发展之路更加顺畅。

**知识拓展 5-2** 的内容见右侧二维码。

*星巴克的客户关系.docx*

## 第三节　物流核心客户管理的基本方法

## 一、ABC 分类法的基本原理

下面从概念与应用两方面介绍 ABC 分类法。

### (一)ABC 分类法的概念

ABC 分类法，即 Activity Based Classification，又称为帕累托规则(Pareto's Law)，通常我们也称之"80 对 20"规则。

任何复杂的事务，都存在着"关键是少数，一般是多数"的规律。事务越复杂，这种规律越明显。也就是说，在一个系统中，少数事务具有决定性的影响，而剩余的绝大多数事务影响力不大。如果将有限的力量重点用于处理那些具有决定性影响的少数关键事务上，比起将有限力量平均分摊在全部事务上，可以取得更好的成效。

ABC 分类法便是在这一思想的指导下，运用数理统计的方法，对事物、问题分类排队，以抓住事物主要矛盾的一种定量的科学管理技术。

ABC 分类法分析确定客户管理水平的一个流行的方法是将竞争对手的管理水平作为标杆。但仅仅参照竞争对手的管理水平还是不够的，因为很难判断对方是否很好地把握了客户的需求并集中力量于正确的管理要素。这种不足可以通过结合详细的客户调查来弥补，客户调查能够揭示各种客户管理要素的重要性，有助于消除客户需求与企业营运状况之间的差距。

提高客户管理水平是客户服务管理决策的重要考虑因素，但当客户众多时，企业为了使有限的人力、物力得到有效的利用，无法全面顾及每一位客户，不得不作重点管理。未采取重点管理的企业，在订单多时，订单处理人员往往为了使订单积压减少，常常会处理一些比较简单的订单，而对订单数量多、处理手续较烦琐的大客户反而容易忽略，这种"小客户驱逐大客户"的现象，将对企业绩效造成不良影响。企业应按照客户重要性的不同，把客户分为 A、B、C 三类，分别进行重点管理。

## (二)ABC 分类法的应用

企业可以按照某种指标如销售量、利润率对客户进行分类。

### 1. 根据销售量进行分类

通过对企业各客户的销售量进行统计分析，就会发现：销售量占企业销售总量 2%以上的客户不多。而把这些客户统计汇总，就可能看到他们的销售量占企业销售总量的 65%以上。这类客户应是企业的 A 类客户。那么销售量占企业销售总量 0.5%～2%的客户，其销售量汇总可能达到企业销售总量的 30%，这类客户应划为 B 类客户。余下的客户就是 C 类客户。

占企业销售总量的比重大，客户数量少，同时与企业打交道的时间长，业务量稳定是 A 类客户的特征。他们一般属于企业的代理商或企业直销的大中型企业。对于这类客户，企业应重点投入人力、物力以进行优先处理，企业高层物流管理人员应定期拜访，每年至少应走访一次。与客户共同分析物流配送工作取得的成绩或不足的原因，以及对企业、物流管理等方面的意见和要求等。稳定这类客户是企业必须做好的工作。

对于 C 类客户来讲，客户数量大，而占企业总销售量的比重小，与本企业打交道的时间短，业务量不稳定是其特点。做好这类客户的管理工作一样很重要，他们中间有的可能变成企业的 A 类客户或 B 类客户。对这类客户，主要应依靠企业一线的物流工作人员，要求物流工作人员熟悉和了解这些客户，及时反映他们的意见和要求，以便企业能够制定一个更好的物流客户服务政策。

B 类客户数量不多，但其销售量有一定的比重。对于这类客户，物流部门经理应将其作为管理工作的重点，要经常走访沟通，及时听取他们的意见，帮助他们解决困难。

对客户进行分类，不但能够提高管理效率，还可以降低服务成本、提高服务水准。比如，在设置配送中心时，将配送中心设于重要客户附近，这样就能够减少转运成本及延迟交货次数，进而提高对其服务水准。

在对客户进行分类时，除考虑各客户的购买量占公司销售的百分比之外，也可以依据各客户对公司纯利润的贡献程度及综合考虑各客户与公司的其他关系等进行分类。

### 2. 根据盈利能力(利润率)进行分类

企业可以将盈利能力(利润率)作为衡量客户和产品重要性的指标。如表 5-1 所示，客户-产品贡献矩阵将不同客户的重要性与不同产品的重要性联系在一起，以确定能给企业带来最大受益的客户服务水平。

表 5-1 中，A 类产品利润率最高，其次为 B、C、D 类。在整个产品线中，A 类产品通常只占很小的比例，而利润率最低的 D 类产品在产品总数中则可能占 80%。Ⅰ类客户对企业来说最有利可图，它们能产生较稳定的需求，对价格不太敏感，交易中发生的费用也较少，但这类客户数量通常很少，可能只有 5～10 个；Ⅴ类客户为企业创造的利润最少，

但在数量上占了企业客户的大多数。这种现象普遍存在于大多数企业的实际生产经营过程中。

表 5-1    客户-产品贡献矩阵

| 客户类别 | 产品分类 | | | |
|---|---|---|---|---|
| | A | B | C | D |
| I | 1 | 2 | 6 | 10 |
| II | 3 | 4 | 7 | 12 |
| III | 5 | 8 | 13 | 16 |
| IV | 9 | 14 | 15 | 19 |
| V | 11 | 17 | 18 | 20 |

对企业最有价值的客户-产品组合是 I-A，即 I 类客户购买 A 类产品，其次是 I-B 和 II-A，依次类推。管理人员可以使用一些方法对客户-产品组合排序或打分，表 5-2 用 1~20 简单地作了排序(优先等级)。企业在实际运作过程中，就可以根据排序对不同的客户-产品组合实行不同层次的客户服务，以使企业的物流成本与物流效益达到最优化的组合状态。

表 5-2    客户-产品贡献矩阵的实施

| 优先级范围 | 在库标准/% | 交付标准/小时 | 订单完整性标准/% |
|---|---|---|---|
| 1~5 | 100 | 48 | 99 |
| 6~10 | 97.5 | 72 | 97 |
| 11~15 | 95.0 | 95 | 95 |
| 16~20 | 90.0 | 120 | 93 |

值得注意的是，表 5-2 中较低的服务水平并不意味着所提供的服务缺乏稳定性。企业无论提供什么水平的服务，都要尽可能保持 100%的稳定性，这是客户所期望的；而且，企业以高稳定性提供较低水平的客户服务(如送货区间)，其费用通常低于以低稳定性提供高水平的客户服务。

编制能良好反映客户与企业真实情况的客户-产品贡献矩阵的关键，在于切实了解客户对服务的要求，并从中识别出最重要的服务要素以及确定要提供多高的服务水平。

## 二、缺货的反应调查法

生产商的客户服务战略中重要的一点是保证最终客户能方便及时地了解和购买到所需的商品。对零售环节的关注使生产商调整订货周期、供应比率、运输方式等，尽量避免零售环节缺货现象的发生。

生产商的客户包括各种中间商和产品的最终用户，而产品通常是从零售商处转销到客户手中。因此，生产商往往难以判断缺货对最终客户的影响有多大。例如，生产商的成品仓库中某些产品缺货并不一定意味着零售商也同时缺货。零售环节的客户服务水平对销售影响很大，因此，必须明确最终客户对缺货的反应模式。当某种产品缺货时，客户可能购买同种品牌不同规格的产品，也可能购买另一品牌的同类产品。

客户对不同产品的购买在时间上的要求也有所不同，对于绝大多数产品而言，客户希

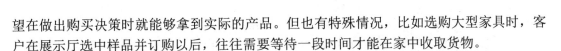

望在做出购买决策时就能够拿到实际的产品。但也有特殊情况，比如选购大型家具时，客户在展示厅选中样品并订购以后，往往需要等待一段时间才能在家中收取货物。

因此，企业在制定核心客户管理策略时应当以核心客户的真实需求为基础并支持整个市场营销战略。企业制造出优秀的产品，制定了有竞争力的价格，并做了充分的促销工作，但如果因产品未能及时运送到位，客户在销售货架上找不到企业的产品，则这一切前奏工作都将是徒劳的。值得注意的是，企业在注重核心客户服务的同时，还要兼顾节省费用，保证企业的盈利能力。

## 三、成本与收益分析法

物流总费用，如库存维持费用、运输费用、信息或订货处理费用等，可以视为企业在客户管理上的开支，其目标是在市场组合四要素之间合理分配资源以获得最大的长期收益，也就是以最低的物流总成本实现既定的客户服务水平。物流成本与物流效益之间是负相关的关系，物流成本越大，则物流效益越差。

尽管存在成本与收益的权衡和费用的预算分配问题，但这种权衡只是短时期内发生的问题，从长期看，仍有可能在多个环节同时得到改善，企业在降低总成本的同时亦能提高客户服务水平。这种最优状态是一个企业物流系统的追求目标。

## 四、客户拜访法

对核心客户拜访的目的是要确定哪些物流服务要素是客户真正重视的，同时可以了解竞争对手的优势和不足。基于此，企业可以制定相应的核心客户管理水平。在对核心客户的拜访过程中，一般要进行问卷调查。参与拜访的人员，除了物流的管理人员和一线人员外，也有必要邀请市场部门的人员参与工作。因为一方面，物流服务是企业整个市场环节的一部分，而市场部门在此环节上的费用预算最有发言权；另一方面，市场营销人员在核心客户拜访上最有经验，他们能够帮助物流部门进行问卷调查设计，并分析结果。

有了问卷调查的结果，企业应该加强核心客户重视的服务要素。而且，企业在把握各服务要素重要性的同时，也要关注核心客户对本企业及竞争对手提供的服务的比较。有了这些信息，企业就可以针对不同的客户对象，制定不同的客户服务水平。当然，企业和核心客户对服务有各自的评价标准，但是只有核心客户满意的服务，才是有价值的服务。同时，企业也应该学会与核心客户进行沟通，将自己的努力以合适的方式让客户了解，否则，一味地迎合核心客户，会造成企业服务成本的迅速攀升。

## 本 章 小 结

核心客户对于公司实现销售目标十分重要，在公司的整体业务中有着举足轻重的地位。核心客户按照客户价值取向可划分为三种不同的类型，即内在价值型核心客户、外在价值型核心客户和战略价值型核心客户。为了赢得核心客户、留住核心客户并不断地增加核心客户，必须对核心客户进行有效的管理。核心客户管理主要包含以下七个主要方面(简称

7P)——客户概况分析、客户忠诚度分析、客户利润分析、客户性能分析、客户未来分析、客户产品分析和客户促销分析。核心客户管理的实施过程是：识别与选择顾客、选择与确定顾客战略、核心客户的开发和核心客户的保持。

在实践过程中，ABC分类法又称为帕累托规则，是比较常用的物流客户管理分析方法。ABC分类法是一种运用数理统计的方法，对事物、问题分类排队，以抓住事物主要矛盾的一种定量的科学管理技术。除此方法外，缺货的反应调查法、成本与收益分析法、客户拜访法等也可以为物流企业所用。

# 自 测 题

1. 什么是核心客户？什么是核心客户管理？
2. 核心客户管理的内容有哪些？
3. 核心客户管理的程序是什么？核心客户管理应注意哪些问题？
4. 物流核心客户管理的基本方法有哪些？

# 案 例 分 析

## 创维集团经营新观念

正当一些企业还在把"客户是上帝"流于口头禅、宣传口号，以至于客户和舆论对这类企业失去信任之时，另有一些企业正在进行着真诚的、艰难的、有益的探索，提出了符合新形势要求的新理念，逐步形成了新的管理模式，创维集团就是其中之一。

从2010年5月，创维集团隆重推出了"客户，您是总裁"的全新理念，提出了大服务的概念，即"不仅售前、售中、售后，而且把企业的研发、生产、销售、维修看作一个整合起来的大服务链条，而客户就是这一大服务链条的连接对象和价值实现的终极目标"。企业是在持续满足客户需要的同时获得企业的长远发展，达到与客户双赢的目的。

为进一步贯彻"客户是总裁"的理念，通过各种内部定期例会、信箱，保证与客户的顺利沟通，通过一定的反馈机制、定期造访，形成与外部客户的沟通，从而构建了一个畅通的信息支撑平台。由《服务员工手册》的推广和考核，以及五大系统、12个子系统的运作和协调，实现管理的规范化和系统化。通过培训、后备人才库的设立，完成了职业服务人的角色转换和人力资源的全面整合。而创维集团用户产品设计与管理委员会在深圳的成立，则标志着创维集团已经将服务放在整个集团发展战略的重要地位，为"客户是总裁"的服务理念提供了坚实的战略支撑。

传统管理观念的立足点在企业，客户是对立面，企业只能被动地适应客户的需要，而现在高速变化的市场环境和客户个性化需求的日益强化，企业必须主动为客户着想，与客户成为利益共同体，形成双赢的局面。创维集团的"客户是总裁"之所以比"客户是上帝"更深刻、更符合新经济时代的要求就在于此。

首先，立场的转变。客户从上帝变为总裁，完成了客户客体地位的主体化，这也是营销理念从 4P 到 4C 变化的根本。其次，形成利益共同体。客户作为总裁是内部人，和企业是利益共同体，解决了利益的对立问题。再次，员工从向总裁负责转变为向客户负责。以前是总裁发工资，所以向总裁负责，现在员工意识到客户才是衣食父母，必须首先满足客户的需要。同时客户的概念是全方位的，不仅包括外部客户，还包括内部员工，甚至还包括非客户。

传统管理理念是建立在分工的基础上，一个产品和服务是由很多专家型人才分别完成，最后组合而成的，并没有对全程负责的人，人为地把一个整体分割成很多部分，从而在满足客户需求方面存在很多不该有的误区和低效率。新的管理模式就是要把以前人为分割开的工作及资源以客户为中心重新整合在一起，从而提高资源利用效益和企业满足客户需要的能力。如创维集团用户产品设计与管理委员会，就是把过去由许多职能部门负责的工作，以客户为中心整合到委员会来，从而提高对客户需求的反应能力。

在传统模式下，把企业利润最大化作为企业一切工作的评价标准，这是以企业为中心的管理理念的具体体现，由于其立场的异化，利润最大的标准反过来会妨碍其目标的实现，由此标准评价工作的好坏会产生相当大的失误，特别是从长期和战略的角度去判断时。因为归根结底，企业价值的实现是最后由客户体现的。因此新模式把客户满意与否作为判断一切工作的标准，看一项工作与机构的重要性及存在的合理性，要看其对客户的价值大小，如审计、监督等，它们不能创造直接的物质价值，因此必须把它们的工作量降到最低，从而降低成本、提高效率。

满足客户需要的持续能力。短期内满足客户需要并不困难，一个企业的成功在于能够持续提供客户满意的产品和服务，这样企业才能保持持久成功。互联网络是新经济时期的基本信息平台和互动手段，它提供了一个低成本的信息获取工具，同时也提供了供应商和客户的无缝连接，而这也正与以客户为中心的理念相契合，新的管理模式只有利用互联网才能获得在新经济条件下的持续成长能力。同时，现有企业也必须建立相应的实体网络，有形网和无形网相互支撑，从而形成企业持续发展的基础平台，使以客户为中心的管理理念得以有效实施。创维集团正是基于这一思路，耗资 1000 万元大举补充全国技术服务部的服务车辆："一县一点"的服务网络工程也已正式完成。同时，基于互联网的大型 CRM（客户关系管理）系统也正式启用。一旦有形和无形的网络实现无缝连接，对创维的持续发展能力的支撑作用将不可估量。

(资料来源: http://www.docin.com/p-818842660.html)

# 阅 读 资 料

资料一：建立大客户忠诚伙伴关系对企业的影响

资料二：企业建立大客户忠诚伙伴关系的努力方向

具体内容见右侧二维码。

第五章阅读资料 1.docx      第五章阅读资料 2.docx

# 第六章 现代物流客户服务的满意度

【学习目标】通过本章的学习，使学生认识物流客户服务的基本理论，明确物流客户服务的基本要素，掌握使物流客户服务满意的基本原理与方法，学会物流客户满意度的测量等。

【关键概念】客户服务(Customer Service) 顾客满意度(Customer Satisfaction Degree, CSD) 测量(Measurement) 接触点(Contact Point)

【引导案例】

## 中储为芬欧汇川提供物流服务的启示

芬欧汇川的物流需求反映了外资企业的物流需求，也反映了现代社会对物流服务质量需求的共性。芬欧汇川对物流服务的主要需求是：发运必须保证时间上的及时性；作业过程必须保证产品质量的安全可靠性；整个物流运作过程必须具备资料的准确性、完整性；执行合同必须具有严肃性。这就要求物流企业必须流程科学、作业有序、管理严谨、效率优先。

以"小时"为单位的计时方式对物流服务的时效性提出了更高要求。芬欧汇川的物流服务要求是以小时为单位的。据了解，这不仅是芬欧汇川的要求，也是国内外物流服务需求的趋势；尤其城市配送业务，大多以小时为计时单位，在规定的时间内不能完成服务是需要付出代价的。提高物流效率不再停留在纸面上，而是真正摆在了面前。在"提供24小时服务"承诺的基础上是否还应该承诺"提供即时服务"？因为提供即时服务是针对客户的实际需求，更能体现出服务的时效性。

反思：中储到底是不是现代物流企业？如何树立中储的市场新形象？在合作初期，因为磨合的原因，芬欧汇川并不满意江北公司的服务，他们很不客气地说："你们不就是一个简单的仓储吗？还谈什么现代物流？"这当头棒喝，应该惊醒中储的反思意识。中储需要冷静思考：中储到底是不是现代物流企业？能不能成为真正的现代物流企业？如何改变"国有老仓储企业"的市场形象，树立市场新形象？同时，如果不是基于优质高效的服务，经常挂在嘴边的优势在某些时候形同虚设。芬欧汇川当初选择江北公司应该是看重中储的品牌和网络优势，但是，在服务质量未达到要求时，照样毫不客气，这就是市场。

努力与资信力强的外资企业进行物流合作。芬欧汇川严格执行合同规定，没有极特殊的情况不会拖欠费用，亦不会逾期付款。这种资信力非常有吸引力。其实，严格执行合同，及时付费，不拖欠物流费用是外资企业很普遍的做法，也是他们的经营习惯。中储应该努力与外资企业进行物流合作。在付费期限上，外资企业之间也有竞争。芬欧汇川按合同规定是30日内付款。在日本，伊藤洋华堂对它的物流服务商的合同规定是2日内付款，十分有吸引力，但同时伊藤洋华堂的物流要求却很高，这促使物流服务商拼命地提高自己的服务水平去适应这些要求。

加强对客户和自身各方面信息的收集、读取和研究。芬欧汇川平时注重资料的收集和整理，讲究双方的一切交往必须以书面文字的形式进行，口说一律无效，还定期把江北公司执行效果以图表、曲线的表达方式通过电传、电子邮件通知江北公司。这种方式再次告诉中储：书面、图片等资料是最好的证明，口说无效。另外，图表和曲线直观地反映了各个时期的服务效果和服务质量，应该重视研究和学会读取其中蕴含的信息：服务质量是提高了还是下降了？是持续提高、持续下滑还是保持平衡？客户对中储服务要求的满意度如何？对方不愿再合作的临界点在哪里？对国内与中储正在合作的大客户，中储是否自己设立这样的考评系统？如果中储主动地像芬欧汇川那样收集自己的业务运作信息，并对执行情况、效果进行研究分析，一旦发生纠纷，中储就不会陷入被动境地。

诚信的同时要"精明"服务，学会自我保护。中国物资储运武汉江北公司(以下简称江北公司)进行过三次赔付，有的赔付是因为无法证实货损责任不属于自身而吃的哑巴亏。赔付唤醒了他们的质量意识和自我保护意识，同时也感悟到了"精明"服务的重要性。吃一堑、长一智，后来使用一台数码相机提供的完整准确的资料使江北公司避免了不必要的损失。优质服务与精明服务应该同步。中储40年来培养起来的诚信力应该更好地得到保护。

欧芬汇川带来了示范效应。为芬欧汇川这样的纸业知名企业提供满意服务，取得了极大的示范效应。不少纸业客户认为：江北公司既然能满足芬欧汇川，那么他们的物流服务交给江北公司也就放心了。目前，武汉的全国纸品大户基本都选择江北公司。

仓库融资有新招。在江北公司的服务改进后，芬欧汇川的满意度提高，免费向江北公司提供了价值9万元的扫描识货系统，包括操作人员培训和设备维修维护在内的费用都由芬欧汇川负责。虽然这也是芬欧汇川为满足自身快速发展的需要，帮助仓库就等于帮助他们自己，但客观上仓库收到了与融资异曲同工的效果。多年来，仓库一直缺乏资金，尤其是在发展信息化系统上，很多仓库都存在资金困难，而江北公司与芬欧汇川的合作给了中储一个很好的启示，投资并不大，但解决了仓库先进技术应用的关键问题。同时，仓库的干部职工在认识和掌握了扫描技术后，将在观念和理念上发生很大变化。因此，江北公司得到的绝不仅仅是9万元的投资，还有技术以及技术带来的连锁效应。关键技术向大客户融取，这个经验可以总结和推广。

继续深入研究客户需求，量身定制，提高客户的满意度。先进客户能教会中储什么是服务，向先进客户学习，求得自身进步应该是中储下一步重要的工作目标。

动态需求、动态跟进是江北公司的体会。对客户物流服务需求进行识别是前提；与需求配套的、定制的标准运作流程是关键；产生规模效应，追求企业利润最大化是目标；从综合效益、综合成本着眼，不片面地考虑某个环节的收入与费用；客户的需求是动态的，中储的服务就是动态的。

(资料来源：http://www.docin.com/p-1938580710.html)

# 第一节　物流客户服务

## 一、物流客户服务的概念

任何能让客户满意程度提高的服务项目，都属于客户服务的范畴。满意程度是客户"期望"的待遇与"获得"的待遇之间的差距。形成"期望"与"获得"之间差距的因素有许多，从企业服务产品广告宣传到产品本身的设计，以及员工的行为、客户本身的地位、素质，甚至感受服务时的心情等，这些因素都很重要，但是对企业来说又是很难控制的。因此，满意的根源即构成客户服务的要素，而这些要素可以说是形形色色的，甚至是难以捉摸的。

对于客户服务(Customer Service)的定义，至今有三种较为典型的解释。

美国著名营销学者菲利普·科特勒(Philip Kotler)认为："服务是一方能够向另一方提供的基本上是无形的任何行为或绩效，并且不导致任何所有权的产生。它的生产可能与某种物质产品相联系，也可能毫无联系。"也就是说，服务可能以实体产品为依托，也可能与实体产品没有任何关系，只是一种技术或者智力付出；服务是一方向另一方的付出，这种付出可以使接受者获得满意；服务不会产生物权，但会产生债权，如服务是有偿的。

与菲利普·科特勒同时代的西奥多·莱维特(Theodore Levitt)却给客户服务下了另一个定义，他认为，客户服务是"能够使客户更加了解核心产品或服务的潜在价值的各种特色、行为和信息"。因此客户服务是以客户为对象，以产品或服务为依托的行为；客户服务的目标是挖掘和开发客户的潜在价值；客户服务的方式可以是具体行为，还可以是信息支持或价值导向。

著名管理专家伯纳德(Bernard J. Lalonde)和保罗(Paul Zinszer)是从流程的角度来定义客户服务的："客户服务是一个以成本有效性方式为供应链提供显著的增值利益的过程。"他们认为，客户服务是一种活动、绩效水平和管理理念。把客户服务看作是一种活动，意味着客户服务是企业与客户之间的一种互动，在这种互动中，企业要有管理控制能力；把客户服务看作绩效水平，是指客户服务可以精确衡量企业绩效，并且可以作为评价企业的一个标准；把客户服务看作管理理念，则是强调市场营销以客户为核心的重要性和客户服务的战略性。综上所述，物流客户服务是通过节省成本费用为整个物流交易提供重要的附加价值的过程。物流企业通过客户服务赢得新客户、留住老客户。

通过上述研究可知，如把客户服务范围限定得太窄，认为只与服务行业相关，显然是不正确的。随着我国市场经济的发展和市场竞争越来越激烈，大多数物流企业获取和保持竞争优势的方法已经发生了改变。因此，对物流企业来说，掌握服务精髓，理解服务在国内外市场中能够为他们的产品确定持久的竞争地位所做的贡献是极为重要的。

总而言之，客户服务是一个过程，它具有经营管理的功能，属于一种经常性与计划性的工作。企业均通过它来保持与社会公众之间的了解和沟通，获得同情和支持。换句话讲，就是审读社会公众的意见，使本企业的政策与措施尽量与之配合，再运用大量的资料，争取建设性的合作，从而获得共同利益。客户服务的具体内容如图 6-1 所示。

我国的物流业目前处于一个高速成长的时期，硬件设施与全球的其他物流企业相比，差距相对较小。可是我国目前没有一家物流公司成长为世界一流的物流公司，归根到底，主要是物流软件中物流服务水平方面的差距较大。从物流目前的发展角度看，客户服务水平是衡量物流系统为客户创造的时间和地点效用能力的尺度。客户服务的水平会直接影响到企业在市场上的占有率和物流的总成本，并最终影响到企业的市场竞争力以及获利能力。据统计，流失客户减少 5%，利润可以增加 50%，所以，在物流客户管理系统的设计和运作中，客户服务是至关重要的环节。

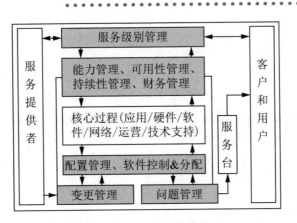

图 6-1　客户服务的具体内容

# 二、物流客户服务的基本理论

客户服务的有关问题，国外倾向于将市场营销理论、客户满意理论、客户关系管理结合起来进行研究。从"4Ps"组合营销理论到"4Cs"顾客满意理论，再到"4Rs"关系营销理论(注：4Cs 是 20 世纪 80 年代提出的，4Rs 是近年来阐述的全新营销四要素)，企业逐渐加大了对客户关注的力度，注重提高客户满意度和维持双方良好的合作关系；用服务营销理论中构建的服务质量差距模型来完善和改进服务质量，以达到客户的最大满意。从总体上看，客户关系管理从信息技术应用和客户互动两方面解释了信息时代客户管理的内涵。下面就上述内容逐一进行介绍。

## (一)"4Ps"理论

"4Ps"(产品、价格、渠道、促销)组合营销理论自 20 世纪 50 年代末由杰罗姆·麦卡锡(Jerome McCarthy)提出以来，对市场营销理论和实践产生了深刻影响，被营销经理们奉为营销理论中的经典。而且，如何在 4Ps 理论指导下实现营销组合，实际上也是企业市场营销的基本运营方法。不足之处是"4Ps"理论在关于客户服务与客户关系管理方面还没有充分考虑和重视。随着社会经济的发展、现代市场营销理论的推进，针对"4Ps"理论过于简化的缺陷，相继出现了补充"P"的观点，如增加人(People)、公众形象(Public Image)、公司哲学(Corporate Philosophy)、物流管理(Physical Distribution Management)、实体设备(Physical Equipment)和过程(Process)等因素。国际著名营销专家菲利普·科特勒于 1984 年提出了"大市场营销"理论，认为应该增加政治力量(Political Power)和公共关系(Public Relations)。这些观点并没有从根本上改变组合营销理论的核心内涵，但是加大了对顾客的关注力度，从而促使组合营销理论从单向功利主义转向顾客服务。

## (二)"4Cs"理论

4Cs 理论早于 4Rs 理论。以美国市场营销专家劳特伯恩(Lauteborn)为代表的学者认为，企业的营销活动必须以顾客而不是以企业为中心。他们认为市场营销应注重研究顾客的需要与欲求(Consumer Needs and Wants)，要生产顾客想买的产品而非企业能制造的产品；要了解顾客为满足其欲求所愿付出的成本(Cost)；要思考如何为顾客提供购买和消费的便利

(Convenience)；传递产品及企业的信息，加强与顾客进行良好的沟通(Communication)；认为沟通的本质是以人为中心的一门学问，只要深入人心，切实为顾客着想，就能达到沟通的目的。他们提出用"4Cs"代替"4Ps"，以顾客代替产品，将企业的精力转移到顾客的需求上来；以成本代替售价，通过降低成本和售价使利润稳定甚至提高，让利于顾客，使企业与顾客双赢；以沟通代替促销，体现出企业的人文关怀，减少企业的急功近利；以便利代替渠道，降低渠道在营销管理中的博弈作用，通过与各级销售商的战略联盟，为顾客提供方便、快捷、直接的服务。由此可见，"4Cs"理论主张以顾客为导向，对顾客的研究更加深入具体，对顾客的关注程度进一步提高。

### (三)"4Rs"理论

"4Rs"理论是由美国经营学家舒尔兹(Schultz)提出的，他认为营销是围绕"4Rs"，即关联(Relation)、反应(Reaction)、关系(Relationship)、回报(Return)四要素展开的一个过程。在这个过程中，与顾客建立关系是至关重要的。随着物质产品的极大丰富，企业与顾客的关系发生了本质变化，顾客需求呈现出多样性、动态性和不确定性的特点，顾客忠诚程度有所降低。此时，抢占市场先机的关键首先要转变为与顾客建立一种互动、互惠、互需的长期而稳定的关系，从管理营销组合变成管理和顾客的关系。其次要提高市场反应速度。在相互影响的市场中，对经营者来说最现实的问题不是如何制订、实施计划；而是如何及时了解顾客的需求并做出快速反应，满足顾客的需求。"4Rs"是服务营销思想的具体化，它以顾客为导向，从新的角度揭示出营销的真谛是企业与顾客的互动与双赢。通过关联、关系和反应，提出了同顾客建立长期关系、保证长期利益的具体操作方式，这是一个很大的进步。为追求回报，企业应充分考虑顾客愿意付出的成本，实施低成本战略以提高顾客价值，实现更大的市场份额，形成规模效应。这样，企业追求回报和为顾客提供价值相辅相成，相互促进，客观上达到了双赢的效果。

## 三、物流客户服务的基本要素

物流企业的客户服务，不能简单地归结为产品的售后服务。根据提供物流服务的流程，物流企业的客户服务要素可以划分为三组，即交易前服务要素、交易服务要素、交易后服务要素。这三类要素分别属于客户服务流程的三个不同阶段：了解客户的需求和期望，进行服务设计的阶段；满足和超越客户需求，提供服务的阶段；确认客户是否满意和弥补不足的阶段。不同的阶段有着不同的特色及所需的资源。

### (一)交易前服务要素

交易前服务是一种积极的、超前的客户服务活动，它为客户服务的顺利开展提供了有利的环境。交易前服务要素具体包括客户需求调查、企业的政策性因素、组织结构、系统柔性、物流服务的特色设计、客户宣传咨询等。

#### 1. 客户需求调查

客户需求调查主要是指访谈调查，它是做好客户服务工作的第一步。

通过面对面交流、呼叫中心或 Internet 进行信息沟通，分析并确认客户的真正物流需求，在此基础上制定本企业的客户服务战略和策略。交易前服务的质量除了用访谈成功率来衡量外，潜在客户群的扩大也是一个重要的标志。客户群的扩大，正是物流企业扩大市场占有率的基础和客户服务工作的重点。

### 2. 企业的政策性因素

政策性因素在长期内较少发生变动，对客户服务流程具有提纲挈领的指导作用，可以使客户对所获服务的期望保持相对稳定。政策性因素主要包括以下内容：客户服务政策的书面声明(该声明以正式文件的形式，反映客户需要，明确服务标准和员工的责任义务等内容)；客户接受服务政策的声明(给客户提供书面的声明，可以减少客户对服务性能的某些不切实际的期望，在具体的性能指标没有达到的情况下，该声明应明确客户同企业进行信息沟通的方式)。

### 3. 组织结构

尽管不存在适合于成功实施所有客户服务政策的某种组织结构，但企业的机构设置应该有利于客户服务相关职能部门之间的沟通与协作。

### 4. 系统柔性

变通是影响物流企业成功的重要因素，物流系统在设计时要注意柔性和必要的应急措施，以便有效地响应诸如自然灾害、原材料或能源的短缺等突发事件。

### 5. 物流服务的特色设计

产品的开发与设计是保证产品质量的重要手段，物流服务也是如此。服务过程的设计是物流服务质量的核心，它包括三方面的工作：根据市场调研过程中获得的信息——客户外包物流的动因和期望的服务质量，制定具体的服务标准或规范；设计出服务程序，以便达到已制定的服务标准；制定服务过程的质量控制规范，保证服务程序的完整实施和服务标准的严格执行。

### 6. 客户宣传咨询

物流企业应当为客户提供针对物流服务的管理咨询服务，如发放培训手册、举办研讨会、面对面咨询等。

## (二)交易服务要素

物流企业在获得了客户的订单之后，只能说是一笔交易活动有了良好的开端，客户服务进入满足和超越客户需求的阶段，开始重点考虑交易服务要素。交易服务要素主要是指直接发生在物流交易过程中的客户服务要素，根据物流业务的流程分析，主要包括以下几方面内容。

### 1. 处理订单的时间

处理订单的时间即从收到客户订单到开始投入备货所花费的时间。该时间越短，则处理订单的效率越高，其服务能力也就越强。

### 2. 备货时间

备货时间是指从开始备货到发货所花费的时间，包含了采购、配货、包装等过程。

### 3. 运输时间

运输时间是指将货物从备货地点送到客户手中的时间。这个时间不仅要短，更强调准时。描述物流企业运输服务的要素还有运输的频数、运输的可靠性、应急运输的能力、完整运送货物的百分比等。

### 4. 库存的可靠性

库存的可靠性是指物流企业是否存在因库存缺损而发生推迟交货的现象。

### 5. 库存的利用率

库存的利用率是指物流企业是否存在不合理的库存积压等情况。

### 6. 加工配送的协同性

加工配送的协同性是指物流企业将商品从不同地点组织到一起，然后又发送到不同客户手中的协调能力，以及多次订货能否成批运送的能力等。

### 7. 信用服务能力

信用服务能力是指物流企业的验收、结算的快速准确性，资金融通能力以及合同的兑现率。

以上要素可以基本反映一个物流企业的服务能力和服务水平，是客户服务传递过程的主要表现。我国部分转型中的国有物流企业，在几十年的发展过程中，积累了可观的物流服务软硬件基础；只要能转变观念，加强管理和调度，其服务能力是很有竞争力的。

### (三)交易后服务要素

物流企业同客户之间的交易过程结束后，客户服务工作并没有完结，而是进入确认客户是否满意并改进服务的阶段，这一阶段涉及的服务要素有很多，如发票的准确性，客户的抱怨、投诉等情况的处理，货物损毁情况、包装物回收情况等。询问并确认客户需求的总体满足程度，鼓励客户提出意见和建议。交易后服务要素既包括检查以往客户服务的工作实绩，更重要的是要发现服务工作中的不足并改进提高，这是新一轮交易前服务的开始。

## 四、物流客户服务的要点

### (一)视客户为亲友

企业与客户的交往中，不能单纯地将企业与客户的关系视为"一手钱，一手货"的金钱交换关系，而应该看到企业与客户之间还存在着相互支持、相互促进、相互依赖、相互发展的非金钱关系。现代企业只有通过高质量的情感服务来接待每一位客户，才能使客户以更大的热情购买更多的服务来回报企业。在为客户服务的过程中必须有这样的认识：对客户以亲友相待，努力解决客户的各种难题；努力创造出良好的服务环境，提供高品位的服务，使客户在享受优质服务的同时享受文化。

## (二)客户永远是对的

"客户永远是对的"服务思想，不是从一时一事的角度来决定的，而是从抽象意义上界定的。在具体实践中，企业要把"客户"作为一个整体来看待，为整体的客户服务，不应该挑剔个别客户的个别不当言行，更不能因为个别客户的个别不当言行影响到企业对整体客户的根本看法。客户是企业的主宰，企业把客户作为自己的主宰，既是从企业经济属性的角度来决定的，同时又是从企业的社会性质来决定的，是奉献与获取经济利益相统一的服务理念的具体体现。在具体实践中，企业应将尊重客户权利(安全权、知情权、选择权、公平权、被赔偿权、受尊重权、监督权等)作为自己的天职，认真履行应尽的义务；根据客户的需要决定经营方向，选择经营战略；建立客户满意的服务标准，并依据标准增加服务投入，增加服务项目，改善服务措施，建立全面服务质量保证体系，使企业各部门都围绕"使客户满意"这个目标开展工作，最终保证企业服务质量能够得到全面提高。

## (三)客户量身定制服务

物流服务商必须结合自身条件，选择有能力而为之的优质服务客户群，并针对目标客户进行市场调查，了解物流服务需求，针对需求制定服务策略，为目标客户量体裁衣进行服务。因此，不仅需要购买必要的现代物流设备或在原有的设施基础上进行改造，以满足客户的特定需求。同时，也必须重视物流信息系统的建设，提高物流的效率，建立信息化物流平台可以实现电子物流信息系统、物流管理系统以及银行网等的无缝连接。

物流的现代化和信息化是实现高水平服务的条件，但这都离不开专业的物流人才。物流业的发展要在大力引进和普及国外先进的物流理论和操作方法的同时，要采取各种形式，培训在职管理人员，努力提高他们的知识、能力和管理水平，建立精干高效的职工队伍，推动我国物流业的发展。

**案例6-1：海尔细致入微的客户服务**

**一、顾客就是上帝**

海尔公司车队有个小车司机叫于喜善，他今年40多岁，开车时喜欢听音乐。他接待了来自欧洲的一位客户，这位客户是一位女士，女士上车后，司机开始放音乐并通过车内的反光镜，看一看坐在后边的客户是否喜欢听正在播放的音乐，如果喜欢听他就把音量开得大一点，不喜欢听就放小一点或关掉。这次他放的是腾格尔的《在银色的月光下》，那位女士在后边随着音乐边听边晃直说这音乐真好听，我也要买一盘。说完之后，客户下了车，让司机一个小时之后再来接她。于喜善这时想，她在青岛人生地不熟的，去哪里买呢?于是就买了一盘《在银色的月光下》的碟片，待那位欧洲的客户上车时，送给了这位女士，那位客户非常感动，连连称赞海尔为客户考虑得太周到了。

**二、用户永远是对的**

某年夏天，海尔集团空调售后服务部，接到顾客电话：青岛的一位老太太，买了海尔的一台空调,买回后时间不长,一个电话打过来了,说空调有点问题。维修师去看了看,说空调没问题,你尽管放心用。又过了几天,老太太又打来了一个电话,说空调又有点问题。小伙子第二次上门服务,看了看又没问题。过了几天,又一个电话打来了说,空调就是有点问题,老人到了60多岁,对新东西就是不大放心,特别敏感。正值夏天,一天卖出去空调数万台,售后维修人员忙得不可开交。在这种情况下,维修师第三次上门服务,看了看空调确实没有什么问题。事后,这位维修师说:从第三次上门服务回来以后,我每天上班的第一件事就是给老太太打电话,问问空调有没有问题,当第一天打电话时,老太太还吞吞吐吐地说:空调嘛,没什么问题吧。当打到第三天时,老太太非常感动地说:空调没问题,空调没问题了,不用再打电话了,不用再打电话了。他不管用什么方式使用户满意了,使用户感觉到了放心,所以用户的满意就是我们的工作标准。

**三、是挑战也是机会**

海尔的维修服务人员接到顾客的抱怨,说他们的洗衣机不耐用,刚用没多长时间就坏了。维修人员上门一看,原来北方的农民用洗衣机洗地瓜,地瓜上的泥土太多,堵塞了排水口。维修人员并没有指责客户使用不当,而是维修好洗衣机后,表示会把顾客的意见反馈给公司。公司员工就想,如何才能满足北方农民洗地瓜的需求呢?于是公司马上开始研发了一种既能使北方农民洗地瓜又可以洗衣服的洗衣机。

可以看出,不满意的顾客会给企业提供创新和改进的机会,也会使企业流失客户。企业通过满足顾客的需求而赢得利润,从而才能生存和发展。从这些案例可知,顾客不满意的根源在于他们的需求没有得到满足。如果公司认为抱怨的顾客是爱挑剔而难以讨好的人,是不识货又不会使用产品(服务)的人,那么这样的公司在市场上是无法长久立足的。海尔的做法不仅开拓了新的市场,还为其赢得了一些忠诚顾客。

(资料来源: https://wenku.baidu.com/view/31748766bb0d4a7302768e9951e79b896902687c.html#)

# 第二节　现代物流客户需求分析

## 一、物流客户需求的价值种类

物流需求是指一定时期内社会经济活动对生产、流通、消费领域的原材料、成品和半成品、商品以及废旧物品、废旧材料等的配置作用而产生的对物资在空间、时间和费用方面的要求,涉及运输、库存、包装、装卸搬运、流通加工以及与之相关的信息需求等物流活动的诸多方面。物流之所以在世界范围内受到企业的青睐,根本原因就在于其独特的作用与价值能够帮助客户获得诸如利润、价格、供应速度、服务、信息的准确性和真实性及新技术采用上的潜在优势。

客户对物流企业的服务需求,按照价值一般可以分为以下几种。

### (一)关注成本价值

客户希望通过与物流企业的合作,降低成本。这类客户大多是在市场上已经取得了一定的市场份额,他们关注的不是大幅度提高服务水平的问题,而是在现有服务水平的基础上如何降低成本。因为事实证明，企业单靠自己的力量降低物流费用存在很大的困难。尽管从 20 世纪 70 年代至 90 年代，企业在提高物流效率方面已经取得了巨大的进展，但要取得更大的进展需要付出更多努力，要想实现新的改善，企业不得不寻求其他途径，例如，选择物流。

购买物流服务能够降低成本，主要表现在以下几方面：企业将物流业务外包给物流公司，以支付服务费用的形式获得服务，而不需要自己内部维持运输设备、仓库等物流基础设施和人员来满足这些需求，从而可以使得公司的固定成本转化为可变成本，其影响对于那些业务量呈现季节性变化的公司更明显；由于拥有强大的购买力和货物配载能力，一家物流公司可以通过其自身广泛的站点网络实施共同配送，或者可以从运输公司或者其他物流服务商那里得到比其他客户更低廉的运输报价，可以从运输商那里大批量地购买运输能力，然后集中配载不同客户的货物，大幅度地降低单位运输成本；许多物流公司已在信息技术方面进行了大量的投入，所以与合适的物流公司合作，企业则不需进行物流信息系统方面的投资就能以最低的投入充分享用更好的信息技术。

### (二)关注服务能力价值

这类客户关注的是通过物流服务企业的能力，提高自身的服务水平。对于附加价值较高的产品或刚刚进入市场的产品，对能力的需求往往较强。

服务水平的提高会提高客户满意度，增强企业信誉，促进企业的销售，提高利润率，进而提高企业市场占有率。在市场竞争日益激烈的今天，高水平的客户服务可以成为一个企业的竞争优势，帮助企业提高客户服务水平和质量也就成了物流企业所追求的根本目标。而物流能力是企业服务的一大内容，会制约企业的客户服务水平。例如，在生产时由于物流问题使采购的材料不能如期到达，也许会迫使工厂停工，不能如期交纳客户订货而承担巨额违约金，更重要的是可能会使企业自身信誉受损，销量减少，甚至会失去良好的客户。由此可见物流服务水平的重要性，它实际上已成为企业实力的一种体现。而物流企业在帮助企业提高自身客户服务水平上有其独到之处。利用物流企业信息网络和节点网络，能够加快对客户订货的反应能力，加快订单处理，缩短从订货到交货的时间，进行门对门运输，实现货物的快速交付，提高客户满意度；通过其先进的信息和通信技术可以加强对在途货物的监控，及时发现、处理配送过程中的意外事故，保证订货及时、安全地送达目的地，尽可能实现对客户的承诺；产品的售后服务、送货上门、退货处理、废品回收等也可以由物流企业来完成，保证企业为客户提供稳定、可靠的高水平服务。

### (三)关注资金价值

这类客户一般资金不足或较重视资金的使用效率，不愿意在物流方面投入过多的人力和物力。针对这种需求，物流企业要充分展现自己在物流方面的专业性能力和投资潜力，提供可垫付货款或延长付款期限的物流服务项目。

企业如果自己运作物流，就要面临两大风险。一是投资的风险。自己运作物流，需要进行物流设施、设备及运作等的巨大投资，而非物流企业内部对物流设施的需求往往是有限的或波动的，物流管理能力也不强，因此很容易造成企业内部物流资源的闲置浪费。如果把这些用在物流上的巨额投资投到企业的核心业务上，可能会产生更大的效益。因此，企业物流投资有着巨大的机会成本。二是存货的风险。企业由于自身配送、管理能力有限，未能对客户订货及时做出反应，防止缺货，为了快速交货，往往采取高水平库存的策略，即在总部以及各分散的订货点处维持大量的存货。一般来说，企业防止缺货的期望越大，所需的安全储备就越多，平均存货数量也就越多。在市场需求高度变化的情况下，大量的存货对于企业来说有着很大的资金风险。因为存货要挤占大量资金，而且随着时间的推移，变现能力会减弱，有着贬值的风险，所以在存货销售出去变现之前，任何企业都要冒着巨大的资金风险。

物流需求企业如果利用物流的运输、配送网络，通过其管理控制能力，可以提高客户响应速度，加快存货的流动周转，从而减少内部的安全库存量，降低企业的资金风险，或者把这种风险分散一部分给物流企业来共同承担。

### (四)关注复合价值

对物流服务的需求是出于多种因素考虑的。物流企业需要综合考虑多种因素后，方可取得一个折中方案。

在专业化分工越来越细的时代，企业业务领域不可能面面俱到，任何企业都要面临自身资源有限的问题。因此，对于那些并非以物流为核心业务的企业而言，将物流运作外包给物流企业来承担，有助于使企业专注于自身的核心能力，提高竞争力。这主要表现在：第一，随着企业生产经营规模的不断扩大，对物流提出了更高的要求，企业本身已很难满足自身的物流需求，只有寻求专业化的物流服务；第二，企业既要把更多的精力投入生产经营中，又要注重市场的开拓，资源容易受到限制，而许多大型物流企业在国内外都有良好的运输和分销网络，因此希望拓展国际和国内市场以寻求发展的企业可以借助这些网络进入新的市场；第三，现代企业要在激烈的竞争环境中立于不败之地，越来越需要与其他企业建立良好的合作与联盟的关系，作为面向社会众多企业提供物流服务的物流企业，可以站在比单一企业更高的角度上来处理物流问题，可以与整个制造企业的供应链完全集成在一起，为其设计、协调和实施供应链策略，通过提供增值信息服务来帮助客户更好地管理其核心能力，而且物流企业的客户可能遍及供应链的上下游，通过它可以将各相关企业的物流活动有机地衔接起来，形成一种更强大的供应链竞争优势，这是个别企业特别是中小企业所无法实现的。

## 二、物流客户需求的特征

物流客户需求通常具有以下特征。

### (一)物流客户需求的内在性

物流需求的分析，主要是为社会物流活动提供物流能力供给不断满足物流需求的依据，以保证物流服务的供给与需求之间的相对平衡，使社会物流活动保持较高的效率和效益。在一定时期内，当物流能力供给不能满足这种需求时，将对需求产生抑制作用；当物流能力供给超过这种需求时，会不可避免地造成供给的浪费。因此，物流需求是物流能力供给的基础，物流需求分析的社会经济意义亦在于此。借助于定性和定量的分析手段，了解社会经济活动对于物流能力供给的需求强度，进行有效的需求管理，引导社会投资有目的地进入物流服务领域，将有利于合理规划、建设物流基础设施，改进物流供给系统。

物流需求分析是将物流需求与产生需求的社会经济活动进行相关分析的过程。由于物流活动日益渗透到生产、流通、消费等整个社会经济活动过程之中，与社会经济的发展存在着密切的联系，是社会经济活动的重要组成部分，因此物流需求与社会经济发展有着密切的相关性，社会经济发展是影响物流需求的主要因素。

(1) 经济发展本身直接产生物流需求。

(2) 宏观经济政策和管理体制的变化对物流需求将产生刺激或抑制作用。

(3) 市场环境变化将影响物流需求，包括国际、国内贸易方式的改变和生产企业、流通企业经营理念的变化及经营方式的改变等。

(4) 消费水平和消费理念的变化也将影响物流需求。

(5) 技术进步诸如通信和网络技术的发展、电子商务的广泛应用，对物流需求的量、质和服务范围均将产生重大影响。

(6) 物流服务水平对物流需求也存在刺激或抑制作用。

重视物流需求分析、加强物流需求管理，能有效地引导投资，避免物流设施建设及服务行为的一哄而散，对减少浪费现象具有现实指导意义。

## (二)物流客户需求的阶段性

从物流的发展规律来看，现代物流服务的需求包括量和质两个方面，即从物流规模和物流服务质量中综合反映出物流的总体需求。

物流规模是物流活动中运输、储存、包装、装卸搬运和流通加工等物流作业量的总和。当前在没有系统的社会物流量统计的情况下，由于货物运输是物流过程中实现位移的中心环节，用货物运输量的变化趋势来衡量社会物流规模的变化趋势是最接近实际的。

物流服务质量是物流服务效果的集中反映，可以用物流时间、物流费用、物流效率来衡量，其变化突出表现在减少物流时间、降低物流成本、提高物流效率等方面。为了清晰地反映社会经济活动对物流活动的需求，在物流需求分析过程中还应考虑物流需求的地域范围、渠道特性、时间的准确性、物流供应链的稳定性以及客户服务的可得性、作业绩效和可靠性等方面。

在当前中国经济发展持续较快速增长的情况下，物流规模继续扩大，物流服务质量需要不断提高，物流需求结构也在不断调整。要使物流需求与供给相适应，除设法提高物流服务的供给总量及质量外，还应引入物流现代化理念，加强物流需求管理，即最大限度地控制产品的不合理流动，如通过发展区域经济，使区域内及区域间的物流趋向合理，适应生产力的合理布局，减少原材料、制成品在产地与消费地之间的双向流动量。

## (三)物流客户需求的一般规律性

物流客户的需求产生于其内在要求，从经济学角度分析，需求与效率、效益结合在一起，一般而言，物流客户只有在其外部物流供给的效率和效益超过其内部物流效率和效益时，他们才会去寻求物流的供给。此外，物流客户希望得到物流服务，还在于取得更迅速的市场先机，即取得企业竞争力。上述内容构成物流客户需求的一般规律性。

### 三、物流客户需求的模式

物流客户的需求模式，包括三个阶段的内容：其一是刺激过程，即物流需求的产生源自内在动机和外部激励；其二是混合思维过程，该过程受思维者各种客观条件的约束；其三是反应过程，经过混合思维过程之后，物流需求者提出对物流服务的各种要求。

#### (一)客户需求刺激

客户需求刺激可分为外部激励和内在动机两部分。

##### 1. 外部激励

外部激励来自物流的服务能够提供的六个主要方案，即库存、保管、配送、运输、包装，以及装卸方案的科学化、合理化、经济化程度。当物流企业提供出一个系统的物流方案时，它们综合地激活了物流需求者的内在动机。

##### 2. 内在动机

内在动机由以下几方面组成。

(1) 基础需求：指物流需求者对物流的基本要求，它们具有明确的目的，但并无特殊的要求。

(2) 附加需求：指物流需求者在基础需求之上，对物流的客体有着特殊性要求，例如，希望比常规时间更短的运输时间等。

(3) 发展需求：指对物流供给者的延伸服务的需求，物流需求者不仅要完成自己产品的空间和时间协调统一的转移，更希望物流供给者在市场信息、市场准入方面提供完整的交易服务。

#### (二)客户需求思维

显而易见，思维过程是一个"自我操作"的过程，对外界而言，这是一个可能被感受但无从知晓的过程。这一过程的完成，是多种条件混合的"化学反应"过程。

##### 1. 需求者特征

需求者特征包括服务价值判断能力、本企业规模的大小、本企业所处的行业以及地理区域等形成的物流特殊性。

##### 2. 需求者决策

需求者决策可分为三个阶段。

(1) 需要认识阶段。消费者无论购买什么样的商品，总是以认识到对某种商品的需要开始，服务也不例外。购买者自身的因素和其所处的环境因素都会引起这种需要，而物流需要可能与实际条件之间存在着一定的差距，主要来源于经验和实际需求。营销人员在这一阶段的主要任务是仔细辨别物流需求者的各种需求以及判断各种需求产生的内驱力。

(2) 信息收集阶段。物流需求者在确认自己有某种需求后，就会注意满足这种需求有关的各种产品信息，而信息来源又不外乎以下几种。

① 个人来源：指由家人、朋友、邻居、熟人或者同行业的其他需求者构成的信息通道。

② 商业来源：指由物流企业的广告、销售来源、中间商、展览、展示活动构成的信息通道。

③ 公共来源：指由大众媒体、行业组织等构成的信息通道。

④ 经验来源：指由包装等物流环节活动构成的信息通道。

在信息收集的阶段，营销者的重要工作就是要了解物流需求群主要的信息来源是什么，这些信息来源对需求者做出购买决策的重要意义是什么，并在此基础上做出有效的传播计划。

在信息传播中，重要的是加强客户对信息的关注和认识，如果只是提高认识还不足以推动客户需求力的增强，信息及时转化为物流服务购买力才是目标。

(3) 可供选择的方案评价阶段。

需求者在评价物流服务方案的过程中，最常见的模式是认识导向模式。该模式首要考虑的是服务的属性，即首要考虑物流供给者的服务方案中哪些属性能满足自己的需求。并且，长期合作形成的品牌信念，就构成了对物流企业的品牌形象。但由于认识的个体差异，使品牌信念与服务的真实属性并不一致。因此，需求者往往需要对不同物流企业的服务方案属性进行一一对比，并按照比较结果和这一属性对满足需求的重要性两种因素的各企业提供的服务做出综合评价。评价值越高，差异值越低，说明需求者对这一企业的倾向性越大。

### (三)客户需求反应

客户需求反应是其决策的结果，表明物流客户是否接受，又在多大程度上接受物流服务的行为路径，也是物流企业能够直接"领略"物流客户态度并为之服务的基本出发点。

从营销的角度分析，物流企业不仅要在推出物流服务方案前根据物流客户的需求开发"服务方案"，在这一阶段，同样还应该根据物流客户的反应，进一步做出让物流客户满意的服务方案。

# 第三节　物流客户服务的满意度

## 一、物流客户满意的相关概念

下面介绍物流客户满意的相关概念。

### (一)客户满意

1960 年，美国哈佛商学院教授西奥多·莱维特在《哈佛商业评论》上发表了一篇题为"营销近视症"的论文，首次提出了"客户满意(Customer Satisfaction)"的概念。经过分析，他认为行业衰退的原因是管理者们只是致力于提高生产率和降低成本，却看不到对自己产品的市场竞争，他还提出了任何行业都不应该仅仅是一个生产产品的过程，而应该是一个使客户满意的过程。因此，只有采用"一种彻底的客户满意管理，才能使增长的行业持续增长"。莱维特认为，任何企业要想成功、任何行业要想长盛不衰，都要改变传统的观念，真正地以"客户及其需要为出发点"。而真正以客户为导向的企业所提供的产品不是由企业决定的，而是由客户决定的。

营销界在莱维特的基础上，提出客户满意的定义：客户满意是客户对企业和企业员工提供产品和服务的直接综合性评价，是客户对客户关怀的认可，不断强化客户满意是客户信任的基础。

物流的产品是物流的服务，它是一种增值产品，增加客户所获得的空间、时间效用及产品形状性质转变的效用，客户所关心的是购买的全部产品，即不仅是产品的实物特点，还有产品的附加价值。物流营销服务就是提供这些产品的附加价值的重要活动，对于客户反应和客户满意程度产生重要影响，客户服务的水平在交易进行时自动产生。良好的客户服务会提高价值，提高客户满意度。因此，客户服务是企业物流的一项重要功能。

客户满意通常具有以下特征。

### 1. 客观性

客户一旦接受了企业提供的产品或服务之后，就有了一个满意与否的问题。

### 2. 主观性

客户是否满意以及满意的程度，取决于他们的经济地位、文化背景、需求、期望，以及评价动机，甚至受个人的好恶、性格、情绪等非理性因素的影响。那些借助于某几个客户的来信或所送的锦旗之类来证明自己服务质量的企业，并不一定值得信赖。

### 3. 变化性

客户的需求和期望是随着客观条件，特别是社会经济和文化的发展变化而变化的。企业要想把顾客满意程度维持在一个既定的水平上，只有持续改进，不断地提高自己的产品和服务质量水平。否则，顾客会由满意转为不满意，从而失去顾客。

### (二)客户满意度

从总体上来讲，"顾客满意度"(Customer Satisfaction Degree，CSD)是指顾客对所购买的产品和服务的满意程度，以及能够期待他们未来继续购买的可能性。它是营销学中的一个重要概念，我们可以从两个层面理解其含义：从个人层面上讲，顾客满意度是顾客对产品或服务消费经验的情感反映状态；从企业层面上讲，顾客满意度是企业用以评价和增强企业业绩，以顾客为导向的一整套指标。

客户满意度是客户满意程度的常量感知性评价指标。客户在购买产品或服务前有一个要求应该达到的标准，从而形成期望，购买产品或服务后，将产品或服务的实际价值与自己的标准相比较，从中判断自己的满意程度。满意水平是可感知水平和期望值之间的差异，客户可以体验三种不同的客户满意度中的一种：如果效果低于期望，客户就会不满意；如果可感知效果与期望相匹配，客户就会满意；如果感知效果超过期望，客户就会高度满意。因此，客户满意度是指客户对产品或服务的消费经验的感情反映状态。这种满意不仅体现在一种商品、一项服务、一种思想、一种机会上，还体现为对一种系统、一种体系的满意。客户的期望是在客户过去的购买经验、朋友的介绍、销售者和竞争者的信息与许诺等基础上形成的。如果销售者期望值定得太高，客户可能会失望；如果期望值定得较低，就无法吸引足够的客户。

客户对某项产品或服务是否满意，受很多因素的影响，诸如客户先前的购买经验、他人的口碑、商家的承诺、产品和服务的实际价值、产品和服务与客户的期望值比较等。其中产品质量是一个关键性因素，这是客户的首选标准，还有沟通广告、公共关系等也起着重要作用。

## 二、物流客户满意度的衡量标准

物流客户满意度是一种很难测定的、不稳定的心理状态。在实际工作中，一般可以用以下标准来测度。

(1) 客户重复购买次数及重复购买率。这是衡量客户满意度的重要标准。在一定的时期内，客户对某一产品或服务重复购买次数越多，说明客户的满意度或忠诚度越高，反之越低。当然，还有其他因素也会影响重复购买，必须根据不同的服务性质区别对待，才能确定这一指标的合理界限。

(2) 产品或服务的种类、数量与购买百分比。即客户购买某类产品或服务的品牌、数量以及客户最近几次购买各种品牌所占的百分比。这种百分比的大小，在一定程度上反映了客户对品牌的满意度和忠诚度。

(3) 客户购买挑选的时间。一般来说，挑选的时间越短，说明他对这一产品的忠诚度越高，反之越低。

(4) 客户对价格的敏感程度。客户对各种产品或服务的价格敏感程度不同，一般来说，对喜爱、信赖的产品或服务的价格变动敏感性低；对不喜欢、不信赖的产品或服务的价格变动敏感性高。

(5) 客户对竞争产品或服务的态度。客户对竞争产品有好感、兴趣浓，对某一品牌的忠诚度低，购买时很可能以前者代替后者；如果对竞争产品没好感、兴趣不大，则对某一品牌的忠诚度高，购买指向比较稳定。

(6) 客户对产品或服务的承受能力。客户对产品或服务的一般性质量事故或偶尔的质量事故持宽容态度，并会继续购买，则表明对该品牌的忠诚度很高；若因此拒绝这一品牌，则忠诚度不高。

当然，除上述指标外，还有许多细化指标，企业可以多方面调查客户的满意度，了解客户意见，识别核心客户，变被动"等待"为主动"培养"忠诚客户。

## 三、物流客户满意度分析

客户满意是客户服务的终极目标，客户的满意和忠诚是实现企业价值的保证。当企业成功地履行契约时，就出现了客户满意。客户满意是指客户对事前期望和使用可感知效果判断后所得的评价，是可感知效果和期望值之间的差异函数。如果可感知效果低于期望值，客户便会感到不满意；如果二者相符合，客户便会感到满意；如果可感知效果超过了期望值，客户便会感到十分惊喜。

## (一)客户满意度的影响因素

客户对产品或服务的期望来源于以往经验、他人经验的影响、营销人员或竞争者的承诺；而可感知的效果来源于整体客户价值(由产品价值、服务价值、人员价值、想象价值构成)与整体客户成本(由货币成本、时间成本、体力成本、精神成本构成)之间的差异。客户满意具体受很多因素的影响，总体来说，主要包括服务质量、产品质量、产品价格以及条件因素和个人因素。而其中服务质量是由交互过程质量、服务环境质量和服务结果质量决定的。而基本的服务质量又可以用可靠性、响应度、可信度、热情度和有形性来衡量。这些因素之间的关系如图 6-2 所示。

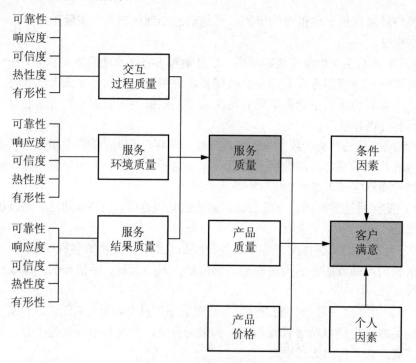

图 6-2　客户满意的影响因素

企业如果只是追求客户满意度往往并不能解决最终的问题，很多时候，企业的客户满意度提高了，但并不意味着企业的利润就会改善。只有为公司贡献"利润"的客户才是直接的价值客户，而且价值客户对企业的利润贡献亦有高低之分。因此，企业应该对稀缺的经营资源进行优化配置，集中力量提升高价值客户的满意度；同时，也应该关注潜在的高价值客户，渐进式提高他们的满意度。从全部客户满意到价值客户满意，再到高价值客户满意，最后到高价值客户关键因素满意，这是企业提升"客户满意度价值回报"的"流程"。

## (二)产品或服务质量差距模型

不同的企业会推出不同的产品或服务，不同的产品交付过程和服务过程会存在不同的服务质量差距。具体来说，服务质量的差距主要表现在四个方面，如图 6-3 所示。

差距 1："客户期望的产品或服务"与"公司对客户期望的感知"之间的差距。这个差距的一部分是客户差距，即客户期望的产品或服务与感知的产品或服务之间的差距。

差距 2："客户导向的产品或服务设计和标准"与"公司对客户期望的感知"之间的差

距。一般来说，公司在分析了客户的产品或服务期望之后，就设计出高出这一期望的产品。

差距3："产品或服务"与"客户导向的产品或服务设计和标准"之间的差距。虽然产品或服务设计出来了，但是从设计到成型的过程中还会存在一些差距。

差距4："与客户的外部沟通"与"产品或服务"之间的差距。产品或服务已经完全成型，如果与客户沟通将其交付给客户，依然会存在一些差距。不同的销售人员，差距出现的大小可能就不一致。

企业要想提高现有的客户满意水平，应当认真分析这四种差距的现状，然后分析竞争对手四个差距的现状以及最佳企业的四个差距的状况，最后找到弥补这些差距的策略和 方法，从而实现从根本上提高客户满意度的目标。

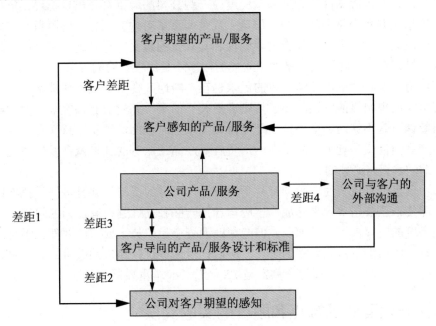

图 6-3　产品或服务质量差距模型

## (三)顾客满意度指数

客户满意度是对客户满意的量化测评，要达到客户满意的目标，就要对客户满意度进行研究。客户满意度可以简要地定义为：客户接受产品或服务的实际感受与其期望值比较的程度。这个定义既体现了客户满意的程度，也反映出企业提供的产品或服务满足客户需求的成效。一个企业平均每年要流失 10%～30%的客户，客户流失的最根本原因是客户的不满意。通过对客户满意度的衡量，可以明确客户服务的改进方向，提高客户的满意度和忠诚度，防止客户流失。客户满意衡量工作一般通过与客户的互动沟通进行，可以是书面或口头的问卷、电话或面对面的访谈。客户满意度的数据一般通过对有代表性的客户群体的抽样调查获得，数据收集后要进行整理分析，并形成客户满意度报告。国内最常用的指标是客户满意度指数(Customer Satisfaction Index，CSI)。

知识拓展 **6-1** 的内容见右侧二维码。

联合麦通定制微信服务 助力
意大利知名品牌男装.docx

# 第四节　物流客户满意度的测量

## 一、定期定量检测原则

　　一个以客户为第一位的企业，就应事事以顾客满意作为优先考虑因素。而事实上，很多公司也只是口号喊得响亮，实际中却有很多违规的操作。就像很多公司在进行产品和服务的满意度调查时，调查的内容大部分过于简单，并没有真正地反映出公司到底是不是以顾客为中心，以及正确掌握的顾客满意程度。一些公司的调查甚至出现诱导式的问题，以便容易获得结果并减少整理问卷的工作量，或是偏离了对顾客满意度的测量而转向向经营者显示某些成果，进而失去了调查的客观性和其真正的意义。尽管这并不是所有调查中出现的问题，但调查内容的缺失或是调查立场的偏移还是比较普遍的现象。

　　外部环境的不断改变，使消费者的需求也在不断地改变，如果不从消费者的角度看问题，就有可能出现明显的错误。要了解顾客最关心的事，并建立起顾客满意度的结构，仅仅依靠问卷调查是不够的。很多调查是非持续性或临时性的，事实上意义也不大。通常情况下，新产品问世或是竞争产品出现，消费者对产品或服务的评价就会发生改变。因此，持续、定期的调查是必要的。

　　要想使调查具有权威性，必须有科学的设计、严谨的资料，并且最好委托专门的机构来实施；即使自己公司单独来完成，也应该选择一些独立性强、有能力的组织来完成。虽然调查满意度的内容占了主要部分，但能帮助调查满足统计上要求的要件也不可缺少。要解析顾客真正的需求以及应重视的重点，然后针对这些进行相应的改进，并且测定顾客的满意度。总之，定期、定时、综合测定是 CS 经营的一项重要原则。

## 二、重视与顾客的接触点和顾客购买的实质

　　进行问卷调查不是目的，目的是公司的经营管理者要通过调查结果，迅速调整其经营策略，改善产品或服务。如果公司在每次调查之后面对同样的问题都置若罔闻，那么公司的调查就失去了意义，并且问题永远得不到解决。

　　经营管理者重要的任务之一就是要把握产品与服务的问题症结所在，然后采取有效的措施，避免类似问题出现。但实际上，由于公司内部各部门无法与经营者互相配合，即使经营管理者知道使顾客满意的重点，也不能达到企业的长远目标。

　　企业中各个部门并不是相互独立的，尤其是针对产品和服务的改善与改革，利害错综复杂，所以为了不流失客户，各个部门应该在经营管理者的领导监督下团结合作，提升顾客满意度。

　　CS 经营的出发点就是，切实掌握客户与公司第一线所有接触点的真实状况，进而通过改善自己的产品质量或服务来满足客户的需求。

　　北欧航空公司总经理卡尔森(Carlsen)，在世界航空业因为不景气而大幅削减人员与经费的同时，反而实施大规模的改革。他认为公司第一线人员每天 5 万次与旅客的接触，服务活动的良好与否，关系着整个公司的经营成败。他改革的内容包括员工教育、新旅客登记

的设定、起降时刻的管理、服务改革等，希望从此彻底改革公司的观念。

除了重视与顾客的所有接触点外，回答电话询问、柜台受理、产品说明、答复申述、处理产品问题、收款送货、顾客眼中的产品功能与印象、公司设施内部的状况与气氛、环境的舒适与否、设备的好坏等，都是影响顾客满意度的因素。

顾客满意度，最有权力去评价的当然是顾客。反过来，公司如果站在自己的角度去思考问题，那么有些错误就是不可避免的。公司与顾客之间的所有接触点都不可忽略，因为整个经营活动都是以此为出发点的。换言之，所有的接触点正是 CS 经营的原点。

CS 经营以顾客第一的理念为基础，它有以下几个原则(见图 6-4)。

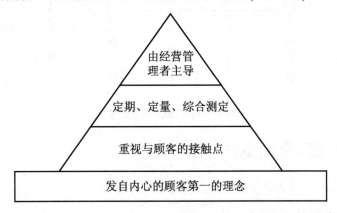

图 6-4　CS 经营的原则

(1) 要站在顾客的立场，重视公司与顾客之间所有直接的、间接的接触点，经营者、管理者、研究单位、工厂等都是第一线员工的支援组织，都以使顾客获得完全满足为目标。

(2) 透过数字，具体掌握顾客对自己公司产品与服务满意与否的所有要素，使测定的结果具有科学性，而且这种测定应定期并有系统地进行，以便于进行各个时期数据的比较。

(3) 经营者应高度关心顾客满意度的测定，而且应亲自检讨测定的结果，以切实改善产品和服务。

通常情况下，我们购买的不仅是产品，还有服务。比如顾客在选择物流公司服务的时候，物流公司首先选择消费者有意愿购买的服务，然后将服务标注价格，同时注意向客户展示公司的硬件和软件产品的服务。由于这些无形的活动(服务)，物流公司才能为客户提供其想要的产品。正因为如此，公司对这些服务活动会收取一定比例的费用。以服务为主的公司，服务收取的费用会高一些。

这个例子意味着我们购买有形商品时，同时也购买了附属于其上的无形服务。而消费者在购买某种服务的同时，也要以必要的有形媒介作为桥梁。这个包含了“物品”与“服务”两种要素的东西，被称为“商品”，也正是消费者购买的目标。

各种商品的种类不同，其有形部分(产品)和无形部分(服务)所占的比例也各不相同。任何商品都包含了有形的产品和无形的服务两部分，只是比例不同而已。物流业商品的无形部分(服务)的比例比较大(见图 6-5)。

CS 经营中，顾客满意度的测定和改善的对象也分为“产品”与“服务”两部分，因此在要求这二者的综合性的同时，也要掌握二者的满意度。

测定产品满意度和服务满意度的项目有相当大的差异，产品部分以自然物和加工产品为对象,重点在于产品的功能,服务部分则主要针对提供服务的人。虽然同时测定满意度,但是测定对象却必须改变。

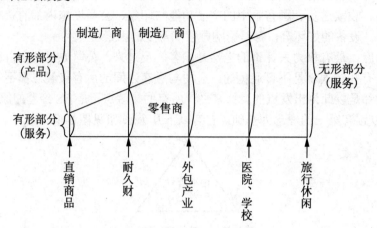

图6-5　有形部分和无形部分

## 三、物流客户满意度测量的方法

下面阐述物流客户测量满意度的重要性与基本方法。

### (一)测量满意度的重要性

当咨询顾问建议企业调查顾客满意度时,对方最初的反应多半是持怀疑态度,以下是常见的几个疑问。

(1) 满意度是人们内心的感觉,如何具体测量?

(2) 每个人的想法不同,满意的判断标准也各异,测量的标准是什么?

(3) 满意度会因产品或服务的接触频率而异,似乎不易测量。

也许满意度的测量听起来比较新鲜,但是测量满意度已经受到了很多企业的重视。例如,在物流公司询问顾客对其产品和服务是否满意时,一定可以获得"一般""很好"等表示满意程度的答案。暂且不问顾客做出这一判断的过程,公司至少可以得到是否满意的结果。而且,即使是相同的产品或服务,消费者也会因为主观(个人的经验)或是客观(公司的服务设施)的因素来决定其对产品或服务的满意程度;但是只要有人满意,即代表顾客满意度的形成,满意的客人越多,表示顾客对产品或服务的满意度越高。

换句话说,所谓满意度的测量,就是测量人们心中经过判断后的结果,与选举时调查选民将选票投给哪个候选人的道理大同小异。将满意度测量应用在企业经营上,是非常重要的事,但是测量本身并不太困难,也无须顾虑顾客。

顾客满意度的调查,对企业来说有以下几方面的好处。

(1) 有利于测定企业过去与目前经营质量水平,并有利于分析竞争对手与本企业之间的差距。

(2) 了解顾客的想法,挖掘顾客的潜在需求,明确顾客的需要、需求和期望。

(3) 检查企业的期望,以达到顾客满意和提高顾客满意度,有利于制定新的质量改进和经营发展战略与目标。

(4) 增强企业的盈利能力。

(5) 明确为达到顾客满意，企业在今后应该做什么，是否应该转变经营战略或经营方向。

(6) 通过顾客满意度衡量把握商业机会、未来的需求或期望最大的商业机会。

顾客满意的重要性显而易见，所以越来越多的企业开始重视并实施对客户满意度的调查，想方设法满足和超越顾客的要求，让顾客满意，以此提高企业的核心竞争力。

不管消费者购买什么产品或服务时，都会或多或少地抱着一种期待，希望产品能够具备一定的功能，或是希望企业可以提供某种服务。大部分的期待是潜意识的，可能有或是没有清楚的概念，但不论哪一个，我们都可以说这是一种"事前期待"。

顾客使用了产品或接受了服务之后，如果效果超过原来的期待或能够符合原来的期待，即可称之为满意；反之，如果没有达到事前期待，就会感到不满意。换句话说，满意度也就是事前期待与实际感知是对比关系。正确测定客户满意度，并据此解决问题，以使顾客达到完全满意是 CS 经营的目标。如图 6-6 所示为顾客满意与否的评价标准。

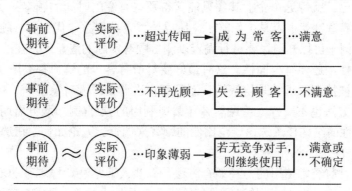

**图 6-6　顾客满意与否的评价标准**

大环境的改变，资讯的扩散，消费者行为的日趋复杂，"事前期待"也会随之变化，要掌握准确的信息确实不是简单的事，更何况即使是同样的产品，对其所期待的内容也会因人而异。因此，超越事前期待至关重要，经营的理念也应随事前期待而调整。

## (二)满意度测量的方法

满意度测量的实施应考虑以下几个方面。

### 1. 确立满意度调查范围

顾客满怀期望购买产品或服务，他们购买的不仅是产品本身，还有与之相关的市场环境等，范围极广泛。因此，顾客满意度调查，要尽可能地涵盖相关领域。

了解顾客可以帮助企业提供顾客满意的服务。有时购买者、使用者与决策者等并非同一个人，往往接触顾客的并不仅限于厂商，在大多数场合中，零售店及其店员才是最直接影响顾客满意度形成的人。

事实上，在进行调查时，企业一定要根据顾客的反应，确定取舍的界限、调查领域等项目，设定若干种调查分析方式，这样才能让调查更加有效地掌握顾客的满意度。

很多企业都会从以下几个方面进行顾客满意度调查分析，就像很多物流企业确立了顾客满意度调查的基本构架，以此为核心确定顾客满意度调查的领域。

(1) 企业产品品质以及购买企业产品或服务的满意度。

(2) 消费过程中对企业的满意度。

(3) 交货时的各种问题。

(4) 对服务咨询员的评价。

(5) 对企业提供的售前(企业客户服务标准的制定等)、售中(库存周转信息、订货信息等)、售后服务(零部件的供应等)的评价。

(6) 综合性满意度。

### 2. 满意度调查的方法

如果一个物流企业决定测量顾客的满意度,但是其选择作调查的时间是员工比较空闲的休息时间,这种调查结果是否正确?真的能显示顾客对这家物流企业的满意度吗?显然这家企业的调查结果,很难掌握所有顾客的满意度,充其量这个结果只能代表一部分消费者的满意程度而已。就像这个企业其实只能获得那些有空闲时间的顾客的满意度,至于其他时间段顾客的满意度就很容易被忽略了。所以该调查结果并非代表所有顾客的满意度。

由上面这个例子可以知道,要进行调查以测量顾客实际的满意度,在选择调查对象时,不但要具有典型性,还要有全面性。这时最好要对所有客户的资料都有所了解,然后选取样本,每个样本被抽到的机会是均等的。而且每一次调查因为对象不同、目的不同,确定的范围和采取的方法也不一样。将顾客依年龄或利用的频度(例如服务周期和手段的选择)来分类,再依属性的结构任意选出一定比例的顾客来调查。无论如何,在选择调查对象时,应尽可能随机取样。

抽样调查是目前经常使用的一种调查方法,有些人非常注意样本数的多寡。例如,一家公司见其他公司找了 2000 人的资料进行分析,于是加大投入,收集 4000 人的资料,以求达到更高的精确度。但事实上,这种做法在统计学上毫无意义。4000 人的资料与 2000 人的资料相比,并不能在结果上达到双倍的精确度,有时甚至可以说效果相差无几。因此,只要确保样本数据有代表性,就无须过度在意数量多少了。

如果调查对象没有代表性或是分配得不够平均,不论样本数有多少,其结果都不足以反映全体顾客真正的满意度。反之,若只重视样本数的数量,忽视了其他方面,反而可能成为一种负面因素。总之,样本的数量应根据实际需要而定。

在决定调查的样本数之前,我们应先考虑需要什么样的分析。也就是说,样本数并非越多越好,应按必要的分析单位数来设定各单位必要的样本数,最后,在此基础上确定全体的样本数量。

问卷调查是测量顾客满意度的另外一种常用的方法,也就是用事先印好问题和答案的问卷走访消费者,然后得到反馈信息。满意度的调查方法会随着客户的变化而改变。企业要尽可能掌握顾客准确的信息(如姓名和住址、银行或信用卡发行企业),将所有顾客都进行建档管理。航空企业销售机票需了解购票者的姓名等,物流企业需要知道货物运送的方向等,这些都是了解顾客具体信息的例子。

问卷调查的方法,一般分为直接调查和非直接调查两种,如由调查人员亲持问卷走访调查对象,当面回答,我们称之为直接调查法;将问卷邮寄给调查对象,待其填好后再寄回(即"邮寄法"),我们称之为非直接调查法。

直接调查方法只要获得回答者的同意，即可调查，回收率通常能够达到 70%～80%，其余 20%～30% 包括受访者不在、迁居、拒绝等情形。若要提高回收率和精确度，直接调查法不失为一个好的调查方法，但其最主要的缺点就是成本较高。因为公司需要花费人力、物力、财力努力寻找特定的调查对象。在日本，一张问卷的调查成本为 5 000～7 000 日元。

由于受经济条件的制约，很多公司放弃了直接调查法，宁可选择节省经费但回收率稍低的邮寄方法。邮寄方法回收率的高低受很多因素影响。

例如，当有客户想与某个物流公司合作的时候，其实有很多企业可以选择，关键取决于该公司提供的产品或者服务。如果客户进入公司的时候，其服务人员态度非常亲切，详细说明各种服务可能给客户带来的利益与损失、目前的市场状况、手续等，令客户感到相当满意的话，客户以后再次选择该物流公司的概率就很大。当然这种服务不仅仅针对的是企业的大客户，对于一般客户也要热情。当以上一幕发生的时候，我们有理由相信，在该公司给这位客户寄来问卷调查表的时候，客户一想起令人满意的服务时，就会将问卷调查填好后寄回去。

反过来，如果当时服务人员的态度恶劣，那么调查表大概难逃被遗弃的厄运。假设采取这种行动的人很多，那么最后的调查承担者会是谁呢？

如果只有满意度较高的人寄回问卷，结果显示的满意度当然比较高。但是否能因为满意度高而感到安心了呢？其实未必。因为背后还有不少抱着不满心情而未寄回问卷的人。

也许唯有提高问卷的回收率才能消除这种顾虑。如果回收率高，调查结果自然比回收率低更有说服力。关于这一点，尤其应该注意的是邮寄问卷的调查形式。利用邮寄的问卷调查要提高回收率，就必须采取一些措施，以下几点值得参考。

(1) 明确说明调查的目的，同时强调寄回问卷有助于改善服务的品质，对回答者本身有利。

(2) 问卷的内容不要冗余繁杂，以免被调查者感到厌烦。内容固然应尽可能详细，但回答时间最好不要超过 30 分钟。

(3) 可以用小礼品表达对被调查者的谢意，以此提高问卷的回收率。

针对问题做出相应的改进，相信回收率会有所提高。如果回收率依然不理想，就应找出其他应对的措施，例如将所有顾客与被调查者的年龄结构、职业等资料进行比较分析，观察是否被调查者对问卷有不同的看法，然后判断调查结果。这种方法也有自己独特的优势，比如其仅需要往返的邮费而已(确切地说包括邮费、信封成本、书写信封的人力等)，以较少的预算即可实施，甚至现代的互联网让很多公司连信封成本、书写信封的人力都节省了。所以即使加上表示感谢的小礼物，每一张调查问卷的费用也不到当面访问法费用的 1/5。

到底要采取哪种方法进行满意度的调查呢？企业不仅要考虑到调查的预算，还要考虑调查的精确度，同时权衡两者的利弊得失后再决定。

需要注意的是，在进行顾客满意度调查时，调查的结果只能作为公司改善产品或服务的手段，而不是用来促销的法宝。如果根据回收资料，立即给顾客寄出相应的促销产品，很多时候会导致满意度下降。

尤其是采取记名式的调查，很多被调查者时常会担心接受调查或访问之后，会有接二连三的问题随之而来。所以为了消除被调查者的顾虑，企业可以委托专门的调查机构来完成，并在调查时声明。选择专门的调查机构来工作，还有一个优点，就是能增加调查的说服力。因为专业的机构会毫无隐瞒地报告所有的调查结果，企业内的员工或者顾客也可以产生安心感和信赖感。面对调查结果，企业应立即采取有针对性的改善措施。

换句话说，了解自己的客户的具体信息之后，企业可以根据掌握的具体资料设计实施测量的方案。但很多时候通过问卷调查获得的满意度结果，往往仅限于对自己企业的满意度的评价。例如，一个客户同时消费几个企业的产品或服务时，通过问卷调查，虽然可以了解一部分顾客对自己企业产品或服务的满意度，但当这些顾客对其他企业的满意度较低时，直接拿来与自己企业的产品或服务进行比较是很危险的。因为这个时候企业收到的问卷调查结果仅限于顾客对自己企业产品和服务的满意度。

当然，很多时候仅仅调查自己企业的顾客满意度是不够的，毕竟与其他企业进行比较也是衡量自己企业顾客满意度究竟是高还是低的办法之一。除了以上着重强调的问卷调查方法以外，实际上还有很多方法可以进行客户满意度的调查。例如，如果一个企业想方设法获取其他企业的顾客资料，然后有意找一些专门的机构进行比较，并将调查结果公开或是有偿获得，显然也是一个不错的选择。不过，从竞争的角度来看，很多企业基于商业机密，在期望得到同行资料的同时并不愿意透露自己的资料。企业也可以通过公开发行刊物、网络、调查企业获得二手资料的信息，尽管很多时候这些信息缺乏针对性或真实性，但是却是省时省钱的好方法。除此之外，内部访谈或深度访谈也是常用到的方法，这些方法可以帮助企业挖掘很多潜在的信息，但是却耗费人力、物力、财力。企业在调查方法的选择上，还是要根据自身的实际情况和业务的具体情况而定。

当面对确定的顾客时，我们可以选择以上方法处理，但是很多时候我们并没有顾客资料，在这种情形下，利用大量样本来调查，是测定满意度常用的方法之一。规模很大的企业单独进行满意度调查不是一种非常有效率方法，相反，如果多数企业联合起来，效率不高的问题就可以得到改善。也就是说，企业不需要一些违规的手段，去收集其他企业的顾客资料，就可以了解其他企业的满意度，进而将自己企业的满意度与之比较。所以，在决定采取哪种方法之前，有必要好好分析各种方法的优缺点。

表6-1所示的远通物流有限企业满意度调查问卷和表6-2所示的宝供物流客户满意度调查问卷可供企业参考。读者也可以根据这些例子，设计适合自己企业使用的问卷调查表。

### 3. 确定顾客满意结构

进行顾客满意度调查之后，企业分析获得调查的结果，除了知道顾客是否满意外，还有必要分析满意或不满意的根源。因为只有知道了问题症结所在，才能够对症下药，即使现在的满意度并不高，也可以后来居上，超越自己原来的表现或其他企业。所以在设计问卷的问题时，就应考虑影响满意度的因素。

那么，影响满意度最重要的因素是什么呢？是顾客的接触点。具体来说，交易之前(电话的询问、产品的介绍、客户服务政策的确定等)、交易过程中(设施与设备的舒适性、企业的气氛、产品的可得性、订单预订状况等)和交易后(顾客的抱怨、投诉、零部件的供应等)都是与客户的接触点。每一个接触点的好坏，都能决定顾客对企业产品或服务的满意度(见图6-7)。

表 6-1　远通物流有限公司客户满意度调查问卷

**远通物流有限公司客户满意度调查问卷**

**1.** 您使用过中国远通物流企业为您提供服务吗？

□有

□没有

**2.** 中国远通物流企业给您提供服务的时间是？

□三个月以内

□半年以内

□一年以内

□五年以内

□五年以上

**3.** 您经常使用的是中国远通物流企业的什么服务？ [多选题]

□现代物流

□集装箱场站管理

□国际多式联运

□公共货运代理

□仓储

**4.** 中国远通物流企业最吸引您的地方是哪里？

□价格

□服务速度

□服务态度

□服务质量

□其他

**5.** 您觉得我们企业的基础设施怎么样？

□优秀

□还好

□一般

□比较差，需要很大的改进

**6.** 货物到达后，服务人员是否主动协助您完成装卸？

□主动协助装卸

□经要求后会协助装卸

□不协助装卸

**7.** 收到产品时，出现货物不是所要货物的情况多吗？

□非常多

□比较多

□一般

□比较少

□有发生过

**8. 订单没有及时处理的情况多吗？**

☐非常多

☐比较多

☐一般

☐比较少

☐有发生过

**9. 您希望中国远通物流企业为您提供哪些增值服务？[多选题]**

☐分装

☐拣选

☐贴标签

☐其他

**10. 您选择远通物流的理由是什么？[多选题]**

☐价格合理

☐网络覆盖广

☐使用便捷

☐服务态度好

☐速度快、安全性高

☐其他

**11. 您认为远通物流需要改进和提升的工作是什么？[多选题]**

☐改善服务态度

☐降低价格

☐扩大服务区域

☐提、派、送货物要及时

☐减少服务事故、提高事故处理速度

**12. 您对中国远通物流企业有哪些意见和建议？**

(资料来源：http://www.sojump.com/jq/73437.aspx，2019-4-3)

　　我们要知道与顾客之间具体的接触点，首先，要了解企业内部与顾客具体接触的员工，其接触的过程和细节等，实际上，很多情况都是在顾客或企业意想不到的情况或场合下与顾客发生接触的。其次，还有一个更直接的方法，就是直接走访与企业员工接触过的客户。

　　有这样一个案例：某企业的营业人员经常去拜访他的客户，但是却从未在客户方便的时间内给他们提供相应的咨询或建议。尽管这家企业要求营销人员经常拜访客户，但是很显然营销人员在执行这个任务时，不仅没有提高满意度，反而得到了相反的结果。

表 6-2   宝供物流客户满意度调查问卷

**宝供物流客户满意度调查问卷**

尊敬的客户:

　　您好!

　　非常感谢您在百忙之中参加我们的客户满意度调查!

　　为了更好地了解您的需求和期待,为您提供更加优质的服务,我们诚挚邀请您参加宝供物流 2018 年客户满意度调查。请您根据实际情况回答问卷并回复。

　　宝供物流感谢您多年来的支持! 欢迎您提出宝贵的意见,并一如既往地支持和使用宝供物流为您提供的服务! 您的答案对于我们不断改进各项工作具有非常重要的价值。非常感谢您的配合!

　　谢谢您!

宝供物流有限企业

2018 年 4 月

**1. 您经常使用宝供物流的服务吗? (只能选择一个答案)**

□0 次/月　　　　　　□1 次/月　　　　　　□多次/月

**2. 您是如何得知并选择宝供物流为您提供的服务的?**

□媒体宣传　　　　□他人介绍　　　　□网络查询　　　　□其他

**3. 您致电宝供物流咨询业务时,是否容易得到明确的答复?**

□容易　　　　　□一般　　　　　□困难

**4. 您是否投诉过?**

□是的　　　　□没有

**5. 让您投诉的原因是:**

□服务态度不好　　□发生破损事故　　　□发生丢失事故　　□货物晚点

□异常反馈不及时　□服务事故解决慢　　□其他　　　　　　□不涉及

**6. 您选择宝供物流的理由是:**

□价格合理　　　　□网络覆盖广　　　　□使用便捷　　　　□服务态度好

□时速快　　　　　□安全性高

**7. 您对我司目前整体操作水平及质量的感觉是:**

□非常满意　　　　□满意　　　　　　　□一般　　　　　　□不满意

**8. 您对我司运营服务的满意度是:**

□非常满意　　　　□满意　　　　　　　□一般　　　　　　□不满意

**9. 您对我司运营服务不满意的原因主要在于(可多选):**

□服务事故多或存在安全隐患　　□提/送货不准时　　□操作不规范　　□信息反馈慢

□人员业务技术水平差　　□装/卸货时间未达到服务承诺时间要求　　□员工服务态度差

□工作效率不高　　□车辆/仓库环境卫生差　　　　□投诉处理不及时

□应急处理能力差　　　□改进落实差　　　　　　□其他

**10. 您对我司仓储服务的满意度是:**

□非常满意　　　　　□满意　　　　　□一般　　　　　□不满意

**11. 您对我司仓储服务不满意的原因主要在于(可多选):**

□操作不规范　　　□数据信息反馈慢/不准确　　　□虫害预防措施不足　　□库内卫生差

□货物破损率高　　□投诉处理不及时　　　　□其他

**12. 您对我司以下哪方面比较满意(可多选)?**

□ 管理水平高　　　　　□ 资源配置优良　　　　　□ 服务态度好　　　　　□ 服务准确率高

□ 服务安全性高　　　　□ 企业形象好　　　　　　□ 员工素质高　　　　　□ 其他

**13. 您当前最急需我司予以解决的问题是(可多选):**

□ 提高提/送货准时率　　　□ 降低缺失或破损等服务事故　　　□ 提高信息反馈及准确率

□ 增强特殊操作保障　　　□ 其他

**14. 您认为我司当前最有待提升改进的内容是(可多选):**

□ 提升营运质量　　　　　□ 提升客服质量　　　　　□ 提高员工专业技术水平

□ 提高工作效率　　　　　□ 降低服务价格　　　　　□ 改进服务态度

□ 加强操作规范性　　　□ 增强员工安全意识和增加安全防护措施　　　□ 增加资源设施配置

□ 增强人员稳定性　　　□ 加大宣传力度　　　　　□ 其他

**15. 未来是否愿意继续与我司保持合作伙伴关系?**

□ 愿意　　　　　　　　　□ 考虑　　　　　　　　　□ 不愿意

**16. 欢迎您填写本调查表之外的意见及建议:**

(资料来源: http://tieba.baidu.com/f?kz=395036159, 2018-4-5)

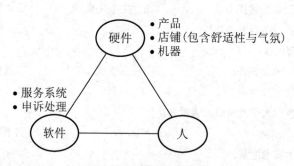

图 6-7　与顾客的接触点

在这种情形下,企业在提升客户满意度的同时有必要先了解一下企业员工是否真正为客户提供了所需的资讯,并通过问卷中的问题准确地了解顾客的想法。以上条件满足时,在询问顾客时也要讲究技巧,懂得变换角度去挖掘顾客信息,满足不同客户的需求,这也显示了访问顾客的重要性。

访问顾客之后,要再一次确认是否所有的顾客接触点都已被涵盖在内,只要按顾客实际接受服务的流程,将接触点一一陈列出来即可。下面以物流企业简单的业务流程为例。

(1) 交易前先了解一下企业的服务流程或产品。

(2) 寻找适合自己的物流企业。

(3) 与企业联系,营销人员向你提供相应的服务(介绍自己的产品)。

(4) 选择服务。

(5) 交易过程感受服务(订单信息的处理，交通工具的选择，时间等因素)。

(6) 交货付款。

(7) 售后服务。

根据这个流程，企业可以整理出具体的接触点。尽管各个行业不尽相同，但是也大同小异。只是有些企业间存在的最大差异就是有的企业供应实体产品，有的企业则只是提供服务。物流行业服务流程可以分成以下三个部分。

(1) 交易前。

(2) 交易中。

(3) 交易后。

不论是服务业还是制造业，通常都按这种流程来设计问卷。为了尽量减轻回答者的负担，项目最好以一百项左右为限。

### 4. 分析满意度调查结果

客户满意度调查近年来在国内外得到了普遍重视，但调查不是最终目的，最终目的是通过分析调查的结果，让企业发现问题、改进产品或服务。可是仅凭调查的样本来决定所有人的满意度也不是很科学。例如，对企业产品或服务接触频度非常高的顾客，因为其经常使用，所以他们的满意度必然比其他人要高。相对地，仅偶尔使用产品或服务的顾客，满意度可能会有所不同。而且，不同的产品或服务其性质也不同，不同的顾客对满意度的评价也不尽相同。

在这种情况下，要想真正了解顾客的满意度是百分之多少，仅仅凭调查的样本是不能说明问题的。不难理解，如果样本中引用频度高的顾客占大部分，那么满意度的真实情况会不容乐观；相反，如果样本中偶尔使用的顾客占了上风，那么结果就恰恰相反了。总之，单凭调查结果来掌握正确的满意度是很难的。因此，在进行满意度调查时，企业有必要尽可能区分样本的属性，设计不同的调查问卷，用以分别掌握不同属性顾客的满意度。另外，还要了解各种属性在全体顾客中的比例结构，再根据比例算出各自的比重，以掌握平均满意度。这样，所有顾客中满意的人到底占百分之多少，即可一目了然。计算时，可以利用以下公式[①]：

顾客的满意度=属性 1 的比例×属性 1 顾客的满意度+属性 2 的比例×

属性 2 顾客的满意度+……

当然，要了解各属性(例如利用频度、性别、年龄等)顾客的比重，先决条件是必须预先掌握各属性在全体顾客中的比例等资料，然后即可推算出全体的满意度(见图 6-8)。

用问卷调查测定满意度时，通常将满意度划分成为若干个等级，让接受调查者选择最适合的答案。但不管供选择的等级分为几个，最重要的是顾客是否感到满意的结果。

有的企业认为"非常满意"的分量达"满意"的三倍，因此极为重视"非常满意"的比例，并以此为经营目标。的确，有不少例子可以证明，对某家企业的产品或服务感到"非常满意"的顾客，下一次还会继续购买这家企业的产品或服务的比例相当高。相反地，回答"满意"的人虽然比不满意的人选择的机会要高，但是并不明显。由此看来，重视"非常满意"的比例是不无道理的(见图 6-9)。

---

① 严建修. 顾客满意度的测量[M]. 北京：中国纺织出版社，2003.

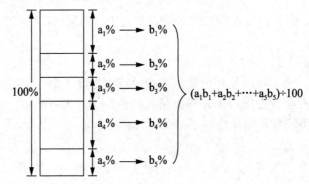

各属性所占的比例　各属性的满意度　　总体满意度

图 6-8　综合分析顾客满意度

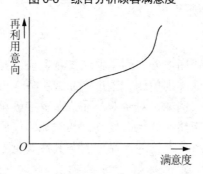

图 6-9　满意度与再利用意向的关系

　　有些问卷调查可能会受文化因素的制约，从而影响调查的结果，例如东方人比较含蓄，不愿直接表示自己的意愿，导致不少人即使心里感觉"非常满意"，但是在接受调查时却回答"满意"。显然在这种情况下，仔细区别二者并没有太大的实际意义。

　　关于文化等因素对调查结果的制约目前尚无明确定论，如何解答还要视企业的政策而定。总之，根据自身的实际情况，将目标置于一个合理的高度，然后整个企业上下一起朝目标努力才是最重要的。

　　与此同时，不少企业将"稍微满意"也纳入"满意"的行列之内。这样一来，"满意"的结果将大幅提高，企业若因此而感到欣喜是非常危险的。因为回答"稍微满意"的人极可能会因为一些小事而改变自己的立场。所以，在进行问卷调查时，企业应尽可能采用较严格的标准。

　　顾客满意度在用于了解顾客对企业的产品或服务是否满意的同时，还可用来分析与满意度关系密切的顾客接触点，因为分析的结果不仅反映企业这一时期的作为，也可作为日后改善产品和服务的参考。因此，测定满意度时应从所获得的资料中，分析顾客满意度与顾客接触点之间的关系。

　　整体上感到满意的人，对具体的接触点(例如礼貌的招呼、快速回应、购物环境等)全都满意。相反，如果客户在整体上全都感到不满意的话，那么他对那些具体接触点也会感到不满意，那么了解了这个接触点后，我们就可以在很大程度上改变顾客满意或不满意的状态。

　　这种分析可以利用数学上的一种回归分析来进行，根据分析的结果，所有具体的接触点与满意度之间的关系都可一目了然。关系的深度，在数学上用回归系数来表示，以下是具体计算的方程式[①]：

满意度=关系的深度×顾客的具体接触点 1+关系的深度×顾客的具体接触点 2+……

了解各个接触点与整体满意度之间的关系后，由于顾客对各接触点的评价都已明白，即可将满意度关系的深浅与现状的评价做一比较。

例如，在调查中售后服务的电话是否容易打通，影响到了整个满意度的评价。另外，问卷调查的结果也直接表明了目前电话接通与否的现状。这样，就可以像如图 6-10 所示那样将二者做一比较。图 6-10 中各个位置上的项目分别具有以下的意义[②]。

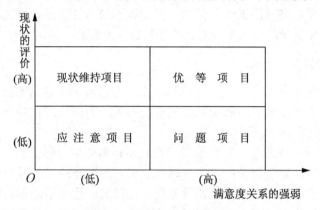

图 6-10　顾客接触点的位置关系

(1) 优等项目：对满意度的影响强烈，而且现状评价亦高的项目。今后也可望维持高评价。

(2) 问题项目：对满意度的影响虽然强烈，但是现状评价不高的项目。今后可望成为改善重点。

(3) 应注意项目：对满意度的影响不太强烈，现状评价也不高的项目。评价特别低的项目有改善必要。

(4) 现状维持项目：对满意度的影响不太强烈，但现状评价很高的项目。至少可维持现状。

问卷调查所提供的资料，可以帮你确定所有具体的接触点，同时也指明了各个接触点在影响顾客满意度上的程度。这样才能找出今后需要重点改善的地方。

即使了解了改善满意度的重点所在，如果需要大量的投入进行改善，而改善的结果却无法扩大业绩的话，这种投资是不可取的。从经济的角度来看，重视投资之后的获益是无可厚非的。因此，在投资之前就必须先计算出相对于投入经费所产生的收益。

现在以接受电话订购后 30 分钟内送达的比萨店为例来说明企业在哪些方面可以提高顾客的满意度。

首先，在订购这个环节，电话是否容易打通是影响满意度的重要项目。如果规模小的比萨店所有的电话都接听的话，可能无法让所有的订单都在 30 分钟内完成；如果因为忙碌而拒接电话，那么顾客的满意度就会大大降低。相比之下，具有一定规模的比萨店，如果

① 严建修. 顾客满意度的测量[M]. 北京：中国纺织出版社，2003.

② 严建修. 顾客满意度的测量[M]. 北京：中国纺织出版社，2003.

选择专门人员接听电话，增加电话线路，增设烤比萨的设备，并扩增人手，与其他部门分开，时刻保持电话畅通，那么结果可能会大相径庭，但是企业事先一定要考虑预算。

订购电话容易打通所带来的满意度的提升幅度，根据前面提到的方程式，可以立即算出来。另外，由满意度与再利用意向的关系，也可以概略地推算出业绩的增加幅度。

将投资与效果做一比较就可以判断是否值得投资，然后根据其结果进一步进行经验总结，改善行动等。

不过，这个指标只是围绕顾客满意度所展开的分析，事实上，还有许多其他的指标需要考虑，比如改善方案的效果、企业形象的提升、潜在顾客开发能力的增强等因素。所以，投资回收率通常也要把各种因素考虑在内，然后做出最后的判断。总之，以顾客满意度为基础做出的决策正在慢慢取代长久以来凭感觉与经验所做的决策，这种方法更加科学。

### 5. 顾客满意度评价的特点

追求顾客完全满意是 20 世纪 90 年代国际上十分流行的现代营销观念之一，评价顾客满意度、分析顾客满意度是企业制定发展战略的要求。而现代的顾客满意度评价、分析与过去的各种方法相比有很大的进步之处。

1) 顾客才是评价实施的主体，评价的标准就是顾客的切身感受

不可否认，顾客满意度评价的主体是顾客自己，也就是说，接受企业产品或服务的顾客才最有资格评价企业的满意度。而通常各类评比排名、达标活动的评价主体是企业和顾客之外的第三方，也许很多人会认为第三方的评价会比较客观，但是第三方的意见在很多时候很难完全反映顾客本身的意见。

另外，顾客作为评价主体在很大程度上可以避免评比活动的不公正性，因为评比活动的评委或是我们所说的第三方通常是少数几个人，从理论上可能受经验的局限性、环境因素的制约等条件导致判断失误或评定不公，实际上这种现象在现实生活中很常见。但顾客评价则会从自己真正使用这种产品的角度进行，基本上不会出现这种情况。因为要想收买所有的消费者而改变测试结果是不太现实的，除非企业改进其产品或服务，实施顾客完全满意战略。

而评价的主体自然会根据自身的实际购买经历做出反应，所以即使对同样的产品，顾客也有可能因为自身喜好、消费水平等原因而有不同的满意度，最主要的还是企业根据客户的感受提供个性化产品或服务。

2) 评价是改进和提高的动力

顾客的满意度评价不是随随便便进行的，而是企业出于自身的长远利益考虑主动提出的对产品或服务看法的评价。通过这种方法，企业可以准确掌握顾客需求并提供相应的产品或服务。顾客满意了才能有利于企业的持续发展，使企业最终获得持续增长的利润。

在实践中，顾客满意度评价是企业实施顾客完全满意战略的重要环节，企业往往以极高的热情主动开展调查评价。而过多过滥的以获取名誉为目的的各类评比、排名、达标往往使企业不堪忍受，以至于频频遭到抵制或变相抵制。

3) 评价即时

通常情况下，企业进行的顾客满意度调查都是有针对性的，评价结果反映的是当时的实际情况，不存在时间上的滞后性，而且企业会根据现时的顾客意见进行相应的产品或服务改进。换句话说，满意度调查反映的是某一时期顾客对于产品和服务的态度。

# 本 章 小 结

　　"与客户接近"已成为取得商业成功的法宝。客户服务具有几方面的要素，其中之一就是具有一个能对客户订单反应迅速的和理解客户需求的物流系统。物流客户服务是指物流企业为促进其产品或服务的销售，发生在客户与物流企业之间的相互活动，包括订单处理、技术培训、服务咨询、处理客户投诉等内容。从物流客户服务的过程看，物流客户服务还包括交易前要素，如制定和宣传客户服务政策，完善客户服务组织。物流客户服务是企业对客户的承诺，是企业战略的组成部分，必须引起高层管理人员的重视，将客户服务的观念和思想贯穿和渗透到整个物流营销活动的始终，使它的各项活动制度化。

　　物流的产品是物流服务，它是一种增值产品，是增加客户所获得的空间、时间效用及产品形状性质转变的效用，物流服务就是提供这些产品的附加价值的重要活动，良好的客户服务会提高价值、提高客户满意度。客户满意度可以用客户重复购买次数及重复购买率、产品或服务的种类、客户购买挑选的时间、客户对价格的敏感程度、客户对竞争产品或服务的态度、客户对产品或服务的承受能力等标准来衡量。

　　客户满意度是现代企业必备的经营理念和工作目标，也是物流客户关系管理实施效果的检验。物流客户满意度可以采用定期定量检测，抽样调查和问卷调查法是目前经常使用的方法。企业分析获得调查结果，确定顾客满意度结构，采取相应的对策，力求企业在激烈的市场竞争中取胜。

# 自 测 题

1. 简述物流客户服务的基本观念。
2. 物流客户服务的层次有哪些？
3. 供应力如何通过物流绩效指标进行衡量？
4. 物流的增值服务有哪些？
5. 简述物流企业客户服务的特点。
6. 简述产品或服务质量差距模型。
7. 影响客户满意的因素有哪些？
8. 测量客户满意度的重要性有哪些？如何测量客户满意度？
9. 请你自己设计一个满意度调查的问卷。

# 案 例 分 析

　　某海陆空专业物流运输大型货运代理企业，因其服务的特殊性，决定了在日常业务操作中会有客户投诉，如何处理好客户投诉并将投诉转为营销活动，自然也就成为大家共同关注的话题。

**1. 日常业务中可能产生的操作失误**

(1) 业务人员操作失误。计费重量确认有误,货物包装破损;单据制作不合格;报关报验出现失误;运输时间延误;结关单据未及时返回;舱位无法得到保障;运输过程中货物丢失或损坏等情况。

(2) 销售人员操作失误。结算价格与报价格有差别;与承诺的服务不符:对货物运输过程监控不利;与客户沟通不够,有意欺骗客户等。

(3) 供方操作失误。运输过程中货物丢失或损坏:送(提)货时不能按客户要求操作;承运工具未按预定时间起飞(航)等。

(4) 代理操作失误。对收货方的服务达不到对方要求,使收货方向发货方投诉而影响公司与发货方的合作关系等。

(5) 客户自身失误。客户方的业务员自身操作失误,但为免予处罚而转嫁给货代公司;客户方的业务员有自己的物流渠道,由于上司的压力或指定货而被迫合作,因此在合作中有意刁难等。

(6) 不可抗力因素。天气、战争、事故等造成的延误、损失等。

以上情况都会导致客户对公司的投诉,公司对客户投诉处理的不同结果,会使公司与客户的业务关系发生变化。

**2. 对不同的失误,客户有不同的反应**

(1) 偶然并较小的失误,客户会抱怨。失误给客户造成的损失较小,但公司处理妥当,使多年的客户关系得以稳定。

(2) 连续的或较大的失误会遭到客户投诉。客户抱怨客服人员处理不当,而此时,客户又接到他的客户的投诉,会转而投诉货代等。

(3) 连续投诉无果,使得客户沉默。由于工作失误,客户损失较大,几次沟通也无结果。如果出现这种情况,通常会出现两种结果,一种是客户寻求新的合作伙伴;另一种则是客户没有其他的选择,只能继续与我们合作。所有这些可以归纳为四步:客户抱怨、客户投诉、客户沉默、客户丢失。其实这些情况在刚出现时,只要妥善处理是完全可以避免的。因为当客户对你进行投诉时,就已经说明他还是想继续与你合作,只有当他对你失望,选择沉默时,才会终止双方的合作。

**问题**

1. 如何看待企业的客户投诉?

2. 从海陆空专业物流运输大型货运代理企业的日常业务操作失误的内容中,我们看到了物流企业客户服务的哪些特点?

(资料来源: https://wenku.baidu.com/view/ac898a186bd97f192279e981.html)

# 阅 读 资 料

国外企业客户关系管理的启示

具体内容见右侧二维码。

第六章阅读资料.docx

# 第七章 现代物流客户服务管理体系

【学习目标】通过本章的学习，使学生明确物流客户服务质量管理标准和绩效评价指标，理解物流客户服务战略规划的制定，掌握物流客户服务管理工具的运用及提高物流客户服务效率的方法。

【关键概念】物流客户服务质量管理(Logistics Customer Service Quality Management) 物流客户服务绩效评估(Logistics Customer Service Performance Evaluation) 物流客户服务战略规划(Logistics Customer Service Strategic Planning)

【引导案例】

## 德尔菲公司的现代物流客户服务

总部设在美国阿拉斯加的德尔菲公司，生产深海鱼油和各种保健品。虽然它在产品设计和开发方面始终保持优势，但德尔菲公司由于其复杂、昂贵和无效率的物流系统而面临着利润下降。德尔菲公司发现对过多的承运人和过多的系统正在失去管理控制。为了重新获得控制，德尔菲公司不得不重新组织其物流作业。德尔菲公司新的物流结构的实施是以其将全部物流作业都转移到联邦速递的一家分支机构，商业物流公司是其开端。商业物流公司的任务是重新构造、改善和管理在德尔菲公司供应链上的货物和信息流动的每一个方面。

在重新组织之前，公司有六个大型仓库，八家最重要的承运人和12个相互独立的管理系统。其结果是从顾客订货到顾客交货之间存在漫长的时间、巨大的存货，以及太多的缺货。如果一位顾客向德国一家仓库寻求一种销售很快的商品，他会被告知该商品已经脱销，新的供应品要等几个月才能运到。与此同时，该商品却在威尔士的一家仓库中积压着。平均计算，所有的生产线中16%的产品在零售店脱销。

德尔菲公司认识到它需要重新分析其现有设施的地点位置。其建议是，除一家外，关闭所有在美国的仓库，它们将从仅为当地顾客服务转变为向全球顾客服务。单一的地点位于靠近美国的制造工厂现场，成为一个世界性的"处理中心"，充当着德尔菲公司产品的物流交换所。虽然这种单一的中心概念有可能要花费较高的运输成本，但是德尔菲公司认为，这种代价将会由增加的效率来补偿。在过去，意想不到的需求问题导致更高的存货，以弥补不确定性和维持顾客服务。

德尔菲公司知道，单一的服务地点与若干小型的服务地点相比，会有更多可以预料的流动，现在随机的需求会在整个市场领域内普遍分享，使得某个领域的需求水平提高就会降低另一个领域的需求水平。

运输成本通过存货的周转率得到弥补。事实上，德尔菲公司发现，由于减少了交叉装运的总量，单一中心系统实际降低了运输成本。从美国仓库立即装运到零售店，虽然从订货到送达的前置时间大致相同，但是产品只需一次装运，而不是在许多不同的地点进行装运和搬运。德尔菲公司得到的认识已超出了仅仅降低成本的范围。该公司正在瞄准机会增加服务和灵活性，它计划在24～48小时之内，向世界上位于任何地点的商店进行再供货。

先进的系统和通信将被用于监督和控制世界范围的存货。联邦速递的全球化承运人网络将确保货物及时抵达目的地。德尔菲公司还在计划发动一项邮购业务，其特色是在 48 小时内将货物递送到世界上任何地点的最终顾客的家门口。它当前的 1000 万美元的邮购业务已经变得越来越强大，但是直到如今，该公司还必须限制其发展，因为它难以跟上不断扩大的订货。新的优越的地点网络将会使这种发展成为可能并有利可图。

(资料来源: https://wenku.baidu.com/view/095a3bd3240c844769eaee45.html)

# 第一节　物流客户服务质量管理标准与绩效评估

对物流企业来说，构筑完善的物流服务质量管理体系，保证物流服务全过程的高质量，提供让客户满意的服务是取得竞争优势的保障。企业发现问题、找出差距和提高物流服务的效率对企业的生存有着重要意义。

## 一、物流客户服务质量管理

布拉德利·T. 盖尔(Bradley T. Gale)定义道："简单地说，价值就是质量，但是定义质量的却是顾客，并且由他们来判断价格是否合适。"质量对服务来讲，如同它对有形产品一样，具有生命的意义。在某种程度上讲，服务质量的意义更广泛，其原因有四点：一是服务质量的内涵与评价标准因服务产品不同而表现出极大的差异性；二是对服务质量进行认可的不仅是产品的制造者、社会质量监察部门，更重要的是产品的消费者；三是对同一服务产品的质量认识并不完全相同；四是消费者对服务质量的评价不仅要考虑服务的结果，而且要注重服务过程的质量。因此，服务质量的构成要素、形成过程、考核依据和评价标准均有别于有形产品。

### (一)物流客户服务质量的含义

自 20 世纪 60 年代以来，许多学者对服务质量的定义进行了大量的探索。每一种定义都有其优点和不足。在此，我们引进国际标准化组织 ISO 对质量的定义：质量是反映产品或服务满足客户需求或隐含需求能力的特征和特性的总和。依照上述定义，服务质量则是产品生产的服务或服务业满足规定或潜在需求(或需要)的特征和特性的总和。特性用来区分不同类别的产品或服务，特征则用来区分同类服务中不同的规格、档次和品位。

物流客户服务作为一种无形的特殊产品，其服务过程是一个有顾客直接参与的过程，正是这种顾客的参与性，正确认识物流客户服务质量的过程是在识别物流客户服务质量的基础上认可物流客户服务质量的过程。物流客户服务质量的内涵包括以下几方面内容。

(1) 物流客户服务质量是顾客感知的对象。

(2) 物流客户服务质量是在服务提供和交易过程中的每一个环节表现出来的。

(3) 物流客户服务质量既要有客观方法加以规定和衡量，还要按照顾客主观的认知加以衡量和检验。

(4) 物流客户服务质量的提高需要内部形成有效管理和支持系统。

从以上内容不难看出，物流客户服务产品与有形产品在其质量内涵上是有差异的，主要表现在以下几方面。

(1) 顾客评价物流客户服务质量时的主观标准(预期服务质量)更多一些,评价难度更大。

(2) 顾客对物流客户服务质量的认知主要取决于他们预期与实际所感受到的服务水平的对比。

(3) 顾客对物流客户服务质量的评价不仅看服务的结果,更注重服务的过程。

显而易见,顾客对物流客户服务质量的评价高低取决于他们预期与实际感知的服务质量的差距的大小。

预期服务质量即顾客对物流客户服务企业所提供服务预期的满意度。感知物流客户服务质量则是顾客对物流客户服务企业所提供的服务实际感知的水平。如果顾客对服务实际感知水平符合或高于其预期水平,则顾客会获得较高的满意度,从而认为企业具有较高的服务质量;反之,则会认为企业的服务质量较低。

顾客先入为主的预期服务质量标准直接影响到顾客对整体服务的认知。如果预期质量过高,不切实际,即使从客观上说他们所接受的服务水平很高,他们仍然会认为企业的服务质量较低。

## (二)物流客户服务质量的构成要素

服务质量是由技术质量、职能质量、形象质量和真实瞬间构成,它是顾客感知质量与预期质量的差距的具体表现。

### 1. 技术质量

技术质量是指物流客户服务过程的产出,也就是顾客从服务过程中所得到的东西。技术质量在物流客户服务质量评价指标中是最容易感知和评价的。一般来说,技术质量都有比较客观的标准,容易被顾客所感知和评价,因为它是物流客户服务交易的核心内容,并且具有一定的可感知性。

### 2. 职能质量

职能质量是指物流客户服务推广过程中顾客所感受到的服务人员在履行职责时的行为、态度、着装和仪表等给顾客带来的利益和享受。这种利益和享受很难有一个非常客观的评价标准来说明是否满足了消费者需求。那种先入为主而存在于消费者头脑中的主观标准,往往起着决定性作用。同样的服务,由于服务对象不同,获得的服务质量评价会有很大差异。这样的例子在我们生活中是屡见不鲜的。即使是从在同一时间、同一地点享受同样服务的不同对象所获得的服务质量评价也不完全相同。这是因为服务过程的质量不仅与服务时间、地点、服务人员的仪态仪表、服务态度、服务方法、服务程序、服务行为方式有关,而且与顾客的个性特点、态度、知识和行为方式等因素有关。人们难以对它进行客观而公正的评价,职能质量完全取决于顾客的主观感受。

### 3. 形象质量

形象质量是指物流客户服务企业在社会公众心目中形成的总体印象。企业形象是通过视觉识别系统、理念识别系统和行为识别系统多层次体现的。顾客可以从企业的资源利用、组织结构、市场运作和企业行为方式等多个侧面来认识企业形象,最后形成一个思维定式。

到一个信誉非常好的企业去享受服务，人们很少担心服务质量问题，而更多地关注如何去享受企业所提供的服务。

一个优良的物流客户服务企业形象，是一笔巨大的无形资产。企业形象好比是"过滤器"，通过它，人们看到的技术质量，特别是职能质量将大不相同。良好的形象是一把"保护伞"，即使是物流客户服务过程中出现瑕疵，也会被良好的总体形象所掩盖。如果同样的问题频繁出现，则"保护伞"的作用将会逐渐丧失，企业形象也随之恶化，一个不好的形象会使顾客"横挑鼻子竖挑眼""鸡蛋里面挑骨头"。当然，那些为顾客所不能容忍的失误是绝对不能出现的，哪怕是非常微不足道的小事情，也会使企业在消费者心目中的美好形象发生逆转。因为物流客户服务质量出现了问题，在很多情况下是完全无法补救的。

### 4．真实瞬间

真实瞬间是指在特定的时间和特定的地点，物流客户服务供应者抓住机会向客户展示其服务质量的过程。它是一种真正的机遇，一旦时机已逝，服务过程就结束了，企业也就无法改变顾客对企业提供的服务的感知水平，在这个过程中出现的服务质量问题是无法补救的。因为时间和地点是特定的，所以这个时机并不是在任何时间和任何地点都可能出现的，时机是有限的。

由于物流客户服务产品的不可存储性和服务过程的不可重复性，要求物流企业在提供服务产品的过程中应计划周密、执行有序，防止棘手的"真实瞬间"出现。

因此，物流企业的服务质量应从小事抓起，抓好物流客户服务过程中的每一个细小环节，给消费者留下一个美好印象，使他们高兴而来，获得高质量的服务，满意而归。

### (三)物流客户服务质量管理体系

国际标准化组织 1991 年颁布的[GB/T 19004.2-1994(idt ISO 9004-2：1991)]《质量管理和质量体系要素——第二部分：服务指南》，在其质量体系原则中，将服务质量体系的关键方面用一个"三角四圈"图来表示，如图 7-1 所示。该图表示出顾客是服务质量体系的关键点，只有当管理职责、人员和物质资源以及质量体系结构三者之间相互配合协调时，才能保证顾客满意。这个图是服务质量体系中最重要、内容最丰富、意义最深刻的一个框图，人们称之为"服务金三角"，其核心就是顾客。

物流服务作为服务业与生产制造业的最大区别在于物流客户服务直接与顾客接触，其提供的服务过程与顾客的消费过程是在同一时间和同一空间里进行的，而制造业的生产过程，顾客不直接参与，顾客见到和接受的是企业生产出来并经过检验的产品。因此，制造企业一般只考虑企业内部员工的劳动管理、机器设备的维护和改造、生产工序的严格控制、产品和半成品的层层检验等提高产品质量的各项措施。而在物流服务业，顾客不仅直接接触到服务人员，还直接接触到服务设施和设备，也会直接接触到服务的环境气氛；与此同时，顾客也在营造或影响服务的环境气氛。所以物流服务行业不容置疑地应将顾客作为其核心和焦点，必须时时处处考虑顾客的存在与要求。服务的目的就是"满足顾客的需求"。

"服务金三角"的三个顶端圆表示了服务质量体系的三个关键方面——管理职责、人员和物质资源、质量体系结构。管理者的首要职责是制定物流服务企业的质量方针和目标，以便全体员工理解和掌握，进而充分调动全体员工的积极性。管理者还要建立一个完善的质量体系，实施对所有环节的物流服务质量的控制、监督、评价与改进。人员和物质资源都是企业的资源，没有良好的人力资源和物质资源，企业就不能提供优质的服务。当然，如果企业没有建立一个有效的质量体系，再好的人员和物质也不能得到合理的配置，也难以发挥作用。这三个关键方面必须最大限度地面向顾客——"服务金三角"的核心与焦点。

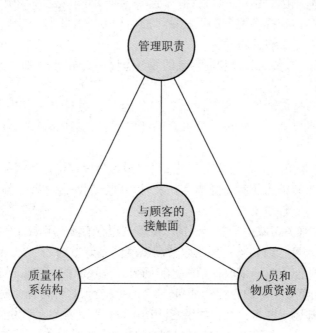

图 7-1 服务金三角

## 二、服务质量的评估标准

下面介绍服务质量评价的准则及标准。

### (一)质量评价的准则

我们对服务质量的评价有以下两种基本方式。

(1) 由鉴定、批准、注册、认证或认可机构给出的质量评价，这种质量评价是："对实体具备的满足规定要求能力的程度所做的有系统的检查。"(见 ISO/DIS 10014《全面质量管理经济效果指南》)由于质量要求是对需求的具体表述，所以这种质量评价的目的是落实在满足需求上的。

(2) 由顾客给出的质量评价，它存在于顾客的主观感觉中，反映在市场的变化中，标准只有一个——是否满足顾客的需求。

可见，两种质量评价的准则只有一个——满足顾客需求。

作为企业家，既要关心第一种质量评价，更要关心第二种质量评价。关心第一种质量评价的目的在于确定产品和品牌乃至企业的知名度和美誉度，从而提高产品的市场占有率。

显然，如何提高顾客的满意度，对于一个企业来说，是一个很重要的问题。顾客的满意度纯粹是一个顾客的主观感觉的问题，顾客的需求满足与否只能由顾客的主观感觉——满意度来确定，组织无法进行精确的预测。

### (二)服务质量评价的一般标准

根据服务质量的四个基本构成要素，并考虑服务管理的自身特点，我们认为一项优质服务至少应满足以下标准。

(1) 规范化和技能化。服务提供者具有一定的专业知识和技能，并达到了一定的行业或国家通用的等级标准。在提供服务的过程中，能运用专业知识和技能规范作业，解决各种疑难问题，为消费者提供满意的服务。

(2) 态度与行为。服务人员以和蔼可亲的服务态度、文明规范的行为举止为每一位消费者提供规范的服务。

(3) 可亲近程度与灵活性。服务时间、服务地点、服务人员和服务系统的安排与设计，充分考虑顾客的特点，并能够依据顾客的要求进行灵活的调整，以使顾客获得最满意的服务。

(4) 可靠性和忠诚度。全心全意为人民服务，最大限度地满足顾客的利益需求是企业的宗旨，企业及其员工有能力履行企业承诺，及时为顾客解决各种疑难问题，让顾客在享受服务的过程中感受到舒心和放心。

(5) 自我修复。服务对象是千差万别的，服务过程也有不同程度上的差异，差错和意外是客观存在的。及时可行地补救是提高服务满意度的有效方法之一。无论发生什么情况，服务供应者有能力并能有效地采取行动，控制局势，寻找新的切实可行的补救措施。

(6) 名誉和可信度。良好的企业业绩和较高的品牌价值，可为企业创造良好的声誉。业绩属于企业，价值却属于顾客。企业的经营活动可以信赖，顾客的投资物有所值。

在以上六个标准中，规范化和技能化与服务的技术质量有关，可发挥过滤器的作用。而其余四项标准——态度和行为、可亲近程度和灵活性、可靠性和忠诚度、自我修复，显然都与过程有关，代表了职能质量。

这六个优质服务标准是在大量实践和理论研究的基础上提炼出来的，对我们物流客户服务过程管理具有一定的实用价值和指导意义。

## 三、物流客户服务质量评估的一般办法

服务质量评估一般采取评分量化的方式进行，基本程序如下。

(1) 依据物流客户服务的特点，确定服务质量的评价标准。

(2) 根据每条标准的重要程度确定其权数。

(3) 针对每条标准设计相关的具体问题。

(4) 问卷制作。

(5) 发放问卷进行市场调查，请顾客逐条评分。

(6) 问卷结果统计。

(7) 依据消费者期望值模型对统计结果进行数据分析，获得评价结果。消费者期望值模型的数学表达式为

$$服务质量=预期服务质量-感知服务质量$$

值得注意的是，根据消费者期望模型所获得的服务质量，反映的是感知的服务质量距离预期的服务质量的差距。差距值越大，表明服务质量越差；差距值越小，服务质量越好。

为了能够从顾客满意的角度测量服务质量，根据顾客评价服务质量的五项基本属性，可以给出评价服务质量的指标体系，如表 7-1 所示。

表 7-1　服务质量评价指标体系及评分标准

| 指标名称 | 顾客评分(1～10 分) | 指标的权重 |
| --- | --- | --- |
| 1．有形要素指标 | | |
| 服务机构设备的先进程度 | | 10% |
| 服务机构员工姿态与仪表 | | 10% |
| 服务机构的设备与服务水平的匹配程度 | | 10% |
| 2．可靠性指标 | | |
| 服务机构履行承诺的程度 | | 8% |
| 服务机构对顾客需求满足的态度 | | 7% |
| 按照服务标准提供服务的程度 | | 5% |
| 3．对顾客要求的反应速度 | | 10% |
| 4．服务保证 | | |
| 服务机构员工的可信赖程度 | | 10% |
| 员工具备回答顾客问题的能力 | | 8% |
| 员工乐意帮助顾客的主动性 | | 7% |
| 5．感情交流性 | | |
| 员工对顾客个性化需求的关注程度 | | 5% |
| 服务机构营业时间方便所有顾客的程度 | | 5% |
| 员工了解顾客具体需求的能力 | | 5% |

服务质量评价指标体系是一个参考性框架，具体使用中可以根据实际工作需要进行调整，如指标数量的多少和具体含义、指标的权数分配及评分标准等。使用中由顾客给服务机构打分，完全满意的项目给予最高分数 10 分，完全不满意的项目给予 0 分，在完全满意和完全不满意之间则根据程度给予 2～9 分。将每项指标得分与对应的权数相乘，然后求和即得到顾客对服务机构服务质量的评价，满分为 100 分。值得指出的是，表 7-1 给出的评价指标体系是在 Servqual 质量评价问卷的基础上设计的。Servqual 质量评价问卷是由帕拉休拉曼(A.Parasuraman)等人发明的一种评价服务质量的工具，Servqual 问卷调查表由两部分内容组成：一部分是调查顾客对某一类服务的期望，另一部分是调查顾客对具体服务企业的实际感受。两部分所调查的项目基本相同，各有 22 项指标。实际的评价过程要求顾客按照服务期望和服务感受进行两次打分，评分采用 7 分制，7 分表示完全同意，1 分表示完全不同意，2～5 分表示同意的不同程度。表 7-1 对评价指标和评价过程进行了简化，将评价指标缩减为 13 项，增加了各个评价指标的权重，并将两次评价改为一次评价，使之更符合国内服务管理的需要。笔者认为，无论是顾客提出对服务质量的期望，还是根据自己的实际感受对服务质量进行评价打分，客观上都包含比较判断的因素，尤其是对服务质量的评价打分，本身就是将服务期望与实际感受进行比较后给出的判断，因此只进行一次评价是可行的。

## 四、物流客户服务的绩效评价相关指标

客户服务与客户满意常常容易混淆，其实客户满意是指客户对产品和服务可感知的效果，它是对产品和服务全方位的评价。客户服务的质量直接影响着客户满意的程度。客户服务的目标是要求完美的。研究表明，如果有一个客户对你的产品和服务产生抱怨，就会失去19个潜在的客户。如果对客户的抱怨处理得当，可以提高客户的忠诚度。对于物流企业来说，客户服务是从接受订单开始到将商品送到客户手中的整个过程，而不只是其中一个环节。

现代物流管理的实质就是以客户满意为基础，向物流需求方即客户有效而迅速地提供产品或服务。由此在企业经营战略中首先应确立客户服务的目标，使服务实现差别化战略。

客户服务是发生在买方、卖方及第三方之间的一个过程，这个过程容易使产品或服务实现增值。这种增值意味着双方都得到价值的增加。从过程管理的观点来看，物流的客户服务是通过节省成本费用为供应链提供重要的附加价值的过程。

物流客户服务绩效可以从三个角度进行评价，即客户服务绩效属性角度、三类服务要素角度、常用绩效指标角度。

### 1. 客户服务绩效属性

客户服务绩效最基本的三个属性是：服务可得性、服务作业绩效和服务可靠性。

大量研究对这三个属性的相对重要性进行了调查，得到的普遍结论是：对组织的服务绩效而言，这三个属性都非常重要。当然对于某个特定的服务而言，其重要程度或多或少取决于组织的具体经营情况。

1) 服务可得性

服务可得性是当客户有需求时企业所拥有的库存能力。它是通过各种方式来实现的，最普通的做法是按预期的客户订货进行存货储备，于是仓库的库容、选址、库存策略便成了基本问题之一。高水准地实现存货可得性是经过大量精心策划实现的，其关键是对首选客户或核心客户实现高水准的存货可得性，同时将库存和仓储设施维持在最低限度。下述三个绩效指标可以衡量一个厂商满足特定顾客对存货需求的能力。

(1) 缺货频率。

缺货频率是指缺货发生的概率，该方法用于表示一种产品可否按需要装运交付给客户。

当需求超过可得性时就会发生缺货，缺货频率就是衡量需求超过可得性的概率。将全部产品所发生的缺货次数汇总起来，就可以反映一个企业实现其服务承诺的状况。缺货频率是衡量存货可得性的起点。

(2) 供应比率。

供应比率衡量缺货的程度或影响大小，一种产品的缺货并不意味着顾客的需求得不到满足，在判断缺货是否影响服务绩效之前，先要搞清楚客户的真实需求。例如：一位客户订货100个单位，库存只有80个单位，那么订货供应比率为80%。如果这100个单位的订货都是客户急需的，那么80%的供应比率导致缺货，使客户产生严重不满。如果100个单位的订货并不是客户急需的，是为了填充库存的，那么80%的供应比率可以使客户满意，客户会接受另外20%商品的延期供货或重新订货。

(3) 订货完成率。

订货完成率是衡量供应商拥有客户所预订的全部存货时间的指标，这是一种最严格的衡量。假定其他方面的完成是零缺陷，则订货完成率就为客户享受完美订货率的服务提供了潜在的时间。

2) 服务作业绩效

服务作业绩效可通过速度、一致性、灵活性、故障与恢复等方面来进行具体衡量。

(1) 速度。

完成订发货周期速度是指从一开始订货到货物装运实际抵达时止这段时间，但由于物流系统的设计完成周期所需的时间有很大不同，即使在当今高水平的通信和运输技术条件下，订发货周期短至几个小时，长达几个星期。一般供应商的配送是建立在客户各种期望的基础之上来完成周期性作业的。如果客户有要求，供应商可以通过通宵作业及高度可靠的运输，在几小时之内就完成客户所要求的客户服务。但是并不是所有的客户都需要或希望最大限度地加速，因为这种加速会导致增加物流成本及提高价格。因此，可以通过比较完成周期时间与客户存货投资之间的关系来确定发货周期速度。

(2) 一致性。

一致性是指供应商在众多的订货中按时配送的能力，也就是说，必须随时按照对客户的配送承诺加以履行的处理能力。一致性问题是物流作业最基本的问题。

(3) 灵活性。

作业灵活性是指处理异常的客户服务需求的能力。在始料不及的环境下如何妥善处理问题直接关系到物流企业的竞争能力。很多情况下，物流优势的精华就存在于灵活的能力之中。一般来说，供应商的整体物流能力，取决于在适应满足关键客户的需求时所拥有的"随机应变"的能力。

(4) 故障与恢复。

不管供应商作业多么完美，故障总会发生，而在发生故障的作业条件下继续实现服务需求往往变得十分困难。为此，供应商要有能力预测服务过程中可能发生的故障或服务中断并做好相应的准备，使物流过程保持完整性和连续性。

3) 服务可靠性

物流活动中最基本的质量问题是如何实现已计划的存货的可得性及作业完成能力。供应商有无提供精确信息的能力是衡量其客户服务能力最重要的一个方面。客户都不希望意外事件发生，如果他能够事先得到信息的话，就能够对缺货或延迟配送等意外情况做出调整。对于物流经理来说，最关心的是如何尽可能少发生故障，顺利地完成作业目标，而顺利地完成作业目标的重要措施是从故障中吸取教训，改善作业系统，以防发生故障。

## 2. 三类服务要素

物流客户服务活动可分为三类：交易前的服务、交易中的服务和交易后的服务。图7-2从上述服务活动的角度出发，为每个类型的服务列举了一些基本的衡量客户服务水平的绩效指标(其中列举的指标涉及了服务绩效的三个属性。例如，属于服务可得性的缺货频率指标，属于服务可靠性的缺货通知、准时送货率等)。公司必须基于客户对服务要素重要性的看法，从诸多服务指标中选择合适的指标，并制定服务战略。某些服务要素，如库存满足率、满足发货日期、订单状况、订单跟踪和迟延订货情况等，需要公司和客户之间进行良好的沟通，在公司与客户达成一致后再制定相应的服务水平。

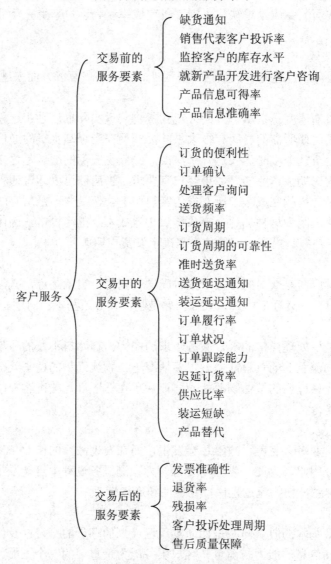

图 7-2　客户服务绩效的衡量指标举例

### 3. 常用绩效指标

对于一家真正致力于优秀的物流运作的企业来说，基本的物流活动绩效是必要的，但不是充分的。今天，许多企业开始关注衡量自己满足客户要求的能力的其他方法。因此，那些不仅仅追求测量基本客户服务的企业需要一套额外的测量标准，完美订单、绝对绩效和客户满意度这三个指标也是企业经常采用的测量方法。其中，与前面提到的物流活动绩效指标不同，完美订单和客户满意度两个指标是企业对物流活动的整体绩效的评价。

### 1) 完美订单

完美订单就是指订单得到了完美的履行，在整个订单完成周期内，每一步作业都严格按照对顾客的承诺执行，毫无差错，可以作为企业零缺陷物流承诺的指标，如表 7-2 所示。

这种服务绩效是可能实现的，但其代价又是昂贵的，因此，很少厂商会向所有顾客承担这种义务，把零缺陷绩效作为其基本的服务绩效。

表 7-2 完美订单的各个方面

| 正确的订单输入 | 及时到达 |
| --- | --- |
| 正确编排 EDI 和交易代码的格式 | 发货过程不损坏货物 |
| 产品可得性 | 正确的发票 |
| 实现交付的装船日期 | 精确的过高索价 |
| 准确的订单分拣 | 没有客户折扣 |
| 完整准确的文书工作 | 付款过程没有错误 |

(资料来源：Donald J.Bowersox. 21$^{st}$ Century Logistics：Making Supply Chain Integration a Reality. Lombard：Council of Logistics Management，1999)

交付完美订单是对物流运作的质量进行最终测量的方法。完美订单评估的是企业总体物流绩效的有效性，而不是单个职能的有效性。它衡量一个订单流是否能完美无瑕地通过各个阶段——订单输入、信用结算、库存可用性、准确分拣、准时交付、正确开出发票以及不折不扣地付款，即快速无误、无异常处理或人为干预地管理订单流。从测量的角度来说，完美订单绩效是一段时期内，履行完美订单的数量与该段时期内履行订单的总体数量之比，即

$$完美订单履行率 = \frac{评价期内完美订单履行数}{评价期内总订单履行数} \times 100\%$$

2) 绝对绩效

大多数基本服务和质量测量，甚至完美订单测量都是对一定时期内的许多订单进行汇总来测量。另外一种测量方式是尽可能实时地追踪绝对绩效，即衡量指标用实际数目表示绩效而不是比率绩效，如绝对订单延误数。这种绝对方法更好地反映了公司的物流绩效对客户的实际影响。例如，一些管理者认为 99.5%的准时交货代表了最佳绩效。但是，正如一个大型配送公司的管理者所说："对我们来说，99.5%的准时交货意味着在某一天超过 5000个客户收到了延迟的订单。由于对如此多的客户造成这样的影响，我们不可能感觉很好。"这家公司以及许多其他试图获得最大市场影响的公司一样，它们既监控成功和失败的绝对数目，也监控那些通常使用的比率绩效和百分比标准。

3) 客户满意度

客户满意度是判断一个企业能否很好地满足客户期望和需求的最终裁判。所有企业内部的与基本服务、完美订单，或者绝对绩效有关的统计数据，都可以作为测量客户满意度的内部指标，但是要对满意度量化就需要监控、测量并收集来自客户的信息。通常满意度测量都要求仔细调查客户期望、需求以及客户对与物流运作所有方面相关的企业绩效的理解。例如，典型的调查会对客户期望和客户对企业绩效的印象进行测量，这些绩效包括可得性、订单周期、信息有效性、订单准确性、问题的解决方案和物流质量的其他方面。除了收集客户对特定的物流活动的评价之外，收集客户满意度的整体印象的信息也是十分有用的。此外，为了了解客户对竞争对手的绩效的感觉，可能还会设计一些额外的问题。只

有通过收集来自客户的信息，才能评估实际的客户满意度。更进一步说，只能从客户的角度去评估那些为提升客户成功而付出的努力。

知识拓展 7-1 的内容见右侧二维码。

Support 推智能客服呼叫中心
平台 Nexus　效率提升 50%.docx

# 第二节　物流客户服务战略的规划

客户服务是物流客户关系管理的重要内容，良好的客户服务是发展和保持客户忠诚和持久的关键，也是物流企业得以发展壮大的重要因素，而制定合理的客户服务战略是取得良好客户服务的首要条件。本节将分析不同类型的客户服务战略、影响客户服务战略制定的各种因素以及如何制定物流客户服务战略。

## 一、物流客户服务战略的概念

目前在企业管理领域，甚至在城市管理和国家管理领域出现频率最高的词可能就是"战略"。"没有战略就无法形成有效合力，没有战略就无法与外部有效对接"，战略对于企业发展至关重要。

战略这个概念是从军事理论中借来的，最早要追溯到 2400 多年前春秋时期军事家孙武的《孙子兵法》，他在这本书中虽未明确提出战略一词，但泛称的"谋""计""画""策""筹""韬""略""运筹""方略""将略""韬略"等，都被后人认为是战略概念的原型。

进入 20 世纪中期以后，在企业管理领域，甚至在城市管理和国家管理领域，对战略一词的使用开始盛行起来。企业管理和公共管理的实践者和理论家也给战略下了各种各样的定义。例如，德鲁(Drew)将战略定义为："一个组织的战略是由这样一些决策共同构成，它们是确定或反映了组织目标的决策、规定组织从事业务或服务范围的决策、确定组织将要成为何种经济或人力组织的决策、关于组织将要为其股东、雇员、顾客和社会所做的经济或非经济贡献的决策。"(The Concept of Corporate Strategy. Irwin，1980)纳特(Nate)和巴可夫(Bakvo)的战略定义："战略为组织找出方向，战略为组织提供途径，战略是计划、计谋、模式、定位、观念等多种用途的混合。"

由此看来，战略的本义是对战争全局的谋划和指导，用于企业管理中，指企业为了适应未来环境的变化，寻求长期生存和稳定发展而制定的总体性和长远性的谋划。

根据战略和客户服务的概念，物流客户服务战略是指物流企业为了寻求持久竞争优势，获得对最终客户价值最大化，以为客户提供竞争优势、增加供应链利益的手段，通过分析企业内外环境而制定的总体性和长远性的谋划。分析这一概念包括下面三层含义。

(1) 从目的上讲，物流客户服务战略是为了维护企业长期的竞争优势，以维持企业可持续发展。

(2) 从手段上讲，物流客户服务战略主要通过为客户提供更好的服务，降低客户经营成本来获得客户长期持久的合作。

(3) 从性质上讲，物流客户服务战略具有全局性、重要性和长期性，关系到企业的生死存亡。

《孙子兵法》中讲"知己知彼，百战不殆"，物流客户服务战略分析就是指根据客户的特征和物流企业内部条件，充分考虑客户服务活动的外部环境，确定客户服务目标，了解客户服务所处的环境和相对的竞争地位，选择适合企业的客户服务战略类型。它包括以下三个方面内容。

① 客户服务目标分析：通过分析确定企业客户服务目标。

② 内部条件分析：通过分析了解企业自身优势和劣势。

③ 外部环境分析：通过分析了解企业的机遇和挑战以及相对的竞争地位。

所以要进行物流客户服务战略分析，制定战略规划，首先应进行环境分析。

## 二、物流客户服务的环境分析

现代企业的生产经营活动日益受到外部环境和内部环境的作用和影响。企业要进行战略管理，首先必须全面、客观地分析和掌握内外部环境的变化，以此为出发点来制定企业的战略目标以及战略目标实现的具体步骤。

物流客户服务的环境是指物流企业服务客户的内外部环境，既包括企业内部环境，也包括企业外部环境，客户服务战略目标的制定及战略选择不仅要知彼，即客观的分析企业外部环境；而且要知己，即对企业自身的内部条件和能力加以正确的估计。

### (一)外部环境分析

企业与其外部客观的经营条件、经济组织以及其他外部经营因素之间处于一个相互作用、相互联系、不断变化的动态过程之中。这些影响企业的成败，而非企业所能全部控制的外部因素就形成了企业的外部环境。

物流服务企业外部环境可以从两个层次上进行分析：宏观环境分析、行业环境分析。

#### 1. 宏观环境分析

(1) 政治法律环境，是指一个国家或地区制约、影响企业的经营行为的相关的政治制度、体制、方针政策、法律法规等方面，具有直接性和不可逆转性。

(2) 经济环境，是指构成企业生存和发展的社会经济状况和国家经济政策。社会经济状况包括经济要素的性质、水平、结构、变动趋势等多方面的内容，涉及国家、社会、市场及自然等多个领域。国家经济政策是国家履行经济管理职能，调控国家宏观经济水平和结构，实施国家经济发展战略的指导方针，对企业经济环境有着重要影响。企业的经济环境主要由社会经济结构、经济发展水平、经济体制和宏观经济政策四个要素构成。

(3) 社会文化环境，包括一个国家或地区的社会性质、人们共享的价值观、人口状况、受教育程度、风俗习惯、宗教信仰等各个方面。从影响企业战略制定的角度来看，社会文化环境可分解为文化和人口两个方面。人口因素对企业战略的制定有重大影响。例如，人口总数直接影响着客户总规模，人口的地理分布影响着客户的分布。文化环境对企业的影响是间接的、潜在的和持久的，文化的基本要素包括哲学、宗教、语言与文字、文学艺术等，它们共同构筑成文化系统，对企业文化有着重大影响。

(4) 企业的科技环境，指的是企业所处的社会环境中的科技要素及与该要素直接相关的各种社会现象的集合。粗略地划分企业的科技环境，大体包括四个基本要素：社会科技水平、社会科技力量、国家科技体制、国家科技政策和科技立法。密切关注与本企业的产品有关的科学技术的现有水平、发展趋势及发展速度，重视新的硬件技术，如新材料、新工艺、新设备的应用对企业发展至关重要。

### 2. 行业环境分析

行业环境分析是从物流行业的角度来分析客户服务环境，其主要内容有以下方面。

(1) 行业的经济特性分析。一个行业的经济特性和竞争环境以及变化趋势往往决定该行业未来的利润前景：低下、一般还是出众。由于组成行业的公司产品有着众多相同的属性，以至于企业会为争取同样的客户而展开激烈的竞争。物流业在中国有着广阔的市场前景，分析其经济特性一般要考虑以下因素：市场规模、市场范围、市场需求增长速度、行业在成长周期中目前所处的阶段、竞争者和客户的数量与结构、供应链的情况、分销渠道种类、产品技术变化的速度、产品服务的差异性、市场壁垒情况、产业盈利水平。

(2) 行业的竞争结构分析。哈佛商学院的迈克尔·波特(Michael E. Porter)教授将行业中的竞争力划分为五种：竞争厂商之间的竞争、潜在进入者的威胁、来自替代品的威胁、供应商的权利和购买者的权利。

① 竞争厂商之间的竞争。厂商之间的竞争是五种竞争中最强大的。有的行业竞争的核心是价格，有的行业竞争的核心在于产品或服务的特色。一般而言，行业中的竞争厂商都采取在自己的产品上增加新的特色以提高对客户的吸引力，物流行业作为一种服务行业和"第三利润源"，能为客户设计出更好的物流方案，尽可能节约成本，就会取得价格竞争的优势。

厂商之间的竞争是一个动态的、不断变化的过程。各企业之间对客户服务的重视程度会随着时间不同而发生变化。

影响竞争加剧的情况有：当各企业看到更好地满足客户需求的机会时，竞争企业的数量增加时，服务的需求增长缓慢时，行业环境迫使企业降价或使用其他竞争策略来增加服务时。

评估竞争的激烈程度，关键是准确判断企业间的竞争会给盈利带来多大的压力。如果竞争行动降低了行业的利润水平，那么可以认为竞争是激烈的；如果绝大多数企业的利润都到了可以接受的水平，竞争为一般程度；如果行业中绝大多数企业都可以获得超过平均水平的投资回报，则竞争是比较弱的，具有一定的吸引力。

② 潜在进入者的威胁。这是指新的市场进入者对企业产生的威胁。对于特定的市场而言，新进入者所面临的竞争威胁来自进入市场壁垒和现有企业对其做出的反应。进入市场的壁垒有以下几种：规模经济、产品或服务的关键技术和专业技能、品牌偏好和客户忠诚度、资源要求、与规模经济无关的成本劣势、分销渠道、政府政策、关税及国际贸易方面的限制。进入市场的壁垒的高低取决于潜在进入者所拥有的资源和能力。

除了进入壁垒外，潜在进入者所面临的威胁还有现有企业的水平和反应。检验潜在的市场进入是不是一个强大的竞争力量的最好方法要看行业的成长和利润前景是否有足够的吸引力来吸引额外的市场进入者。如果答案是肯定的，那么拥有足够资源和技能的潜在进入者对现有企业就产生了威胁，迫使其采取相应的措施来抵御新进入者。

物流企业在我国面临潜在进入者的威胁除国内企业外，更大的来自国外物流企业，由于技术和管理的差异，我国物流企业将面临严峻挑战。

③ 来自替代品的威胁。产品或服务的替代性越强，企业所面临的竞争压力就越大。来自替代品的竞争压力强度取决于三个方面：替代品的价格高低，如果价格越低，竞争压力越大；替代品的质量和性能高低，如果质量和性能越高，压力越大；客户的转换成本高低，如果成本越低，竞争压力就越大。

④ 供应商的权利。供应商是一种弱势竞争力量还是一种强势竞争力量取决于其所在的行业的市场条件和所提供产品的重要性。

如果供应商提供的是一种标准产品，可以通过开放市场由大量具有巨大生产能力的供应商提供，或者客户的供应转换成本较低，供应商的地位就处于劣势；如果供应商的供应对象是大客户或者提供的产品和服务占客户所需的比重很大，从而可以通过大客户提供更合理的价格、卓越的质量对提高客户的竞争力和对客户的生产起着至关重要的作用，供应商就会取得很大的市场权力。

一旦供应商拥有足够的谈判权，在定价、所供应的产品的质量和性能或者交货的可靠度上有很大的优势时，供应商就是一种强大的竞争力量。

⑤ 购买者的权利。如果购买者能够在价格、质量、服务或其他的销售条款上拥有一定的谈判优势，那么就会成为一种强大的竞争力。购买者在下列情况下可获得一定的谈判优势：购买者的数量较小、购买者掌握的供应商的信息较多、购买者向后整合到供应商业务领域的威胁较大。

此外，还可以从行业发展影响因素、行业特征、行业吸引力、行业细分、行业变革驱动因素、行业成功关键因素、行业机会威胁分析、行业生命周期分析、行业内战略集团分析、客户压力、供应者压力、竞争对手调查、替代品、现有企业的竞争等方面根据企业经营的需要选择适当的方法分析，为制定企业战略和正确定位提供科学依据。

### (二)内部环境分析

所谓企业的内部环境，是指企业能够加以控制的内部因素。一般来说，企业的内部环境包括：财务状况、营销能力、研发能力、组织结构、企业曾经用过的战略目标等，以及建立在这些内部环境基础上的企业核心能力(核心竞争力)。目的不同，分析内部环境的侧重点也不同。下面在主要介绍企业内部要素分析的基础上简单介绍一些常用的分析方法。

#### 1. 企业内部要素分析

企业内部条件是由若干要素构成的，如果把企业看作一个投入产出系统，其内部条件可由三大要素组成：一是需要投入资源要素，二是需要将这些要素合理组织、使用的管理要素，三是资源要素与管理要素相互结合而产生的能力要素。这三大要素又由若干因素组成：资源要素包括人财物力资源、技术资源、市场资源、环境资源等；管理要素包括计划、组织、控制、人事、激励和企业文化等；能力要素包括供应能力、生产能力、营销能力、科研开发能力等。

(1) 资源要素。具体包括以下几项：①人力资源：企业总人数、人员结构。②财务资源：资产总值、资产负债率、流动、固定比率。③物力资源：厂房、设备、基础设施。④技术资源：专利、诀窍、情报、科研、技术装备。⑤市场资源：销售渠道、用户关系、商誉、商标。⑥环境资源：公用设施、地理位置与气候。

(2) 管理要素。具体包括以下几项：①供应能力：供应组织与人员、资金来源与利率、与供应者的关系、资金利润率。②生产能力：生产规模、生产的灵活性、工艺和流程、劳动生产率、库存、成本、质量。③营销能力：市场定位的准确性、营销组合的有效性、营销组织与人员、销售费用、市场占有率。④科研开发能力：组织与人员开发经费与设施、已有开发成果。

(3) 能力要素。具体包括以下几项：①计划：决策系统、信息渠道、计划程序的科学性、宗旨与目标。②组织：组织结构、组织协调、集权与分权。③控制：控制标准、控制制度。④人事与激励：人事程序和政策、考核晋升奖惩制度、职工士气、参与程度。⑤企业文化：企业价值观、经营哲学、企业精神、职业道德、企业风貌。

对企业资源要素进行分析，从本质上说，是要在竞争市场上为企业寻求一个能够充分利用自身资源的合适的位置。因此，企业战略的制定必须建立在全面认识企业资源条件的基础上。

为了充分地利用企业的资源，使其经营活动更加有效、合理，管理要素作为一种手段是不可缺少的。它通过计划和组织将资源和活动有机地结合起来；通过控制监视资源的使用情况，通过人事与激励充分发挥人的主观能动性；企业文化使全体职工达成共识，树立企业精神，形成一个团结协调的整体。

能力要素虽然不是基础性的条件要素，但却是企业不可缺少的功能性要素，也可以说是比两个基础性要素更高层次的要素。企业对外部环境的应变性、竞争性均是这些能力要素的综合体现。企业是靠这些要素求生存、求发展的，企业内部条件要素的分析最终落脚点就是能力的分析。但这种分析必须考虑到基础性要素与功能性要素之间的关系。

### 2. 其他分析

内部环境分析除企业内部要素分析之外，还包括企业的经营条件分析、企业资源竞争价值分析、比较分析、企业经营力分析、企业能力分析、企业潜力挖掘能力分析、企业素质分析、企业业绩分析、企业资源分析等其他分析方法，本文不再赘述，这些方法并不是孤立的，所分析的内容是交叉的，在使用过程中需要进行有机结合。

### (三)企业内外环境综合分析

在对企业的内外环境进行分析之后，我们有必要把二者结合起来进行综合分析，即企业应该如何利用自身的优势去利用环境的机会，去规避环境的威胁；同时，尽量避免由于自身的弱点所带来的不利因素。

SWOT 分析法比较常用，是把企业内外环境所形成的优势(Strengths)、劣势(Weaknesses)、机会(Opportunities)、风险(Threats)四个方面的情况结合起来进行分析，以寻找制定适应本企业实际情况的经营战略和策略的方法。SWOT 分析法的主要目的在于对企业的综合情况进行客观公正的评价，以识别各种优势、劣势、机会和威胁因素，有利于开拓思路，正确地制定企业战略。

通过对企业内外环境分析，搞清楚客户关系管理是如何同公司整体业务战略融合在一起的。首先需要确认公司对项目的期望和业务目标，同时要考虑现有业务环境以及公司的战略优先层次。需要回答的问题包括：公司的市场是在发展，是保持稳定，还是在下降；公司目前最紧迫的问题是什么(如降低成本比提高市场份额更重要吗)；争取客户、发展客户、挽留客户和为客户服务的成本哪个相对更重要一些；与客户交流和服务的过程中，哪些渠道最重要；如何平衡"以产品为中心"和"以客户为中心"；公司认为它们最有价值的客户是哪些，为什么？在找到这些答案的基础上，企业才能制定出适合本企业的服务战略。

## 三、物流客户服务战略的类型

每个企业需要根据自己的目标、资源、环境和在目标市场中的地位，以满足不同客户需求为中心，制定不同的发展战略。

### (一)从总体上划分

从总体上战略可划分为以下几种。

(1) 紧缩战略：企业在原有经营领域处于不利地位，又无法改变境遇，选择从原领域收缩或退出，收回和聚集资源另寻出路。

(2) 稳固战略：企业在原有经营领域处于有利地位，在企业内外条件没有重大变化时，巩固现有市场，维持现状。

(3) 竞争战略：企业与对手展开竞争，争夺市场份额，集中企业资源投入主导产品、主要市场上，直至具有相对稳定的市场占有率。

(4) 扩展战略：企业在现有经营领域占领优势，且企业内外部提供了良好的条件和机会，可以积极扩大经营规模或进行多元化、一体化拓展。

企业可以根据自身特点选择其中一种或者多种战略的组合，也可在不同发展阶段进行战略转换或进阶。

### (二)从企业战略定位的角度划分

从企业战略定位的角度可分为以下几种战略。

(1) 成本领先战略：以向客户提供标准化物流服务为基本定位，包括物流服务品种的相对稳定性，物流客户服务水平的认同性和服务水平的简洁规范。

(2) 差异化战略：以为不同的客户提供差异性服务为基本定位，包括服务品种、服务手段、服务水平的不断创新以及为满足客户的特殊需求而向客户提供量身定制的物流服务。

(3) 集中化战略：以为特定的客户提供专门的物流服务或为特定的货种提供特殊的物流服务为基本定位。

## 四、物流客户服务战略的制定

对企业而言，不同的时期和发展阶段，其目标是不同的，因此采取的客户服务战略模式也是不同的，不管哪一种客户服务战略，都应该包括四个要素：客户选择、价值获取、战略控制、业务范围。这四个要素是互相关联的，在不同的发展阶段，企业的侧重点也是不一样的。

在制定客户服务战略时，首先要了解客户需求，对客户细分，对不同类型的客户确定相应的客户服务水平，如订货周期、运输方式、运输特殊要求、库存水平等；同时根据企业自身的服务能力和市场变化不断地调整策略。

### (一)确定客户服务的理念

客户服务的理念是指根据企业的能力和经营状况将为客户提供什么样的服务。客户服务的理念包括服务的使命和业务界定。客户服务业务界定的内容包括以下几个方面。

(1) 企业所提供的服务是什么。

(2) 客户需要满足的需求是什么。

(3) 企业的客户目标是什么。

(4) 客户为什么选择本企业提供服务。

(5) 企业采取什么样的方式来满足客户的需求。

(6) 本企业与竞争对手的区别是什么。

### (二)分析客户需求

对于企业而言，制定客户服务战略的前提是要确定客户需要什么样的服务以及哪些服务是客户最关注的；既要分析现实客户需求，也要分析潜在客户需求。然后根据企业可以提供的服务水平和客户对于价格、运输方式等接受程度制定客户服务战略。

### (三)分析物流企业客户服务竞争者的情况

竞争对手的客户服务水平和能力基本上可以反映出一个区域的物流市场客户服务的需求和供应的水准。所以对竞争对手的客户服务情况进行调查分析，有助于企业采取适当的客户服务战略，分析竞争对手的客户服务情况可从收集其相关的信息入手，分析其价格、业务量、营销手段等方面的情况，从而对该物流市场的客服需求和供应状况做出评估，以此评估结果作为本企业客户服务战略实施的参考。

### (四)针对内外部环境分析企业优势和劣势

前面我们介绍过 SWOT 分析方法，对于物流企业而言，应该主要考虑如下因素。

(1) 潜在的内部优势，比如企业在物流人才、物流成本、物流技术、物流设备、物流规模、物流策略和服务形象等方面的优势所在。

(2) 潜在的内部劣势，比如没有明确的物流政策、过时的物流设备、缺乏物流统一管理或较专业的物流人才、物流总成本明显高于主要竞争者等。

(3) 潜在的外部机会，比如企业将进入新的细分市场、企业将扩大产品系列以满足消费者的潜在需求、企业将进入相关领域进行多元化经营、竞争企业的裹足不前等。

(4) 潜在的外部威胁，比如成本较低的国外物流服务商的介入、主要竞争对手物流成本的大幅度下降、整个市场的不景气、买方需求和兴趣的改变等。

### (五)分析企业的核心竞争力

企业的核心竞争力(Core Competiti Veness)是企业长期形成、蕴含于企业内质中、独具的支撑企业可持续性竞争优势，并使企业长时间在竞争环境中能取得主动的核心能力。核心竞争力的要素包括：核心技术能力、核心生产能力、战略决策能力、营销能力、组织协调能力以及企业文化和价值观等。

与一般企业优势相比，核心竞争力具有五种内在特点。

(1) 核心竞争力是一种独特的、高人一筹的、具有特色的竞争优势。它有一种持久的作用力和特有性质，不可能轻易被竞争者模仿。

(2) 核心竞争力的培育来自企业经营活动的长期积累，是一个长期的过程。

(3) 核心竞争力是企业多种能力和资源的整合。

(4) 核心竞争力的建立取决于企业创新能力和全员广泛参与。

(5) 核心竞争力具有长期价值，但要继续发展相应的机制保障和精心培养。

核心竞争力的外在特征表现在以下三个方面。

(1) 具备充分的客户价值：能为客户带来长期的关键性利益，在客户愿意支付的价格的同时能为企业本身带来长期的竞争主动权和较高的超过同行的利润率。

(2) 独创性：为企业独有，不容易被竞争者模仿。

(3) 延展性：拥有强大的核心竞争力，意味着企业在参与依赖核心竞争力的相关产品和服务市场上拥有选择权，可以支持企业向更有生命力的多领域延伸和扩展，其延伸性保证了企业多元化发展战略的成功。

此外，分析企业核心竞争力要考虑企业整体战略，把握未来市场需求。

### (六)确定适合企业客户服务的基本战略并选择适合企业的战略

在选择客户服务战略时还要考虑以下几方面因素。

(1) 物流客户服务政策：物流客户服务政策是在对客户需求调查的基础上制定的，具有明确的服务标准和实施程序，通过声明或沟通，使客户对企业能提供的服务有明确的理解。

(2) 相应的组织结构：能保证客户服务政策顺利实施，职责明确、行政高效，能以最低的成本使物流系统提供最优的服务。

(3) 系统的灵活性：所选择的客户服务战略在实施中应对市场的变化具有一定灵活性，适时地做出调整，即在制定战略时要留有余地。

(4) 增值服务：能根据客户的需求提供个性化服务，是提高企业竞争力的重要手段。根据物流环节可以有多种表现形式，如帮助客户提高库存管理水平的培训活动、确定更节约的适合运输方式的包装形式。

(5) 运送货物过程中的各种服务：主要有缺货评价标准、订货信息反馈能力、订货周期、加急处理、货物周转、系统准确性、订货便利性。

(6) 客户要求提供的后续服务的各种要素：运输的质量保证、服务的跟踪、客户的索赔、投诉和退货、服务的替代等。

### (七)评价企业客户服务业绩

企业客户服务业绩管理一般遵守以下原则：市场导向原则、客户满意准则、服务多样化准则、服务灵活性准则、服务一致性准则。客户服务业绩评价受物流服务的可得性、作业完成水平和客户的满意度等要素影响，通过业绩评价，能确定未来改进的目标，不断地提升企业的服务水平。

### (八)根据评价后的业绩调整服务战略

通过对企业客户服务业绩评价，及时发现企业存在的问题，并根据问题调整服务战略，以适当的成本实现高质量的客户服务。

海尔客户服务战略.docx

知识拓展7-2的内容见右侧二维码。

## 第三节　物流客户服务管理工具

在企业行销中，建立与客户之间的关系相当重要，保住既有客户更是企业的目标。欲建立与客户的关系，做好客户导向、客户服务似乎是达到该企业目标的重要途径之一。客户的问题往往可能不是能够由客服人员独立解决的，在客户服务的过程中，要充分利用各种各样的管理工具。

## 一、CRM——客户关系管理

客户关系管理(CRM)源于关系营销，最先由 Gartner Group Inc. 公司提出，即通过持续不断地对企业经营理念、组织机构、业务过程的重组，来实现以客户为中心的自动化管理。自1997年开始，全球的CRM市场一直处于爆炸性的快速增长中。

在人类社会从"产品"导向时代转变为"客户"导向时代的今天，客户的选择决定着一个企业的命运，因此，客户已成为当今企业最重要的资源之一。CRM系统中对客户信息的整合和集中管理体现出将客户作为企业资源之一的管理思想。在很多行业中，完整的客户档案或数据库就是一个企业颇具价值的资产，通过对客户资料的深入分析并应用销售理论中的"80对20"规则将会显著改善企业营销业绩。

企业发展经历了从"以产品为中心""以销售为中心"到"以利润为中心"等几个阶段之后，如今已经发展到"以客户为中心"，并且更深入和更实质地进入了"以客户满意为中心"的商业模式。CRM的作用和主要功能如下。

### (一)客户信息管理

将整合记录企业各部门、每个人所接触的客户资料进行统一管理，这包括对客户类型的划分、客户基本信息、客户联系人信息、企业销售人员的跟踪记录、客户状态、合同信息等。

### (二)市场营销管理

制订市场推广计划，并对各种渠道(包括传统营销、电话营销、网上营销)接触的客户进行记录、分类和辨识，提供对潜在客户的管理，并对各种市场活动的成效进行评价。CRM

营销管理最重要的是实现"one to one"营销(一对一营销)，从"宏营销"转变为"微营销"。

### (三)销售管理

销售管理包括对销售人员电话销售、现场推销、销售佣金等的管理，支持现场销售人员的移动通信设备或掌上电脑设备接入。进一步扩展的功能还包括帮助企业建立网上商店、支持网上结算管理及与物流软件系统的接口。

### (四)服务管理与客户关怀

服务管理与客户关怀包括产品安装档案、服务请求、服务内容、服务网点、服务收费等管理，详细地记录服务全程进行情况。支持现场服务与自助服务，辅助支持实现客户关怀。

CRM 可以集成呼叫中心技术，以快速响应客户需求。CRM 系统中还要应用数据库和数据挖掘技术进行数据收集、分类和数据分析，以实现营销智能。

## 二、呼叫中心

呼叫中心是为了客户服务、市场营销、技术支持和其他的特定商业活动而接收和发出呼叫的一个实体。呼叫中心也就是利用电话，结合与自动呼叫分配系统(ACD)相连的中心数据库而进行商业活动的场所。

企业之间的竞争大致经历了三个阶段：首先是产品本身的竞争，这是由于早期一些先进的技术过多地掌握在少数企业手里，可以依靠比别人高出一截的质量，赢得市场；但随着科技的飞速发展，新技术的普遍采用和越来越频繁的人才流动，企业间产品的含金量已相差无几，客户买谁的都一样，这就进入了价格的竞争，靠低价打败对手；现在已经进入了第三阶段，就是服务的竞争，靠优质的售前、售中和售后服务吸引和保持住客户，最终取得优势。而呼叫中心正是企业提升服务的有力武器。它可以提高企业的服务质量，让客户满意，使得用户数和营业收入不断增加，并形成良性循环；同时降低成本，通过呼叫中心建设可增加企业直销，减少中间周转环节，降低库存；还可以有效地改善内部管理体制，减少层次，优化平面式服务结构，提高工作效率；除此以外，通过呼叫中心能够宣传并改善企业形象，扩大企业影响。

当然，如果只是把呼叫中心当成客户投诉、索赔、抱怨的中心，那实在是有点大材小用了。其实呼叫中心最具生命力的还是呼出(Outbound)。通过呼出主动地为客户提供服务，向客户宣传、推荐和销售产品才是它的用武之地。通过这种主动的呼出，最终将为企业换回无可估量的利润。比如一个空调厂商给客户打来电话，询问家中的空调状况如何，并告诉客户在夏季使用前最好先清洗一下。客户的第一反应不是要真的去检查空调，而是决定今后如果没有特别因素，所有的电器都要购买这个品牌的。道理很简单，在质量、价格相同的情况下，别的厂商没有打来电话。

近年来，国内许多企业已经陆续开始筹建呼叫中心，呼叫中心对于企业开发新客户、维系老客户、推广新业务、产品销售等方面起到了非常重要的作用。

**知识拓展 7-3** 的内容见右侧二维码。

"点赞"与"差评"时代
的呼叫中心.docx

## 三、社交网站

当今的商务环境包含一种博弈经济。一方面，客户的获取更富挑战性；另一方面，客户们也越发喜欢在网络上分享信息。这些趋势给联络中心的发展创造了一个好机会：通过整合 Web 2.0 技术与其他通信技术，利用社交网站(SNS)低成本地改善客户的服务。独立市场分析机构 Datamonitor 预计，诸如 Twitter 之类的网站将根深蒂固地融入联络中心的客户服务以及客户关系管理(Customer Relationship Management，CRM)战略中，而 Google 的搜索功能则被用来挖掘各相关网站的信息。

现在客户可以通过多种渠道与客户服务代表联系，所以呼叫中心已被重命名为"联络中心"。中心传统的语音渠道已经被 E-mail、SMS、互动式语音应答(IVR)以及即时信息(IM)等取代。在当今经济环境下，企业更加注重客户的维系以及费用的节省，而这些新的沟通渠道不仅提供了更便捷的沟通模式，而且也降低了通信成本。

通过采用越来越多新的沟通方式与客户联系，企业竭尽全力了解客户的需求来改善产品和服务。他们采用知识管理工具进行客户分析来理解相关趋势。一种常见的沟通渠道是 Web 2.0——采用博客、SNS、论坛以及搜索引擎等多种方式来分享信息。

Twitter 的功能介于在线论坛和即时信息工具之间，允许注册用户发送短信息，而这些信息将会被订阅了该页面的其他用户看到。这项服务已经频繁地在新闻中出现；因为它经常被名人使用，更重要的是，被领先的零售品牌使用——提供客户支持以及解答用户问题。较早使用 Twitter 并从中受益的企业有美国银行、Comcast、JetBlue、Zappos 以及其他媒体或者科技公司。

纽卡斯尔市议会是第一个使用 Twitter 来报道选举结果的地方官方机构。早在 2009 年 2 月 2 日英国暴雪期间，该议会就通过 Twitter 发布了封校信息。另外一个例子来自美国银行，其客户可以利用 Twitter 发送附有私人号码的信息，而美国银行方面则会回拨电话进而解答客户的问题。

由于 Twitter 对于文本信息字符数有限制——不超过 140 个，一方面这保证了发送以及反应速度，进而节省了时间、提高了效率；另一方面，Twitter 还为客户创造了一个共享信息的社区，在这里客户可以通过自助的方式获得所需信息。而互联网时刻在线以及不受地域限制的特性与 Twitter 的开放性实现了完美结合，使得客户之间也可以顺畅交流，并且当厂商不在线时可以互相帮忙解答问题。

消费者正在以更加便捷的方式在博客以及论坛上分享关于产品的信息或者体验。好处是很明显的——与写信或者寻找确切的电话号码相比，SNS 网站更快而且容易使用。而联络中心经理需要想一些创新的方式以利用来自 Twitter 以及 Google 搜索到的信息，从而更确切地了解客户的需求、发现存在的问题、跟踪竞争对手的情况。

客户体验分析机构例如 ClickFox、SAS 以及 SPSS 需要找到使用 SNS 网站信息的方式，以帮助企业理解并分析来自客户的数据。知识管理厂商应该遵循 Fuze 以及 Salesforce.com 的模式整合各种工具并使用客户信息。有数据监控公司(Datamonitor)预计，诸如 Twitter 之类的网站将会在联络中心的客户服务以及 CRM 策略中扎根，而企业要做的便是学会利用这种沟通渠道以更好地获得客户的相关信息。

**资料链接：史丹利杯冰棍球赛转播故障凸显 Twitter 优势**

2009 年 4 月底，一场史丹利杯冰棍球赛直播突然中断，许多 Comcast 用户不是拨打电话查询原因，而是纷纷登录到微博客 Twitter 上，通过 Twitter 他们知道原因是亚特兰大的一场雷雨导致电力中断，并且转播不久将恢复正常。来自匹兹堡的 31 岁 Web 开发者戴夫·德克尔(Dave Decker)表示："比赛转播一停止，我就在 Twitter 上进行了搜索，几分钟内就知道了原因，如果通过电话方式去查询原因，那无疑是一场噩梦。"

这个事件证明社交媒体已经成为现代客户服务中的一个重要工具。众多巨头企业已经通过 Twitter、Facebook 和 YouTube 等社交媒体工具与客户进行直接交流，其中包括 Comcast、百事可乐和 JetBlue Airways 等。

(资料来源：http://www.ok393.cn/html/2014/xingyexinwen_0530/2805.html)

# 第四节　提高物流客户服务效率的方法

我国物流企业还处于向现代物流转型时期，在客户关系方面，虽然企业积累了一定的客户信息，但由于缺乏先进的科学技术手段对这些信息进行有效管理与分析等原因，会最终导致最初制定的服务内容和水平与客户期望存在偏差。另外，在客户服务管理中存在许多企业难以控制的因素，这些都有可能降低物流客户服务的效率，降低了物流企业对客户的服务水平。以下几个方法可以切实有效地提高物流客户服务效率。

## 一、正确认识顾客期望

好的客户服务必定是以客户需求为首要出发点。物流体系中各影响方，从各自的利益角度出发，对物流相关的期望如图 7-3 所示。

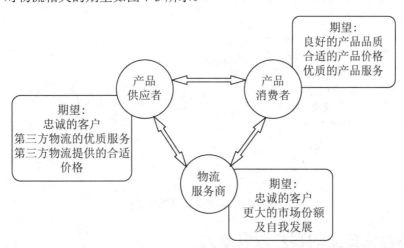

图 7-3　物流服务各方期望

从图 7-3 中可以看出，产品供应者的期望是忠诚的客户，以及第三方物流的优质服务和合适的价格；产品消费者的期望是良好的产品品质、合适的产品价格、优质的产品服务，尤其是在产品服务中，产品可得性和运输及时性、准确性等服务质量对其期望影响相当大；物流服务商的期望是忠诚的客户、更大的市场份额及自我发展。

## 二、了解客户需求并制定差异化服务策略

首先，企业需要取得准确的物流客户信息。物流客户信息的指标有市场占有率、投诉抱怨率、市场覆盖率、内部职能协调与响应流程时间、企业对客户的响应时间、价格适度性、环境与产品、客户关系管理等。其次，企业应分析客户物流需求，划分客户群，了解客户需求的多样性，提升客户需求，了解竞争对手的水平，调查客户的潜在需求，制定差异化服务策略。

## 三、建立 CRM 绩效模型

CRM 是指通过采用信息技术，使企业市场营销、销售管理、客户关怀、服务和支持等经营环节的信息有序地、充分地、及时地在企业内部和客户之间流动，实现客户资源的有效利用。客户管理专家曾对企业的营销进行研究，发现使用改善客户关系以增加客户满意度的营销方法，比通过折扣和利润回吐的营销手段增加了 15%的购买率和 30%的客户增长率，整体利润增长更是惊人地达到了 82%。美国学者史塔克(Stank)在实证研究中发现，客户满意度和关系绩效之间的相关程度大于运营绩效与价格的相关程度，并发现运营绩效和价格水平还受到关系绩效的影响，从而形成以关系绩效为主导的影响客户满意度，进而由客户满意度影响客户忠诚度的理论模型，如图 7-4 所示。其中，关系绩效包括物流企业对客户需求的熟悉程度、合作中对客户的帮助和关心程度、能否为客户提供基于绩效长期共同提高的良好建议三个主要内容。关系绩效使物流企业运营活动能够更加有针对性地进行，从而降低服务成本，提供合理和有竞争力的价格。市场共享是形成相互信任和联盟伙伴关系并保持这种关系长期发展的基础。这个模型有力地说明了客户关系对物流服务价值产生的重要影响。

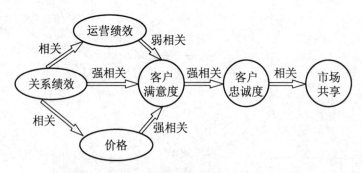

图 7-4　客户关系绩效模型

## 四、提高物流企业的客户盈利潜力

任何客户都存在盈利的可能，因此都应当纳入物流企业关注的范畴。物流企业在决定客户服务内容时，应根据客户的经营规模、类型和对本企业的贡献度分别采取支援型、维持改善型和专注服务型策略。

### (一)保护盈利客户并采取支援型策略

盈利客户是物流企业生存与发展的关键，因此应与其中的优质客户，建立长期、稳定的战略联盟；加强对盈利客户的保护，使他们免受竞争对手的攻击。对战略合作者实施积极的支援型策略，提供全程和配套的服务，根据合作者的要求来改变或重组服务流程。这些措施虽然可能暂时增加成本，但如能提高这些客户的忠诚度，就会保证物流企业从这些客户身上获得源源不断的利润，从而为物流企业的生存和长期发展奠定了基础。

### (二)发展与不盈利但有贡献客户的关系并采取改善型策略

这些客户虽然从利润上看是负的，但仍对企业有贡献，可补偿一部分固定成本，减少企业的亏损；而且他们还存在着巨大的改善空间，通过适当的措施，可能使这些客户转化为盈利客户，为物流企业的利润做出贡献。

### (三)改变最不盈利客户的购买行为并采取专注型策略

对最不盈利客户，也必须慎重对待。这些客户往往是业务量庞大的超级客户，这些客户，尤其是其中知名的大客户，对企业的意义除了利润外，还有其品牌和影响力，便于企业作为"参考客户"或"榜样客户"去开拓新客户市场。如企业专注于这些客户的个性化需求，为他们量身定制专门的服务策略，则很可能通过多样化的增值服务来提高服务单价，从而使这些客户转变为盈利客户，为企业创造巨额利润。

## 五、引进优秀物流人才并加强员工素质培养

物流服务的最终完成者是一线员工。企业的服务理念、服务质量最终都是通过员工传递给顾客，所以，要把"客户第一"与"员工第一"摆在同等重要的位置。对员工进行素质培养、业务培训和企业精神熏陶，使他们胜任工作，并鼓励和激励员工开展一些创造性的服务。

# 本 章 小 结

对物流企业来说，构筑完善的物流服务质量管理体系，保证物流服务全过程的高质量，提供让客户满意的服务是取得竞争优势的保障。服务质量是由技术质量、职能质量、形象质量和真实瞬间构成，它是顾客感知服务质量与预期服务质量的差距的具体表现。对服务质量的评价有两种基本方式：对实体具备的满足规定要求能力的程度所做的有系统的检查以及由顾客给出的质量评价。两种质量评价的准则都是满足顾客需求。可根据评价服务质量的相应指标体系来对服务质量进行评价。

物流客户服务绩效可以从三个角度进行评价，即服务绩效属性角度、三类服务要素角度、最常用绩效指标角度。

物流客户服务战略是指物流企业为了寻求持久竞争优势，取得对最终客户价值最大化，以为客户提供竞争优势、增加供应链利益手段，通过分析企业内外部环境而制定的总体性

和长远性的谋划。

在客户服务的过程中，要充分利用各种各样的管理工具，例如客户关系管理、呼叫中心、社交网站或称联络中心等。CRM可以集成呼叫中心技术，以快速响应客户需求。CRM系统中还要应用数据库和数据挖掘技术进行数据收集、分类和数据分析，以实现营销智能。

企业可以通过正确认识顾客期望，了解客户需求并制定差异化服务策略，建立CRM绩效模型，提高物流企业的客户盈利潜力，引进优秀物流人才并加强员工素质培养几个方面入手，切实提高客户服务效率。

# 自 测 题

1. 物流客户服务质量的构成要素有哪些？
2. 物流客户服务质量评估的一般办法有哪些？
3. 物流客户服务绩效评价的相关指标有哪些？
4. 简述物流客户服务战略的概念及特点。
5. 如何进行物流客户服务的战略规划？
6. 物流客户服务管理的工具有哪些？

# 案 例 分 析

## 顺丰速运——客户服务永不止步

顺丰速运于1993年成立，总部设在深圳，是一家主要经营国内、国际快递及相关业务的服务性企业。全部采用自建、自营的方式建立自己的速递网络，自成立以来，每年都投入巨资完善由公司统一管理的自有服务网络：从蜗隅中山，到立足珠三角，到布局长三角；从华南先后扩展至华东、华中、华北；从内地延展到中国香港、中国台湾，直至国际。

长期以来，顺丰速运不断投入资金加强公司的基础建设，先后与IBM、ORACLE等国际知名企业合作，积极研发和引进具有高科技含量的信息技术与设备，建立了庞大的信息采集、市场开发、物流配送、快件收派等业务机构，建立服务客户的全国性网络，不断提升作业自动化水平、信息处理系统的科技含量实现了对快件流转全过程、全环节的信息监控、跟踪、查询及资源调度工作，促进了快递网络的不断优化，确保了服务质量的稳步提升，奠定了业内客户服务满意度的领先地位。

顺丰速运客户服务的具体措施包括以下几方面。

**(一)快捷的时效服务**

(1) 从客户预约下单到顺丰收派员上门取件，1小时内完成。

(2) 快件到达顺丰营业网点至收派员上门为客户派送，2小时内完成。

(3) 自己专机和400余条航线的强大航空资源以及庞大的地面运输网络保障各环节以最快速度发送。

(4) 中国电子商务研究中心(100EC.CN)监测数据显示，截至2013年，顺丰旗下已有31

架全货机(12 架自有 19 架租用)、6000 多个营业网点、150 余个一、二级中转场和 10000 多台营运车辆。

**(二)安全的运输服务**

(1) 自营的运输网络: 提供标准、高质量、安全的服务。

(2) 先进的信息监控系统: 巴枪和 GPRS 技术全程监控快件运输过程, 保证准时, 安全送达。

(3) 严格的质量管控体系: 设立四大类质量管理标准, 严格管控。

**(三)高效的便捷服务**

(1) 先进的呼叫中心: 采用综合信息服务系统, 客户可以通过呼叫中心快速实现人工下单、自助式下单、快件查询等功能。

(2) 方便快捷的网上自助服务: 客户可以随时登录顺丰网站享受自助下单和查询服务。

(3) 灵活的支付结算方式: 寄方付, 货到付款, 第三方支付。

另外, 顺丰速运还有高效的快递信息系统。

(1) 营运类业务管理系统。面向对象为营运本部用户, 通过此类系统可对顺丰全网的营运业务做出有效的调度配置和管理。其主要包括: ①资源调度系统(SCH), 主要完成快递物品在收取、中转、运输、派送环节的资源调度。②自动分拣系统(ASS), 主要根据快递物品根据所要寄送的目的地区位编码, 自动完成分类。③第二代手持终端系统(HHT), 主要完成收件订单信息的下发、个人订单管理工作、收派人员管理等工作。第二代手持终端系统利用先进的 2.5G 通信技术(GPRS), 管理全国 40000 余个同时在线的用户, 在业务高峰时段平均每分钟处理超过 3500 条的订单信息, 同时也为调度环节需要处理的快递物品件数及目的地提供了准确的信息。④路由系统(EXP), 主要完成快递物品的路由运算, 记录着快递物品在快递周期中的路由与实际路由, 从而可以进行快件状态追踪。

(2) 客服类业务管理系统。面向对象为客户服务部门及其全国呼叫中心, 通过与顾客的信息交流互动, 实现顺丰速运的快速及时服务。客服系统包括: ①呼叫中心, 共拥有 3000 余个席位, 引进先进的 CTI 综合信息服务系统, 客户可通过呼叫中心系统快速实现人工下单或自助下单、快件查询等服务。②下单系统, 能为客户提供信息管理、系统维护、订单取件等服务。③在线客服系统, 顺丰速运拥有专业的在线客服系统及服务团队, 帮助线上客户解决关于快件的咨询、查询、建议等需求。

(3) 管理报表类管理系统和综合类管理系统。此类管理系统涉及营运、客服、管理报表的三项业务类系统整合, 是对前三类管理系统的业务统一合并, 同时也是对前三类管理系统的有效补充。多个业务管理系统整合统一化、集中平台化管理是顺丰关注的发展重点。

顺丰速运勇于突破民族速运企业发展局限性的魄力, 与不断创新、精益求精的服务形式, 是顺丰速运得以持续稳健发展的原动力, 也是其短时间内在众多民营速运企业中脱颖而出的法宝。从租用飞机启动包机承运业务到收派员人手一部手持终端, 再到拥有自己的航空公司, 顺丰速运凭借着强硬的技术和设备的支撑, 不断完善其客户服务。不仅如此, 顺丰速运大胆创新, 不断吸纳精英, 为企业注入新鲜的血液, 新的服务形式层出不穷。秉承客户第一的价值观, 顺丰速运务实发展, 不断地为客户提供更优质的服务, 提高客户满意度的同时, 提高企业的品牌价值。

问题

1. 顺丰速运公司是如何将提高服务质量及提高客户满意度落到实处的?
2. 面对不断增加的客户需求,民营速运企业该如何拓宽服务领域?

(资料来源: http://www.doc88.com/p-4364839435095.html)

## 阅 读 资 料

上海友谊物流为客户提供的个性化物流服务

具体内容见右侧二维码。

第七章阅读资料.docx

# 第八章　现代物流客户服务中心的建设

【学习目标】通过本章的学习，使学生认识物流客户服务中心系统建设的重要意义，明确物流客户服务中心系统要素及客户服务中心的岗位职责与人员管理，掌握物流客户服务中心系统设计的基本原理与方法。

【关键概念】物流客户服务要素(Logistics Customer Service Elements)　物流客服中心系统(Logistics Customer Service Center System)　物流客服组织机构(Logistics Customer Service Organization)

【引导案例】

## 京东自营的物流配送服务

京东自营的配送速度可以以"211"来概括，即两个"11"：当天上午 11:00 之前下单的商品当天送达，当晚 11:00 之前下单的商品，第二天下午 3:00 之前送达。这是国内一二线城市的配送速度，而三四线城市及其下属城市，京东自营的商品也可以在 2～3 天内送达。对比其他的物流企业，这样的配送速度是其他物流企业所不具备的。

而要实现京东自营的配送速度，物流运输中的基础设施建设必不可少，京东在物流基础设施建设中的投入可谓良多。据悉，京东目前在全国共有 8 个物流转运中心，这些物流转运中心分别位于北京、上海、广州、沈阳、武汉、西安、成都、德州。如果从地图上看，京东的物流网络通过这 8 个物流转运中心建立起了一张能够覆盖全国的物流运输网络。京东所建立的这个物流运输网络，丝毫不比通过加盟模式所建立的物流运输网络配送范围小，而且京东所建立的物流网络运输速度更快，更大地提升了物流运输时效性，相比第三方物流网络而言，京东自营所建立的物流网络还更加安全，信息更加通畅。因为物流运输配送人员与交易平台的工作人员同属一个公司，查询物流信息也更方便，售后服务、责任划分也更明确。

此外，京东不仅在一二线城市做到了"211 限时送达"，在三四线城市，京东也力求做到这一点。因为随着国家网络基站的基础设施建设越来越成熟，三四线城市的消费潜在价值也逐步被挖掘出来。从 2016 年开始，京东就在三四线城市开始布局本地仓，通过全国的八个主要物流转运中心和三四线城市布局的本地仓与配送站，京东已能够基本满足三四线城市的"211 限时送达"的物流目标，极大地方便了三四线城市消费者的购物满足感。京东目前在其所开放本地仓的城市，运输速度由原来的"次日达"提升到现在的"当日达"。此外，为了应对快递员上门时无人签收的情况，京东的自营模式在很多城市建立了自提柜和自提点。快递员将包裹送到指定的自提柜或自提点，然后京东自营物流的后台系统会发送短信告知收件人取件短信，收件人凭取件码和取件人签字提取包裹。京东自营模式下设置的自提柜和自提点有效地减少了快递员由于无人收取而白白浪费的时间与路程，大大地提高了快递员派送的时效性。如此方便高效的物流服务，为京东的购物平台吸引了大批的网络购物的新用户，为京东网络购物平台成交额的提高做出了极大的贡献。由此看来，自营模式似乎更加契合电商购物所带来的物流企业发展狂潮。

(资料来源: https://max.book118.com/html/2018/0817/6113222122001212.shtm)

## 第一节　现代物流客户服务中心综述

物流客户服务中心是物流企业形象的第一线，能够带给客户第一也是最深的印象，因此，加强客户服务中心的管理，不但可以协助第一线员工提供完善的服务，更有助于企业达成策略性目标。

物流客户服务中心代表了一种先进的企业经营理念，它主张"以客户为中心"，为客户提供全面的服务，同时，客户服务中心还具有集中管理客户信息，提供业务统计和呼叫统计分析等功能。

在我国，建设物流客户服务中心的工作还处于起步阶段，如何建设好这个系统、如何对这些员工进行有效管理，是摆在物流客户服务中心管理者面前的一个难题。

## 一、物流客户服务中心系统建设的意义

完善的客户服务必须具有相应的软件和硬件作为支撑，建设物流客户服务中心系统对改变物流企业客户服务理念、组织机构设置、信息技术发展等具有重要的现实意义。

### (一)有助于建立以客户为中心的物流企业服务文化

美国佐治亚理工大学研究学者史蒂文(Steven)研究发现，为客户着想是决定物流企业与客户成功建立关系的最重要的因素，这与企业的经营哲学有关，是企业文化精神层次的体现。优质客户服务首先需要建立一种以客户需求为导向、以技术创新为支持，而又充满活力的企业文化。企业文化一方面对每个成员的思想和行为具有约束和规范作用，能将客户服务意识渗透到企业的每一个员工的头脑中，并由他们的具体行动体现出来；另一方面，则可以促使企业内部产生一种巨大的向心力和凝聚力，引发企业成员产生一种高昂情绪和进取精神。这种文化的建立，最先源于企业的高层管理人员。在他们的头脑中，客户的观念必须根深蒂固，对客户服务的内涵必须有深刻的认识：物流企业的客户服务不再仅仅是简单的运输、仓储、配送等实物流动的操作，也不仅仅是物流活动过程中的技术支持，而应该是包括与客户有关的全部工作，特别是在交易前后，服务的重要性已突出地表现出来。其次，使员工意识到客户是企业最重要的资源，员工的服务观念要由仅仅满足客户的请求逐步向主动服务过渡。

### (二)可加快推进物流客户服务的标准化和信息化

质量控制是决定物流企业客户服务水平的关键一环。从目前的物流服务状况看，标准化缺失、信息化滞后的问题成为质量控制的两大瓶颈，严重阻碍了客户服务的规范和效率。建设物流客户服务中心，可推进客户服务标准化、信息化的进程，提高物流企业自身的效率和物流服务的质量，协助客户随时控制或跟踪物流的节奏，提高客户对服务的满意程度。

### (三)物流客户服务中心的服务项目设计是开展客户服务管理的重要任务之一

就企业而言，如何为售前、售中、售后这三个阶段的客户服务项目设计出专责的职务与部门是开展客户服务管理的重要任务之一。就服务中心的设计而言，需要考虑到企业产品的特色及其所适用的不同服务形态，同时在设施的建设上也要符合产品与服务的性质。此外，对服务执行的流程，也应依据客户的需求设计出完整的方案，以确保服务品质的实现。

目前，物流企业在实际服务体系的设计上，大多已设立了物流客户服务部门，负责所有与客户相关的服务工作，或者在物流部门下设置专门服务单位处理相关的客户服务事宜；而物流客户服务中心或是各地物流服务处的建立，有助于物流客户服务的传递。

## 二、物流客户服务中心系统的特点

下面以恒讯达语音交换机在物流行业呼叫中心系统中的应用为例，说明物流客户服务中心系统的特点。

广东恒讯达通讯技术有限公司是专业从事开发和生产电信与网络设备及基础运营的高新技术企业，其研究开发的具有自主知识产权的 Call Center 核心设备——HXD 09 可编程交换机，获得国家专利局实用新型专利并取得电信设备入网证，公司被广州市科技局认定为高新技术企业。

广东恒讯达通讯技术有限公司在国内率先采用最先进的客户服务中心技术和自主研制的核心平台构建完整的计算机电信集成(CTI)系统体系，采用了具体业务和硬件分离的设计原则，并且提供了开发环境供企业自行开发新的业务，各企业可根据自己的需要在基本硬件平台资源的基础上开展多种多样的业务功能，如咨询、查询、受理等，系统具有以下几个方面的显著特点。

#### 1. 实现电话、传真、手机、Internet 等方式接入

通过模块化设计，提供电话、传真、因特网、电子邮件、手机、短消息、网络电话等多种通信方式接入和呼出；语音、文本等多种表达方式自由运用及切换；全天候 24 小时服务；无论以何种方式接入系统，都可以用统一的方式进行后台处理，全面体贴客户的需要，有效地扩大企业客户服务中心系统的服务范围。采用 Internet 技术，实现与客户之间的交互式文本交谈、IP 语音交谈，提供网页链接/传送功能。

#### 2. 三层客户机/服务器软件体系结构

在企业客户服务中心的软件平台设计中，恒讯达通讯公司采用基于 DNA 的三层客户机/服务器结构。它是目前业界把 Internet、客户机/服务器以及 PC 计算模式集成为一体的领先的网络分布式应用体系结构，满足对于用户界面、浏览、各种业务处理以及数据存储等现代分布式应用。开发环境为 C 语言、JAVA 语言等，并采用分布式组件对象模式(DCOM)开发中间件。

#### 3. 采用自主研制的呼叫智能分配和路由技术，合理分配座席呼叫话务量

系统自动判断呼叫来源及性质，并根据用户特征选择座席，以满足不同用户的不同需

求，提高服务效率。

### 4. 引入自动文本转语音(TTS)技术

在系统中运用了 TTS 技术，即文本到语音转换技术。TTS 技术可以自动将文本信息转换为语音文件，或者实时地将文本信息合成语音并通过电话发布。实现文本与语音自动双向转换，实现人与系统的自动交流，随时随地为客户服务。维护人员不必再进行人工录音，只需将电子文档引入系统中，系统可以自动将电子文档转换为语音信息播放给客户。数据库中存放的大量数据，无须事先进行录音，能够随时根据查询条件调出并自动合成语音进行播报，大大地减轻了座席人员的工作负担。

### 5. 先进灵活的系统结构

1) 支持多种语音接入方案

对于企业客户服务中心系统,选用性价比极高的 HXD 09 可编程智能语音交换机作为语音接入设备，保障系统的高可靠性和稳定性；同时具有良好的系统性能，以确保合理的、较少的投入，获取最佳的配置，满足不同企业的需求。支持模拟、数字和 ISDN 接入，支持中国一号信令、中国七号信令。

2) 系统具有极强的扩容能力，可同时提供几千个通话链接

易于和企业内部各种信息系统、办公自动化系统高度集成，从而在信息化管理上实现对企业内部资源和外部资源的有效整合。

3) 系统采用标准通信协议，能很方便地与其他系统互联互通

通过业务网关，与企业已有业务系统，如各种信息系统、办公自动化系统等高度集成，可及时将第一手的用户资料等在客户与企业各相关职能部门之间实现沟通，实现业务处理流程化和闭环化。话路、客户数据、操作界面的同步转移可实现座席间转移时，话路、客户数据、整个操作界面(包括动态输入的数据)同步转移。

4) 模块化设计

系统由一系列相对独立而又紧密联系的模块软件组成，集自动语音服务、自动留言服务、人工座席(企业工作人员)服务、信息资料处理等于一体，提供了一套完整的企业客户服务中心系统的解决方案。各个功能模块之间既可独立运行，也可自由组合进行工作，各企业可以根据各自的特点灵活地进行模块配置，为企业量身定做。例如，电话营销系统可依据用户数据库信息自动呼叫，开展可由专家监控的各类规范化的促销活动；网上服务系统可与 Internet 结合，接受来自网上的呼叫请求，提高服务和营销的质量和效率。

## 第二节　物流客户服务中心的设计

物流客户服务中心的设计主要是通过呼叫中心(Call Center)和 Internet 实现的。呼叫中心是一个由通信网和计算机网多种集成功能构建的综合服务系统，是客户与企业沟通联系的主要接触点，它能为客户提供每周 7×24 小时不间断服务、多种方式(语音、IP 电话、E-mail、传真、文字、视频信息等)交流，并将客户的各种信息存入业务数据库以便共享。通过 Internet 实现的技术支持是指物流企业通过建立服务网站，采用网络形式为客户提供服务，特别是

自助式服务。客户可以在网上提出服务请求，进行咨询或投诉；可以查看所下订单的处理速度，输入并修改服务请求；查询知识管理系统和信息指南；参与论坛活动，查看历史订单记录和交易进展状况等。

# 一、物流客户服务中心软件技术简介

物流客户服务中心软件技术常见的有以下几种。

## (一)USE 技术

USE (Unified Service Environment)是一个基于统一服务的呼叫中心开发平台。基于USE，可以根据不同的行业需求开发出不同的业务应用系统，从而构筑属于自己的呼叫中心、企业增值服务及 CRM 系统。USE 为应用开发提供的底层支持，包括话路控制、传真接入、服务录音、Chat 与同步浏览、邮件路由、实时监控和系统运行统计；USE 开放的体系结构、丰富的 API 及业务部件，保证了应用开发商可以快速简便地构筑呼叫中心系统。

## (二)CTI 技术

CTI 技术是从传统的计算机电话集成(Computer Telephone Integration)技术发展而来的，最初是想将计算机技术应用到电话系统中，能够自动地对电话中的信令信息进行识别处理，并通过建立有关的话路链接向用户传送预定的录音文件、转接来话等。随着计算机网络与电信技术的不断发展，出现了不断融合、不断渗透的趋势，其中计算机技术尤其以网络系统集成为代表，取得了飞速的发展，而电信网络也从最初的单纯通话的电话网络，发展成了以光纤、ATM 为基础，传输多媒体信息的通信网络，同时还加强了提供附加值业务的能力。

电信网络是世界上覆盖范围最大的通信网络，计算机通信技术也以 IP 技术为代表，形成了另一个覆盖全球的传输数据的巨大网络，两者的融合极大地提高了彼此的通信能力和处理能力，由此形成计算机电话集成(Computer Telephone Integration)技术，即 CTI 技术，国外将其统称为 CT(Computer-Telephone)。如今 CTI 技术已经发展成计算机电信集成(Computer Telecommunication Integration)技术，其中的"T"已经发展成"Telecommunication"，这意味着目前的 CTI 技术不仅要处理传统的电话语音，而且要处理包括传真、电子邮件等其他形式的信息媒体。CTI 技术跨越计算机技术和电信技术两大领域，目前提供的一些典型业务主要有基于用户设备(CPE)的消息系统、交互语音应答、呼叫中心系统、增值业务、IP 电话等。

## (三)IVR 系统

交互式语音应答(Interactive Voice Response，IVR)系统提供自动语音服务，是企业为客户提供的自助服务的主要设备。系统采用用户导向的语音目录，根据客户选择(通过电话键盘或语音)完成相应的信息查询和命令执行，所以可以说是通过电话机的按键控制计算机的。通过在 IVR 后端连接数据库，IVR 系统能为客户提供动态的实时信息。IVR 系统作为企业客户服务的前端，可引导客户到达指定的业务代表，使客户得到及时、准确的服务。

使用 IVR 可以使用户每周 7×24 小时都能得到信息服务，提高了服务质量，并可以协调用户的操作过程。如果在呼叫中心使用了 IVR 系统，大部分的呼叫就可以实现自动化，据估算，这样可以节省 60%的费用，同时还能减轻话务代表的负担，使他们能从事更重要的客户服务工作。

随着语音识别技术的不断突破，现在的 IVR 系统还可以和语音识别相集成，通过直接的语言输入就可以操作计算机系统。这对 IVR 来讲，无疑扩大了应用的范围，因为一般的电话机上最多只有 16 个按键。这种语音识别的 IVR 系统在航班查询、外汇查询、证券委托等领域具有广泛的用途。

### (四)Hanls 2.0 呼叫中心系统

Hanls 2.0 是大多数物流企业使用的企业级呼叫中心系统，直接提供到终端的业务融合通信方式，包括 CTI、IVR，并可选配 TTS、全程录音、传真、VoIP、电话会议、ASR、短信收发等功能模块，是只需通过快速的配置就可以提供给最终用户使用的客户服务中心系统，并实现简单快速的业务定制，完成与业务系统无缝集成。

Hanls 2.0 呼叫中心系统的基本技术参数如下。

(1) 系统支持的通信方式包括：语音、传真、IP、Web、E-mail、视频等。

(2) 系统支持 2～1440 路中继线路接入，支持 1 号信令、ISDN PRI、7 号信令、模拟线信令、H.323。

(3) 系统支持的人工座席数量为 2～512 个。

(4) 系统支持同步录音。

(5) 系统支持 IVR。

(6) 系统支持传真。

(7) 系统支持 TTS，合成语言支持普通话、英语、广东话。

## 二、物流客户服务中心系统的设计

### (一)系统建设的目标和原则

客服中心系统的建设应紧密结合所在省、市、地区或物流行业的货运市场、运输企业、货主企业以及其他与交通运输相关的信息资源系统和数据资源，立足于先进的计算机信息技术和交换网络技术。其目标是建立一个统一面向客户的综合性平台，通过统一的特服号接入，实现物流业务在全省(市)范围的统一处理与管理，进而实现全省(市)的统一服务。

客户服务中心系统项目建设中应遵循以下原则。

#### 1. 规范化原则

客户服务中心系统需要遵循中华人民共和国相关行业标准及遵循计算机应用系统研发的相关技术规范，坚持全省统一规范化设计与建设的原则。

#### 2. 开放性、灵活性和扩展性原则

在系统体系结构上，基于国际开放式标准，客户服务中心系统要做到对各广域网、局域网及数据库协议的真正开放。在应用系统设计上可采用开放式体系结构、模块化设计、

支持多种系统平台系统等措施。

### 3. 便捷性原则

在系统体系架构上选择合理的体系架构，方便系统的维护与管理。在应用系统设计上采用友好的人机交互界面等，方便使用与管理的措施。

### 4. 资源共享原则

在建设中充分共享目前邮政综合网的系统网络平台资源，充分考虑邮政综合网系统网络平台资源的共享，并在技术选择中充分考虑今后其他应用系统的资源共享性。

### 5. 可靠性和安全性原则

在关键设备上采取双机热备等可靠性保障措施，在系统结构与设计中采取身份认证、网络互联权限控制等安全性保障措施。

### 6. 科学先进性和经济性原则

严格按照系统工程的组建原则，采用先进成熟的科学技术，使业务系统具有较强的运行能力；同时，尽量保护以往的投资。以较高的性价比构建系统，以较低的成本、较少的人员投入来维持系统的运行，从而实现系统的高效能和高效益。

## (二)系统构成要素

客服中心系统从整体构架来说由交换机、CTI 服务器、IVR 服务器、应用服务器、数据库服务器、录音服务器、人工座席等构成。

(1) PBX/ACD：在 Call Center 中作为交换接入设备，客户电话通过排队机接入系统中。

(2) CTI 服务器：通过 CTI 协议，处理所有业务系统站点与排队机之间通信。完成呼叫控制，呼叫技能路由，提供与呼叫同步的用户数据及监视信息，向排队机发送与呼叫相关的指导性指令。

(3) IVR/IFR 服务器：是交互式语音应答服务器，实现自动流程控制，在自动流程运行过程中，将会调用语音资源和传真资源，用于语音的播放和传真的收发。

(4) 座席：完成电话的人工受理，它和排队机通过语音信令链路相连，接受 CTI 服务器的控制，并与系统服务器连接实现业务操作，采用 Visual Basic(可视 Basic 语言)或浏览器进行开发。

(5) 业务管理台：用于完成对话务员的质量检测。话务质检中心实时监听、监视话务员的工作状态，并对话务员座席进行强制操作，如强制闭锁、插入等，对话务员进行全程录音，采用 VB 进行开发。

(6) 呼出管理台：用于呼出业务的数据源生成以及呼出任务的管理。

(7) 应用服务器：提供 Web 服务、目录服务、通信服务、快速数据通道、数据分布式管理等。

(8) 数据库服务器：管理客服中心的业务数据。集中管理系统服务信息，实现系统数据安全和安全管理。

(9) Web 服务器：接受客户以浏览器方式的访问。完成系统级安全认证和加密解密功能，将客户请求转送到应用服务器处理，并将应用服务器的处理结果生成用户界面，提交给客户端的浏览器。

(10) 录音服务器：对全部20个座席进行全程录音，对最多四个班长座席同时调听。

### 案例8-1：中外运，树物流客户服务中心楷模

中外运公司是中国具有领先地位的物流服务供货商，核心业务包括货运代理、快递服务、船务代理；支持性业务包括仓储和码头服务、汽车运输、海运。该公司于2003年2月在香港联合交易所有限公司成功上市。

公司业务经营地区涉足广东、福建、上海、浙江、江苏、湖北、连云港、山东、天津、辽宁等国内发展迅速的沿海地区和其他战略性地区，并拥有一个广泛而全面的服务网络和海外代理网络。

针对中外运客户服务系统的业务功能需要，该公司规划并建设了物流客户服务中心系统。该系统具备自动语音应答、业务代表人工接听、同步录音和监听、系统管理、信息检索查询、与后台业务系统联机信息处理等功能，提供的业务包括中外运物流海运、陆运、空运、仓储、联运等各类业务，涉及查询、咨询、投诉、建议、人工受理等。

先进高效的信息技术平台，是中外运实现其战略目标——成为中国领先的综合物流服务供货商的必备条件。

#### 分析

由于我国的物流企业，大部分是从原来的储运企业转型而来，企业的技术水平与管理水平不高，企业之间彼此差别不是十分明显，目前竞争的焦点集中在了规模的大小、服务覆盖地域的广阔与否、服务种类的多少等方面。而随着我国第三方物流的不断发展，呼叫中心将为物流企业创造更强大的核心竞争力。

(资料来源：http://www.doc88.com/p-9485622482717.html)

### (三)系统功能(主要业务流程)

下面以图8-1所示的兰州邮政11185客服中心系统业务处理的总流程为例介绍系统功能。

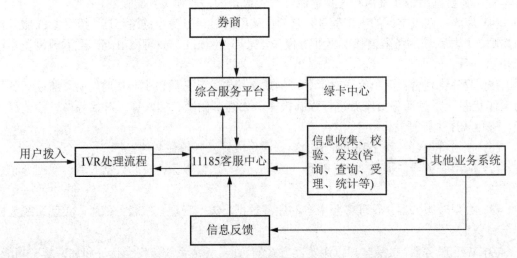

图8-1　兰州邮政11185客服中心系统业务处理总流程

系统运转包括以下几方面功能。

### 1. 接入功能

接入功能负责用户不同方式的接入，要实现的功能包括语音网络接入，如呼入呼出管理、发送接收传真、自动语音应答、电话查询；数据网络接入，如提供电子邮件、WWW网站等服务；信函，如阅读分析、人工录入。

### 2. 语音导航功能(IVR)

语音导航功能是对不同的服务需求进行分类、引导和定位，用户要先经过语音导航，然后经 ACD(自动呼叫分配)排队到座席或 IVR(交互式语音应答)服务器。系统以普通话、粤语、英语服务，普通话服务为首先使用的语种，提供自动语音导航和人工座席导航两种方式。用户呼入时，自动播放提示语音"您好，欢迎致电××物流公司客户服务中心。请稍候，我们将尽快接通您的电话！需要自动语音查询服务请请按 1，要留言请按 2"，然后系统播放悦耳的音乐，直到话务员接听。

IVR 是呼叫中心实现自动服务的重要手段,通过 IVR 可实现语音菜单提示、按键识别(如输入卡号)、自动语音报读(TTS)等，更先进的功能还可以实现自动语音识别。当用户拨打呼叫中心电话进入本热线系统后，如果选择自动语音服务，系统会为客户提供公司全面业务介绍、公司概况、价格情况、公司的最新销售政策、最新的服务政策、投诉等自动语音服务。兰州邮政 11185 客服中心系统自动语音流程如图 8-2 所示。

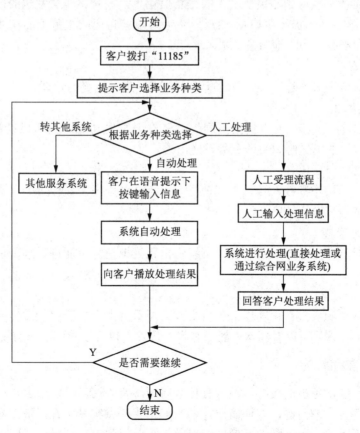

图 8-2　兰州邮政 11185 客服中心系统自动语音流程

### 3. 呼叫排队

系统对于每一个呼入电话都可根据来话中继组设置应答的流程(VDN)。呼叫中心接受各种业务咨询、业务查询、业务受理、投诉，它还有一些特别的服务内容，如广东话服务、大客户服务等。系统根据各个部门的服务时间、服务要求设置了不同的处理流程，一旦确定呼叫的最终目的地，呼叫即接通指定话务员的座席，系统能够识别 VIP 用户并使其进入优先处理队列，保证每个呼叫能及时、准确地到达各服务人员。座席全忙时，将呼叫进行排队，系统播放悦耳的音乐，待座席空闲时自动接入。对于用户的留言、传真等多媒体信息，系统同样提供排队接入服务。

### 4. 传真服务

传真服务包括以下几方面内容。

1) 自动发送传真

用户可以直接在电脑上面发送传真，而不需要通过打印和传真机来发送传真，节省纸张成本。传真可以支持任何文档格式，用户可以将各种文字、图像、Office 文档和其他文件格式转换成传真发送给客户，支持群发。

2) 自动接收传真/在线查看

系统会 24 小时不间断地检测各电话线路是否有传真发送，若有则根据用户拨打和输入的号码智能地将传真发送到相关负责人的传真信箱里，同时将传真发送的事件提醒给负责人(在负责人电脑上弹出提示窗口)，然后负责人可以在自己的电脑上面在线查看收取的传真，不需要打印纸张，大大地节省了成本。

3) 在线搜索

负责人可以根据对方号码、收取时间搜索传真，进行快捷的管理。

4) 传真广播功能

负责人可以将传真稿同时发送给不同的用户(传真群发功能)，也可以设置发送时间，系统将会根据设置好的发送时间将传真稿发送出去。

5) 日志功能

用户的每一项操作都载入日志，管理员可以查看到用户发送传真的次数，发送到什么地方，在什么时候发送等信息。

6) 来电显示功能

系统支持对方来电号码显示功能，可以将电话模拟信号里面进行解码析取对方号码并记录下来。

7) 权限管理功能

本系统有强大的权限管理功能，各负责人只能看到本人的所有收发传真，并对传真稿进行管理；而上级领导可以看到本人的所有收发传真，也可以看到下属的收发传真内容。

### 5. 语音留言功能

在无人值班或话务员离线时，顾客有什么问题想要咨询，可以留言，语音留言功能通过语音信箱回答客户的问题，方便简捷。语音信箱将提供实时录音记录，避免信息遗漏。它要求客户留下回电号码、相关问题内容以及是否希望回复等信息，待座席代表有空闲时进行回复，并将处理意见及时反馈给客户。

### 6. 人工座席服务

兰州邮政 11185 客服中心系统人工座席服务示意图如图 8-3 所示，座席提供登录、注销管理，在成功登录后才可以开始工作。在话务员接通客户电话时，系统自动播放话务员工号，为客户提供业务受理、咨询、投诉、建议等服务。座席系统提供来话应答、电话转接、呼叫终止等电话功能，同时提供电话保持功能，在服务过程中客户会听到优美的音乐，增加对客户的关怀，提高客户服务满意度。

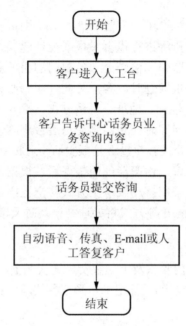

图 8-3 兰州邮政 11185 客服中心系统人工座席流程

### 7. 客户资料显示

当话务员接听客户来电时，系统会自动弹出服务画面，有关该客户的资料会自动在计算机屏幕上显示，如是新客户，则显示 E-mail 来电号码、所属的基本区域等信息；如是老客户，则显示客户的基本资料，包括客人姓名、地址、主叫号码、联系电话、以往的服务记录等，使客户服务更亲切、更快捷。当需要将客户来电转给其他座席时，客户资料信息将随着话路同步转移，从而提高客户亲切度和服务效率。

### 8. 咨询服务

咨询服务向用户提供的信息包括以下几种。

(1) 负责向用户提供各类信息，包括公司的组成及最新发展概况、公司提供的各种产品及新产品信息、价格情况、公司的最新销售政策、最新的服务政策。

(2) 物流服务的相关法律、政策、法规。

(3) 物流服务流程和规则介绍。

(4) 营业网点介绍。

(5) 物流资费标准咨询。

通过咨询服务来引导用户进一步使用公司的最新产品和服务，是公司推广业务、争取客户、树立公司形象的窗口。

### 9. 业务受理

话务员可以受理上门取货发送服务、上门送货服务，记录用户业务办理的条件，代填业务预申请单，提交产生的业务工单，交由后台处理座席进行资料核对，并自动选择通知负责该区域的服务点或人员进行服务。

### 10. 处理用户投诉

客户可采用电话录音留言、传真、人工座席、Web 浏览、E-mail 或信函方式，对公司工作人员的服务态度、服务质量等进行投诉举报或批评建议，并进行投诉查询、落实，追踪投诉处理，回复客户投诉，监督和检查公司各部门的服务质量，收集和反馈社会对电信的意见和建议。当出现服务质量问题时，客户可向呼叫中心进行投诉，业务代表可记录用户的投诉信息(如投诉人姓名、性别、地址、联系方式、投诉内容等)，形成投诉单。如能即时处理则当场回复用户，如不能即时处理，则交由后台座席进行质检，等待进行投诉单的分派等后续处理。认真负责地处理客户投诉是减少纠纷、树立公司品牌、争取客户的手段。对已受理的投诉举报或批评建议，由职能部门整理后，根据职责分工转对口部门处理。对本级部门无法处理的举报，可采用自动或手工方式移交上级部门处理。本系统可通过电话语音、传真、因特网浏览、E-mail 等方式将处理结果及时反馈给客户。

### 11. 预约服务

预约服务主要提供预约上门收款及上门收货、送货服务，将用户的预约服务信息(如预约人、地址、联系方式、预约内容)进行记录，形成预约单，提交后台进行后续处理。

### 12. 客户回访

根据对客户档案的处理，在客户档案数据库中列出重点服务对象或对服务对象进行分级，并根据级别生成如到货通知、节日祝福、生日回访、特别邮种推荐、项目推荐、最新票价等各种回访服务。回访可通过人工电话、E-mail 等形式跨越时间、空间，全方位地为客户提供多样化、个性化的服务，并能够及时掌握客户的各种要求，从而达到留住老用户、吸引新用户的目的。对于电话和传真方式，系统自动进行外拨队列处理，这种服务会大大提高话务员的工作效率。

可安排话务员对自己当日所受理的客户进行拨叫回访工作，确认业务完成情况。也可用来安排话务员对客户进行回访，同时进行服务质量调查、客户需求调查分析等。

### 13. 录音监听功能

系统可根据需要自由设定对所有或某个话务员的通话情况进行录音记录，并可自动保存到硬盘、磁盘、光盘等介质上。可提供根据工号、姓名、来电号码、呼叫时间及呼叫时长等条件查询录音记录，进一步加强对服务质量的监控。

### 14. 骚扰电话处理

对于骚扰电话，话务员可将其纳入骚扰电话数据库，系统将自动拒接骚扰电话，并对骚扰电话库具有增加、删除、修改功能。

### 15. 客户关怀

系统自动对用户咨询的内容进行分析，掌握客户的最新需求，为销售人员开展销售提供帮助，并将每个销售过程纳入系统的管理；根据话务员的回访自动生成流失客户数据并输出统计报表等。

### 16. 系统资料管理

系统资料管理是指对以下资料提供录入、检索、查询、修改、打印等管理。
(1) 客户资料管理：包括姓名、地址、来电号码、联系电话等内容。
(2) 系统权限管理：包含话务员、班长席资料、工号、密码管理。
(3) 业务数据管理：包括售前服务、销售、售后工作等数据管理。

### 17. 统计分析处理

系统提供各种丰富灵活的报表，同时还具备对大量数据进行分析、挖掘和处理的能力。对服务的各方面情况、各种业务数据进行统计，以报表的形式输出或上报，为改进管理和制定市场策略提供更加科学的、量化的决策依据；系统网络可与各网络系统如营业业务系统相连，可以通过访问不同的业务数据库，实现各种业务如查询、咨询、投诉、业务受理、座席工作量等的数据统计。

### 18. 监控管理

为了保证呼叫中心的正常运行，呼叫中心系统的实时监控、故障报警非常重要；同时，由于呼叫中心的话务量在一天中有高峰也有低谷，如何分配话务员的工作，如何合理排班、调配，也是保证服务质量和节约人员开销的重要手段。

在实时监控工具的画面上，不仅可以看到每个队列的当前状况(包括总数、排队数、振铃数、应答数、接通率)、当前的通话及座席的统计信息，而且可以监控每个队列中所有操作员的工作情况及电话机的状态，做到所有情况一目了然。

### 19. 市场分析

物流服务的面很广，但也有规律可循，通过使用数据库与数据挖掘工具对客户信息进行细分，分析客户对服务的反映，分析客户满意度、忠诚度和利润贡献度，例如可以按区域、按季节、按时间、按用户群体、按用户行业等进行分析和统计，为有效地开拓新客户做好准备，做到事先有准备，服务更主动，产品推荐更有针对性，以便更加有效地赢得客户和保留客户。

### 20. 预留电子商务处理接口

系统开放的 Web 接口实现了与因特网服务器交换信息的功能，这就使通过 Internet 浏览网页的客户能与客户服务中心服务系统进行交互。通过客户服务中心采集生成的数据资料，可以和通过 Internet 获取的客户资料共享，即客户可以通过电话访问部分因特网信息，客户也可以通过电话提出问题，而通过网络浏览问题的解答。

### (四)系统建设的应用问题

系统建设后，应用与拓展问题需要进一步完善和解决。

#### 1. 系统兼容性问题

兰州邮政 11185 客服中心系统采用了多个厂家的应用软件，如有青牛 USE 软件、CTI 技术、IVR 应用软件和长天公司 Call Center 等应用软件，通过系统上线近四年的运行，发现在这些应用软件之间的相互兼容和接口上仍存在一定的问题，从而导致系统运行中的不稳定和部分功能失效的问题。例如，由于在 WR 服务器上安装的 NMS 板卡驱动程序与系统其他部分应用软件的不兼容，导致了 NMS 板卡运行不稳定，系统运行缓慢或者电话无法接入等现象，必须重启 WR 服务器后系统才能恢复正常。又如当班长座席频繁点击超时催办按钮时，Web 服务器上 Tomcat 程序会产生报错信息，座席与系统断开链接，必须重启 Tomcat 程序后才能恢复正常。

以上问题均说明公司需要注意研究各应用软件之间的兼容性，综合考虑系统运行的稳定性。

#### 2. 系统应用功能的完善

系统设计之初可能有部分功能不能完全达到设计的要求，如话务统计功能的进一步加强，受理台与执行部门之间的联系和沟通实现信息化等。从系统功能的实现上来看，需要不断完善各物流业务信息系统的衔接，实现资源共享，便于客户全方位、多层次地问询和查找，从而实现系统功能的自然延伸。

#### 3. 公司系统与其他信息系统网的互联互通

作为企业物流客户服务平台，在与其他信息系统的互联互通、信息共享上，其使用功能会受到一定的限制，作用不能充分发挥。只有不断拓展本系统的使用范畴，提高兼容性，才能更好地发挥系统的功用，实现企业信息化的目的。

#### 4. 运行维护管理工作

客服中心系统由多台服务器构成，系统运行软件多，存储备份数据量大，因此平时的日常维护工作尤其重要。在日常维护管理工作中，要及时整理日常问题解决办法和编制系统监控运行手册，及时备份和清除历史数据，扩充系统空间，定期重启系统，释放系统资源，保证系统的正常稳定运行。

# 第三节 物流客户服务中心的人员管理

## 一、物流客服中心的组织机构

第三方物流企业客户服务功能的顺利开展，不仅要求"客户至上"的理念在企业中深入人心，还要求企业必须具备特定的组织机构，即客户服务部。

客户服务部一般包含四个主要的功能：业务协助、质量审核、运作监控和投诉处理。

### 1. 业务协助

业务协作主要是指客户服务部利用自身的内外部信息优势，在企业的职能部门和客户之间形成一种协调机制，以提高双方的合作效率。

### 2. 质量审核

质量审核是指依照企业在充分考虑自身条件和客户满意度的前提下制定质量标准，进行物流服务质量的审查和考核，以保证服务质量的实现和改进。

### 3. 运作监控

客户服务部具备对内部职能部门的运作进行监督的职能，因而具有自我纠错能力。

### 4. 投诉处理

投诉处理是针对物流业务中的突发事件，采用与正常业务不同的沟通渠道和解决方式，记录、调查、处理、跟踪客户投诉，提出改进服务的建议以平息客户的怨气，弥补企业的形象损失。客户服务部还负责以下工作：与客户进行实时沟通，客户满意度的调查，组织召开客户服务协调会，建立并完善客户服务体系等。

## 二、物流客服中心的人员管理

针对物流服务中心的运行模式特点，可制定相应的措施，加强客服中心服务流程的管理，提高客服中心业务的前端服务能力。

### 1. 加强物流服务中心融合发展，建立日常沟通制度

在物流服务融合发展的大环境下，加强对客服中心的管理，可抽出专人负责客服中心业务服务质量的跟踪和检查，每日监控呼入电话量及接通率。公司可建立客服中心日常沟通制度，定期召开协调会，分析客服中心存在的主要问题，提出解决方案，以确保承诺服务中的难点问题得到及时、有效的解决。

### 2. 明确服务标准和工作流程，严格规范管理

按照客服中心制定的服务标准和工作流程，对日常工作中落实不到位的内容认真分析原因，逐条整改。如因物流市场或客户造成工作流程变更应根据实际及时重新拟定合理的工作流程，加强落实。同时，进一步明确物流客服人员工作责任和具体要求，确保在日常工作中有章可循、有据可依。

### 3. 加强业务指导和培训，提高对外服务能力

对物流公司的客服人员开展物流业务知识的学习和操作技能的培训，制定阶段性学习要求，抓好学习效果的考核。物流公司可选派业务能力强的人员担任客服中心的培训工作，帮助客服人员熟练掌握物流业务的产品种类、时限要求及承诺服务的各项工作内容，指导中心的客服人员熟悉物流业务流程、特殊问题的处理办法和内部工作流程等，迅速地提高对外服务能力。

**4. 做好业务衔接工作，提高售后服务效率**

物流公司应加强各业务环节间的沟通协调，指导并协助解决客服中心在物流业务咨询、揽收、查询和投诉工作中遇到的问题。同时，物流公司以解决好客服中心提交后台的业务问题为重点，帮助客服中心落实首问负责制。为此，物流公司也可以设立相对固定的岗位、人员(A、B角)和电话(两个号码，确保畅通)与中心台席对接，负责日常投诉处理。

**5. 制定科学有效的激励考核办法，调动客服人员工作积极性**

物流公司要协助客服中心制定相关激励考核办法，积极调动客服人员的积极性，挖掘个人最大潜能，推动客服中心的规范管理。激励考核办法应将与个人业务量、服务质量、主动服务创新等有效结合，同时，也要加强对客服人员服务态度投诉的考核，发现问题及时处理。

# 三、物流客服中心人员的岗位职责与培训

下面分别介绍物流客服中心人员岗位职责与培训的具体内容。

## (一)物流客服中心人员的岗位职责

物流客服中心人员岗位职责包括以下几方面内容。

(1) 必须按时上下班，礼貌待客，准时优质地完成客户所要求完成的服务项目。

(2) 积极地学习并提高本职技能，不但操作熟练，还需要懂得日常维护、保养。

(3) 定期对本工作台的机器设备进行维护，做到每日一清查、每月大检查。

(4) 按时保质、保量完成上级所赋予的工作任务。

(5) 培养得体的言行举止，树立良好的企业形象。

(6) 必须有高度的责任感和事业心。

(7) 必须懂得物流业务程序、流程。

(8) 对于物流服务差错等特殊事项应妥善处理，并及时上报。

(9) 服务接待中应注意以下事项。

① 应答顾客和客户的询问时，要思想集中、全神贯注地去聆听，说话时应亲切热情。

② 如果顾客的语速过快或含糊不清，可以亲切地说："对不起，请您说慢一点。"或"对不起，请您再说一遍，好吗？"对于一时回答不了或回答不清楚的问题，可先向客户致歉，待查询或请示后再作答。凡是答应顾客随后答复的事，届时一定要守信。

③ 回答客户问题时要做到语气婉转，口齿清晰，声音大小适合，同时还要停下手中的工作。

④ 对客户的合理要求，要尽量迅速做出答复。对客户的过分或无理的要求要沉住气。

⑤ 如果客户称赞你的良好服务，也不要沾沾自喜，应该谦逊地回答："谢谢你的夸奖，这是我应该做的事情。"

(10) 工作要求。

① 前台办公桌面保持整洁，不得摆放个人用品。办公椅摆放整齐，离开时将办公椅推回办公台内。

② 保持用户等候区域整洁，并及时补充缺少的免费取阅资料、阅览杂志、插笔、名片夹等。

③ 用户到访时马上起立，面带微笑，主动与用户打招呼。与用户交谈时应该热情友好，仔细倾听，耐心解答。特殊情况处理后要作书面记录，投诉事项要记录在用户投诉记录簿上。

④ 前台人员应相互协作，人员外出时要有其他人员补岗，前台不能无人当值。

⑤ 客服中心要保持安静，工作期间不得交头接耳、大声喧哗或打闹嬉戏，当值期间不得吃零食、看报纸或做其他与工作无关的事。

⑥ 电话铃声响三声内必须接听，并说："您好！客服中心"。

(11) 前台人员的形象有如下要求。

① 提前 5 分钟到岗，在工作服固定位置统一位置佩戴员工证，精神饱满地投入工作。

② 仪容仪表端庄大方，女员工化淡妆，以亲切、自然、整洁的面貌面对客人。

③ 不得在前台当众化妆、梳头等。

④ 坐姿端正，不得托腮、趴台或做其他不雅动作。

(12) 熟练掌握各项管理制度及对客服务程序。

### (二)物流客服中心人员的培训

加强物流客服人员的培训，不仅可以提高员工的知识水平和操作技能，而且还可以促进服务观念的转变和态度的改善。

客服人员培训的内容包括以下 3 个方面。

(1) 技能的培训。通过培训，使员工掌握完成本职工作所必须具备的各项技能，如操作技能、处理人际关系技能、处理突发事件的技能等，通过这些技能的学习和培养来开发员工的潜能。

(2) 知识的培训。知识的培训是为了满足客服日常的需要，全面提高员工素质以满足客服长期发展的需要，对员工进行知识培训。这些培训包括对一些因果关系、基本概念、信息及思想的理解和认知等。通过培训，还要让员工了解客服的基本情况，如企业的发展战略、目标、经营方针、经营状况和企业的各项规章制度等，并积极鼓励员工参与企业活动，增强员工的主人翁精神。

(3) 态度的培训。态度包括员工热情、冷淡、不喜欢、忧虑、渴望、气愤、感激等一些情绪，员工的态度如何，对员工的士气及客服的绩效影响很大。必须通过培训，建立起企业与员工之间的相互信任，培养员工对客服工作的忠诚。

# 本 章 小 结

物流客户服务中心是物流企业形象的第一线，它代表了一种先进的企业经营理念。客户服务中心通过实现对客户信息的集中管理，提供业务统计和呼叫统计分析等多种功能，不但可以协助第一线员工提供完善的服务，更有助于企业达成策略性目标。

提供物流服务的流程，可以把第三方物流企业的客户服务要素划分为三组，即交易前服务要素、交易中服务要素及交易后服务要素。完善的客户服务必须具有相应的软、硬件作为支撑。客服中心系统从整体构架来说是由交换机、CTI 服务器、IVR 服务器、应用服务器、数据库服务器、录音服务器、人工座席等构成。系统运转包括以下功能：接入功能、语音导航功能(IVR)、呼叫排队、传真服务、语音留言功能、人工座席服务、客户资料显示、咨询服务、业务受理、预约服务、客户回访、系统资料管理、统计分析处理及监控管理功能等。

物流企业客户服务功能的顺利开展，还必须具备特定的组织机构，即客户服务部。客户服务部一般具有四个主要的功能：业务协助、质量审核、运作监控和投诉处理。

针对物流服务中心的运行模式特点，必须加强客服中心服务流程的管理，提高客服中心业务的前端服务能力。其措施包括加强物流服务中心融合发展，建立日常沟通制度；明确服务标准和工作流程，严格规范管理；加强业务指导和培训，提高对外服务能力；做好业务衔接工作，提高售后服务效率和制定科学有效的激励考核办法，调动客服人员工作积极性。加强物流客服人员的培训，不仅可以提高员工的知识水平和操作技能，而且还可以促进服务观念的转变和态度的改善。客服人员培训的内容包括技能的培训、知识的培训和态度的培训等。

# 自 测 题

1. 物流客户服务中心系统的建设有何重要意义？
2. 物流客户服务中心系统具有哪些基本特点？
3. 物流客户服务中心系统的构成要素有哪些？客服中心系统的主要业务功能是什么？
4. 客服中心组织机构的四大功能是什么？如何对客服中心人员进行有效的管理？
5. 怎样加强对客服中心人员的培训？

# 案 例 分 析

## 顺丰速运公司呼叫中心

为解决传统物流企业"成本高""效率低"的瓶颈问题，物流行业信息化目前已经超越了关注和观望，第一层次的信息化平台在很多企业已经实施，如内部的财务管理、仓储管理、订单管理、运输管理等，相关系统包括 ERP、物流管理(LM)、SCM 等应用系统。更进一步，针对物流企业核心是提供"服务"这个概念，呼叫中心、电子商务以及 CRM 技术的结合将对物流基础信息平台起到至关重要的整合作用。在整个物流过程中，涉及的各个环节，分散在不同的区域，需要一个信息平台将整个物流环节连接起来，及时把握客户的订货需求，进行车辆的调度管理、库存管理以及票据管理等，力求实现用最少的库存、最短的运输距离满足客户的需求。现代物流企业与以往的物流企业不同，不仅局限于物流中的某一个环节，而且普遍采用了信息化管理技术，呼叫中心和电子商务、CRM 技术的运用有效地结合了传统的物流信息化手段，将遍布在各地的物流中心与客户连接起来，形成了一个更高效率的物流配送网络。

### 一、项目背景

深圳市成兴业国际运输有限公司(顺丰速运)成立于 1993 年，目前已发展成为国内著名的快递企业，主要经营国际、国内快递业务及报关、报检、保险、货物监装与仓储等业务，为客户提供快捷、安全、准确、经济的快件服务。公司在全国范围内建立了庞大的信息采集、市场开发、物流配送、快件收派等速递、货运代理网络。顺丰速运希望通过建设呼叫中心达到以下目的：受理客户的接单请求、查单服务、客户信息管理，从而提高企业经营效率并降低成本。使呼叫中心不仅是顺丰速运的业务接入平台，更是企业的生产系统，对利润的产生有直接的支持。早在 2004 年，顺丰速运就委托 HollyCrm(合力金桥软件)公司为其用 HollyC 6 呼叫中心解决方案部署其呼叫中心系统。

### 二、业务功能

自助下单、查单：利用 IVR 自动语音应答处理功能，提供 7×24 小时的自助服务。系统根据客户呼入的主叫号码或者电话键入的客户验证信息，到客户数据库中验证客户信息，验证成功后完成下单请求，并可随时按照运单号查询运单，从而大大节省了人工成本。

人工下单：实现呼叫中心座席代表协助客户人工下单、查询、转接的功能，一旦客户选择转接人工服务，系统就可自动定位客户，并能直接下单，提高座席的工作效率。

信息查询服务：实现呼叫中心座席代表办理客户查询报价、路线、网点功能，并能根据运单调度监控系统反馈的信息查询订单信息。

投诉处理：实现客户投诉、意见处理、问题件处理功能，座席代表可分类受理，并能按照系统工作流程引擎定义的工作流程派发到全国对应的责任部门。

电话录音系统：全程记录客户与座席代表的通话，便于呼叫中心质量管理，以及产生业务纠纷时提供客观证明。

传真应用：可实现客户自动索取传真，节省人工成本并提高服务质量；座席可在线发送传真，实现无纸发送传真，节省时间并降低运营成本。

外拨应用：实现客户回访、满意度调查，支持人工问卷调查和系统自动外拨预览式问卷调查功能，改善纸质形式的调查，减少运营成本的同时便于管理。

### 三、系统特色及效益

提高了话务承接量及接通率。话务承接量比未上 HollyC 6 呼叫中心系统前提高了 75%，接通率也提高了 50%，从而大大提高了呼叫中心的利润产出。

具有统一的服务窗口。通过电话、传真、电子邮件、语音留言等多种渠道均可以为客户提供统一的服务，使得一站式的服务与支持真正加强销售管理，实现订购电话唯一、订单处理统一。

应用强大的呼叫中心。良好的语音导航服务、提高服务质量；由 IVR 提供的自助下单、自助查单服务，节省了人工成本；电话接入后可自动定位客户，提高了座席的工作效率；可实现客户自动索取传真，节省人工成本并提高服务质量；座席可在线发送传真，实现无纸发送传真，节省时间并降低运营成本；增加了外拨调查问卷系统，从而可提高客户满意度。

具有完善的后台业务整合功能。与其他应用系统(订单管理、财务管理、运输管理)的集成可以实现前、后台的数据共享，从而保障公司资金流、物流、信息流的统一。

具有坚实的 CRM 数据基础。呼叫中心系统完整保留了"客户信息"和"服务记录"，以 CRM 理念业务建模的方式提供给企业丰富的统计报表数据以支持运营管理，并支持企业以此为基础建设 CRM 经营分析系统。

### 四、呼叫中心提升物流企业竞争力

呼叫中心将会为物流企业带来如下竞争力的提升。

(1) 成本竞争力：精细化管理的思路呼唤企业重视客户资源和信息资源。

(2) 质量竞争力：统一于产业标准、服务水平，唯有"客户服务"才是相对持久稳定的优势。质量竞争力包括以下几方面。

① 提供基本服务。

② 确保可靠性。

③ 倾听顾客的需求。

④ 积极解决客户的问题。

⑤ 给顾客惊喜。

(3) 速度的竞争力：信息时代数据的及时、高效利用推动企业加速度发展。

(4) 创新的竞争力：呼叫中心成为沟通客户与物流企业之间的窗口，为物流企业带来创新的源泉。

成本、质量、速度和创新，构成了物流企业信息化时代的"竞争优势"，而呼叫中心(客户互动中心)赋予了物流企业管理竞争优势的新理念。

综上所述，在物流行业目前的信息化建设基础上，以呼叫中心为前端的信息联络渠道，以电子商务平台作为更高级别的系统运营支撑，以 CRM 技术进行客户关系管理、分析决策、优化流程的手段，整合传统的物流信息系统，将会是一个更加宽广的市场。

(资料来源：https://www.examw.com/wuliu/anli/104835/)

### 问题

1. 深圳顺丰速运呼叫中心为什么能够取得不俗的利润业绩？

2. 以国内某物流企业为例，说明物流服务中心的建立与物流企业客户关系管理的关系。

## 阅 读 资 料

联邦快递的客户关系管理体系

具体内容见右侧二维码。

第八章阅读资料.docx

# 第九章　现代物流配送与保管服务的实施

【学习目标】通过本章的学习，使学生明确物流运输服务、配送服务和保管服务的基本概念与运作流程，掌握物流客户配送与保管服务的基本内容。

【关键概念】运输(Transportation)　配送(Distribution)　保管(Storage)

【引导案例】

## 菜鸟物流案例分析

### 1. 公司简介及发展历程

2013 年 5 月 28 日，阿里巴巴集团、银泰集团联合复星集团、富春集团、顺丰集团、三通一达(申通、圆通、中通、韵达)，以及相关金融机构共同宣布，"中国智能物流骨干网"(简称 CSN)项目正式启动，合作各方共同组建的"菜鸟网络科技有限公司"正式成立。"菜鸟"小名字大志向，其目标是通过 5～8 年的努力打造一个开放的社会化物流大平台，在全国任意一个地区都可以做到 24 小时内送达。

菜鸟网络的注册资金为 50 亿元，前三期投资将合计 3000 亿元。建立智能物流骨干网的一个重要基础是仓储干线建设。因此，菜鸟在这一方面也做足了功夫，菜鸟网络 CEO 沈国军介绍，同时启动的拿地建仓项目包括北京、天津、广州、武汉、金华、海宁等十多个城市。金华的金义都市新区，则有望成为阿里物流的第一个创业基地。沈国军表示，"包括中西部地区在内，我们会在全国八个重要城市，按照'八大军区'的思路布局去建立主干网络。"

菜鸟的用地需求，将带动物流地产的升温。同时将营造更多的就业机会，根据菜鸟网络的预计，发展初期将至少支持 1000 万家新型企业发展和创造 1000 万个就业岗位。而依照马云的设想，如果智能骨干网成熟运作后，我国占 GDP 总值18%的物流费用将降至欧美发达国家12%左右，国家经济效益将得到整体提升。

### 2. 主营业务

建造许多全国性的大仓库，所以在全国各地拿地，每个地方都是一个分区仓库，仓库中有一个地区的产品，然后每个地方如果有人下单，直接在下单人所在的仓库把产品派送过去。这就是一个全国性的商品集散地，里面包括了天猫的所有产品，以后天猫的卖家只要在这里的仓库租一个地方放自己的产品，产品不需要自己管理，根据天猫上消费者的消费习惯，把这些产品分配到各个地方，这样就大大缩短了客户物流时间。菜鸟只是作为一个平台，里面的所有产品都是其他商家的，或者是物流公司的，或者是其他机构的。

### 3. 商业模式

通过打造数据驱动的"云供应链"平台。通过打通 ISV 应用软件、商家后台系统、阿里/菜鸟系统、合作伙伴系统进行电子商务数据交换与分享。以菜鸟为起点，不断聚集货物、人气乃至产业，搭建中国智能骨干物流网，打造开放、共享的社会化物流大平台。一是从阿里旗下的电子商务平台阿里巴巴(国际、国内)、淘宝、天猫以及借助阿里物流的其他电子商务平台，通过数据的互联，获取从企业生产需求到居民生活需要的各种供求信息；二是通过自建的七大仓储中心以及整合的第三方物流、社会化的仓储，进行物流仓储资源的数据化分析和管理，获取丰富的仓储、运输信息，并准时掌握各种商品的存货信息。充分利用物联网技术与优质高效的现代仓储和运输手段，将货物在 24 小时内送到客户手中。三是通过建立起商业项目，鼓励租户在园区内开设类似于品牌旗舰店的 O2O 体验店，吸引平台内的商户，尤其是淘宝商城内的中小卖家来此租库、开店乃至生活，同时吸引为商家提供软件服务的 IT 公司入驻，直至形成一个完整的电商生态圈。

目前，菜鸟网络的核心盈利不是来自租金，而是大数据服务，通过数据和信息服务来帮助客户不断降低库存和网点分配，一方面，通过为商户和快递公司等客户提供数据来协助行库存管理；另一方面，则根据客户的需求去定制仓储服务，通过数据和信息服务来帮助客户不断降低库存和网点分配。一方面，通过为商户和快递公司等客户提供数据来协助进行库存管理；另一方面，则根据客户的需求去定制仓储。

(资料来源：https://wk.baidu.com/view/127ad2f3162ded630b1c59eef8c75fbfc77d9487)

# 第一节　物流运输服务

在物流服务中，运输服务是实现物品时空效应的基本方式，经济越发达，生产、生活对运输的依赖性越强，运输的作用越发重要。同时，运输服务成本也将产生整个物流活动中最大的单项成本。

## 一、运输概述

下面介绍运输的概念、功能、作用和地位。

### (一)运输的概念与功能

#### 1. 运输的概念

运输是指通过运输手段使货物在物流节点之间流动(如两个国家、两座城市之间，或两个物流节点之间等)，以改变"物"的空间位置为目的的活动，实现"物"移动中的空间效用。我国国家标准《物流术语》(GB/T 18354—2006)中对运输(Transportation)的定义为："用设备和工具，将物品从一个地点向另一个地点运送的物流活动。其中包括集货、分配、搬运、中转、装入、卸下、分散等一系列操作。"

在商业社会中，因为市场的广阔性、商品的生产和消费不可能在同一地点进行，一般来说，商品都是集中生产、分散消费的。为了实现商品的使用价值和价值，使商品的交易过程能够顺利完成，必须经过运输这一环节，把商品从生产地运送到消费地，以满足社会消费的需要和进行商品的再生产。如果我们将原材料供应商、工厂、仓库以及客户看作物流系统中的固定节点，那么，商品的运输过程就是连接这些节点的纽带，是商品流动的载体。

### 2. 运输的功能

运输具有以下功能。

**1) 产品和货物的转移**

无论产品处于哪种形式，是原材料、零部件、装配件、在制品，还是制成品，也无论是在制造过程中将被转移到下一阶段，还是被转移到最终客户，运输都是必不可少的。运输的主要功能就是帮助产品在价值链中来回移动。既然运输利用的是时间资源、财务资源和环境资源，那么，只有当它确实提高产品价值时，该产品的移动才是重要的。

运输的主要目的就是要以最低的时间、财力和环境成本，将产品从原产地转移到规定的地点。此外，产品灭失损坏的费用也必须是最低的；同时，产品转移所采用的方式必须满足客户有关交付履行和装运信息的可行性等方面的要求。

**2) 产品和货物的短时储存**

对产品进行短时储存是一个不太寻常的运输功能，也就是将运输车辆临时作为储存节点。然而，如果转移中的产品需要储存，但在短时间内(如几天后)又将重新转移的话，该产品在仓库卸下来和再装上去的成本也许会超过在运输工具中每天支付的费用。当然，用运输工具储存产品可能是昂贵的；但当需要考虑装卸成本、储存能力限制、延长前置时间的能力时，从物流总成本或完成任务的角度来看或许是合适的。

**3) 物流节点的衔接**

在物流系统中，如果没有一个很好的衔接，不同物流节点就像一座"孤岛"，只有把各个"孤岛"通过运输系统衔接起来，才能成为一个物流系统。在传统物流系统中，运输不仅承担着实物转移功能，而且承担着信息沟通与传递功能，或者说此时运输在物流系统衔接中发挥着核心作用。在现代物流系统中，运输与信息网络并行实现物流系统的衔接，前者侧重于实物衔接，后者侧重于信息衔接。

## (二)物流运输的作用

物流运输通常具有以下作用。

### 1. 运输创造物资的空间

物流运输可以创造"场所效应"。所谓场所效应，是指由于物品所处的空间场所不同，同种产品的使用价值的实现程度不同，其效益也不同。正是由于场所的变化和位移，最大限度地提高了产品的价值。通过运输将不同的"物"运到场所效应最高的地方，就能充分发挥物的潜力，实现资源的优化配置，使物品的使用价值和价值发挥到最大限度。

### 2. 运输是物流系统的主要支柱之一

物流是"物"的物理性运动，这种运动改变了物的时间和空间状态，运输承担了改变空间状态的任务。物流运输是物流的主要组成部分，通过装卸、搬运、配送等活动的配合，运输成为改变空间状态的主要手段，成为物流的主要支柱。

### 3. 运输是构成物流"第三利润源"的主要源泉

运输是运输靠大量的动力消耗来完成物的空间场所的改变，是一种运动中的活动，这种活动往往时间长、距离长、消耗也大。从运输费用上来看，根据一般综合分析计算社会物流费用，其中运输费占 60%，有些产品的运费甚至高于产品的生产费。所以，物流运输中节约的潜力是巨大的，成为物流中"第三利润源"的主要组成部分。

#### 4. 运输费用构成了物流费用的重要部分

物流过程所支付的直接费用主要有运输费、保管费、包装费、装卸搬运费和物流过程中的损耗费等。其中，运输费用所占的比重最大，是影响物流费用的一项重要因素。

物流运输费用与运输速度有密切关系，主要表现在以下两个方面：首先，运输商提供的服务越快速，实际需要收取的费用也就越高；其次，运输服务越快，转移中的存货越少，可利用的运输间隔时间就越短。因此，在选择最合理的运输方式时，至关重要的问题就是如何平衡其服务的速度和成本。

## 二、物流运输客户的类型及运输需求

下面介绍物流运输客户的类型及运输需求。

### (一)物流运输客户的类型

物流运输客户就是委托物流运输企业承担委托人的物品以实现空间位置移动的委托企业或个人。

#### 1. 按合作时间分类

按合作时间分类，物流运输客户可以分为长期客户和临时客户。长期委托该物流运输为委托人进行物品运输的客户是长期客户，偶尔几次委托物流运输为委托人进行物品运输的客户是临时客户。

#### 2. 按物品所有权分类

按物品所有权分类，物流运输客户可以分为货主和运输中介。针对物流运输服务来说，不管是物品所有人还是运输中介都是客户。物品所有人或中介都是物流运输服务的直接客户，委托中介办理人是物流运输服务的间接客户。

#### 3. 其他分类方式

客户是物流运输的服务对象，物品是物流运输的移动对象。这是企业物流中心运输、供应链物流运输、第三方物流运输的共性，但因利益关系的不同而形成内部客户和外部客户之分。第三方物流运输也有内部客户、外部客户之分，第三方物流内部客户关系体现在内部部门与部门之间、下一个流程与上一个流程之间的协调关系。内部客户的经济利益是一致的。例如，某人到某火车站托运一件不到 10 千克的行李，自车站为他出具承运单据起，他就是该车站的外部客户，不过只是该车站的临时客户，可以享受该车站提供的服务。

### (二)物流客户的运输需求及特点

下面分别介绍物流客户的运输需求及特点。

#### 1. 运输需求

运输需求是指在一定的时期内、一定的价格水平下，社会经济生活在货物与旅客空间

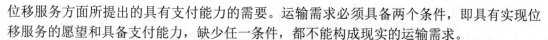

位移服务方面所提出的具有支付能力的需要。运输需求必须具备两个条件，即具有实现位移服务的愿望和具备支付能力，缺少任一条件，都不能构成现实的运输需求。

运输需求通常包含以下五项要素。

(1) 运输需求量，也称流量，通常用货运量来表示，用来说明货物需求的数量与规模。

(2) 流向，是指货物发生空间位移时的空间走向，表明客货流的产生地和消费地。

(3) 运输距离或运输航线，也称流程，是指货物所发生的空间位移的起始地至到达地之间的距离。

(4) 运输价格，是指为服务运输单位运输一定重量或体积的货物所需的费用。

(5) 运输需求结构，是指按不同货物种类或不同服务内容如装卸、堆存、仓储等对运输需求的分类。

### 2．运输需求的特点

运输需求通常具有以下特点。

1) 派生性

在经济生活中，如果一种商品或服务的需求是由另一种或几种商品或服务派生出来的，则称该商品或服务的需求为派生需求，引起派生需求的商品或服务需求为本源需求。运输需求是社会经济活动的需求派生出来的，因为货主提出位移要求的目的并不是位移本身，而是为实现生产或生活的目的，完成空间位移只是其为实现真正目的的一个必不可少的环节，所以，运输需求是派生需求。因此，研究运输需求要以社会经济活动为基础。

2) 规律性

运输需求起源于社会经济活动，而社会经济的发展及增长速度具有一定的规律性，因此，运输需求也具有规律性。通常，经济繁荣带来运输需求的增长，经济萧条带来运输需求的下降。在国际运输中，由于运输需求是由世界经济和国际贸易派生出来的，其发展变化同世界经济和国际贸易密切相关；但由于国际贸易和国际运输的特点，世界经济活动的兴衰反映到国际运输需求上往往会有一段时间的滞后。

3) 不平衡性

运输需求的不平衡性体现在时间、空间和方向上。时间上的不平衡主要是由于农业生产的季节性、贸易活动的淡旺季等。空间和方向上不平衡主要是由于资源分布、生产力布局、地区经济发展水平、运输网络布局等。

4) 个别需求的异质性

个别需求的异质性是指个别运输需求因货种和服务内容而对质量管理和工艺要求不同，对运价水平要求不同等。例如，装卸木材、集装箱、石油、卡车这些不同种类的货物对装卸质量和装卸工艺要求不同；鲜花等货物同一般货物在保管上要求不同；高价值货物与低价值货物能够承担的运输费用、装卸质量和保管的安全性水平不同等。

## 三、物流运输服务的人员构成

物流运输服务的人员构成包括参与者和提供者。

### (一)物流运输服务的参与者

运输服务与一般的服务不同，要受到托运人(起始地)、收货人(目的地)、承运人、政府机构和公众五方的影响，它们都是运输服务的参与者。

### 1. 托运人和收货人

托运人和收货人作为运输合同的各方，他们的目的是相同的，就是要在规定的时间内以最低的成本将货物从起始地运送到目的地。运输服务应包括具体的提取货物和交付货物的时间，预计运输时间，货物损失率以及精确和适时地交换装运信息和签发凭证等。

### 2. 承运人

承运人作为中间环节，他期望以最低的成本完成所要完成的运输任务，同时获得最大的运输收益。因此，承运人希望以托运人(或收货人)愿意支付的最高费率收取运费，力争使运送货物所需的劳动力、燃料和运输工具成本达到最低，并期望在提取和交付时间上有灵活性，以便能够使个别装运整合成批量经济运输。

承运人可以分为自营承运人、公共承运人和契约承运人。公共承运人在经营权范围内运输货物，并有责任以非歧视价格面向社会公众提供服务；契约承运人仅向与其订有契约的客户提供合同规定的运输服务，且可以按合同向不同的客户索取不同的运价；自营承运人是自己拥有运输工具运输自己产品的企业。

**知识拓展 9-1** 的内容见右侧二维码。

承运人—托运人合同.docx

### 3. 政府机构

由于运输是一种经济行业，所以政府要维持交易中的高效率。政府期望形成稳定而有效率的运输环境，促使经济持续增长，使产品有效地转移到各个市场，并以合理的成本获得产品。因此，政府比一般企业要更多地干预了承运人的活动，这种干预往往采取规章制度、政策促进、拥有承运人等形式。政府通过限制承运人所能服务的市场或确定他们所能收取的价格来规范他们的行为；通过支持研究开发或提供诸如公路或航空交通控制系统之类的通行权来促进承运人发展。目前，世界许多国家的运输设施仍然是主要由政府提供，一些公共运输的经营也由政府负责。

### 4. 公众

公众关注运输的可达性、费用和效果，以及环境上和安全上的标准。公众按合理价格产生对周围商品的需求并最终确定运输需求。尽管最大限度地降低成本对于消费者来说是重要的，但与环境和安全标准有关的交易代价也需要加以考虑。尽管目前在降低污染和消费安全方面已有了重大进展，但空气污染等产生的影响仍是运输的一个重大问题。既然要把降低环境风险或运输工具事故的成本转嫁到消费者身上，那么他们必然会共同参与对运输的安全做出判断和决策。总体来看，公众对运输的影响都是间接的，但其影响力却不容忽视。

以上各方的参与使运输服务变得很复杂。这种复杂性要求物流运输管理需要考虑多方面的因素，顾及多方面的利益。

### (二)物流运输服务的提供者

物流运输服务是由各类提供者共同提供的，主要包括单一方式经营人、专业承运人、联运经营人和非作业性质的中间商。

### 1. 单一方式经营人

最基本的承运人类型是仅利用一种运输方式提供服务的单一方式经营人，这种集中程度使承运人高度专业化，且有足够的能力和较高的效率。如航空公司就是单一方式的货运承运人，他们只提供机场至机场的服务，托运人须自己前往机场和离开机场。

### 2. 专业承运人

由于小批量货物装运和交付在运输中存在很多问题，公共承运人很难提供价格合理的小批量装运服务，且服务质量较低，于是那些提供专门化服务的公司就乘机进入小批量装运服务市场或包裹递送服务市场，如中国邮政、EMS 和一些快递公司等。

### 3. 联运经营人

联运经营人使用多种运输方式，利用各自的内在经济性以最低的成本条件提供综合性服务，组成托运人眼中的"一站式"服务。对于每一种多式联运的组合，其目的都是要综合各种运输方式的优点，以实现最优化绩效。现在人们越来越强烈地意识到多式联运将成为提供高效运输服务的一种重要手段。

### 4. 中间商

运输服务的中间商通常不拥有运输设备，但向其他厂商提供经纪服务，他们的职能多少类似于营销渠道中的批发商。中间商通常向托运人提供的费率在相同的装运批量上低于专业承运人的费率。中间商的利润是向托运人收取的费用和向承运人购买的运输服务成本之间的差额。货运中间商可以使托运人和承运人有机地结合起来，既方便了小型托运人的托运活动，同时也简化了承运人的作业行为，并且可以通过合理安排运输方式，避免物流运输的浪费。运输服务中间商主要有货运代理人、经纪人以及托运人协会等。

## 四、物流运输服务的作业管理

下面介绍物流运输服务的管理特点和作业流程管理。

### (一)物流运输服务管理的特点

物流运输服务管理具有以下特点。

### 1. 专业化

物流运输服务管理需要具有专业化的运输管理人员、专业的设施设备、专业的服务管理。只有这样才能及时高效地完成运输服务，树立良好的形象，创造竞争优势，从而开发更多的客户。

### 2. 系统性

在进行第三方物流运输管理时，要从系统的高度合理地运用运输工具，提高运输效能；通过运输信息系统对运输源、客户及其需求、服务项目和运输单证等进行综合管理，以求效益最大化。

### 3. 信息化

信息系统水平是物流现代化的标志。第三方物流企业通常会同时承接多个运输任务，为了有效地进行管理和控制，必须建立完善的信息系统。通过运输信息系统，及时把握市场信息，有效合理地使用运力，制定出最经济、最合理的运输方案。

## (二)物流运输服务的作业流程管理

运输服务的一般作业流程包括接单、发运、到站和签收四个环节，另外还有在发运和到站中可能存在的短驳和中转。

### 1. 物流运输服务的接单管理

接单管理中，要了解客户的来源以及真正的需求，为争取主动权创造有利的条件。应根据订单利润空间的大小，确定是否接受订单，如接单则需合理配置资源，优先满足关键客户，并不断超越他们的期望，以获得更大的利润空间。物流服务中一项重要的服务内容就是提供配送、拆装等增值业务，为了保证在进行货物运送时不丢失、不混乱，就必须弄清楚货物的详细信息。因此，在接单环节，除了一般的货运信息外，还应提供货物明细信息的维护功能。

### 2. 物流运输服务的发运管理

发运业务是指按照交通运输部门的规定，根据运输计划安排，通过一定的运输方式和运输工具，把货物从生产地(或起运地)运到销地(或收货地)的第一道环节，这是运输业务的开始。

由于这项工作是整个运输工作的第一道业务环节，因此，对整个运输过程中的时间、运量、质量、费用及安全性等运输经济指标起着决定作用，是保证第三方物流运输服务质量的基础。

由于各类货物需要的运输方式不同，其流转手续、操作也有所不同，一般来说，发运作业可分为以下工作流程。

1) 货物的组配

货物的组配就是根据货源、运力的情况，将待运的各种货物按照性质、重量、体积、包装、形状、运价等因素合理地配装在一定容积的运输工具里。组配是一项技术性很高的工作，直接关系到运输工具的利用程度、运费的高低和货物的安全。组配是发运业务的第一道环节，直接影响运输的质量。

2) 制单

制单主要是商品运单和运输交接单。商品运单是办理托运和承运手续的依据，也是物流企业安排运力、办理商品交接和计费的原始凭证，它一经签订便具有契约性质。运输交接单是企业与接运方或中转方之间商品交接的凭证，也是收货方掌握在途商品情况及承付货款的依据。

3) 办理托运手续

交由其他运输企业运输的商品，要根据制好的单据办理托运手续，其受理后，即可根据指定的时间和货位送货，办理交接手续。送货时，必须保证商品包装完整，标志清楚，以防止错串。

4）送单

领货凭证、付费收据、运输交接单、商品调拨供应单、补运单、商品供应凭证等随货物同行的单据，应在办完托运手续后及时发给接收方，以便其收货时清点验收。例如铁路整车发运一般采取单货同行的方式；而水运由于其速度较慢，所以多采用邮寄方式。

5）通知

商品发运后应立即向收货方通报发站、到站、发运车号、运单号、件数、重量、发运日期等情况，以便收货方及时做好接收商品准备工作，或中转方充分做好接转商品的衔接工作。

6）结算

在商品发运后，根据不同的发运方式，发货方向收货方或承运方核算和收付代垫运杂费和其他费用。

### 3. 物流运输服务的接运管理

货物接运是指货物从发运地到达收货地后，收货单位根据到达的站、港通知，同物流企业办理的货物点验接收工作。接运关系到运输时间、货物质量和能否及时入库和销售，直接关系到运输服务的质量和在运输过程中的责任分担，从而对客户接受的运输服务的满意度产生直接影响。

### 4. 物流运输服务的中转管理

商品中转运输，是指商品在从发地到收地的运输过程中，由于受购销数量、自然地理位置和交通线路等影响不能直达，必须经两种(项)或两种(项)以上的运输工具换装，才能运达目的地的运输业务。由于中转运输连接着收货方和发货方，在运输过程中起着承前启后的作用，所以，中转的好坏直接影响着商品运送时间的长短、费用的高低、商品的安全和运输的经济效益。

## 五、物流运输服务的定价

运输价格，是指单位运输生产量的营运收入，是运输劳务的销售价格，是运输劳务价值的货币表现。运输价格是国民经济价格体系的一个重要组成部分。

### (一)运价的构成

运输价格主要由运输成本、税金和利润三部分组成。

### 1. 运输成本

运输成本是指运输经营者完成运输生产任务所耗费的全部活化劳动和物化劳动的货币表现。它是运价的主要组成部分。运输成本的高低，在很大程度上反映了运输劳务价值量的大小。准确核算运输成本是制定运价的重要依据。运输成本主要由基础设施成本、运转设备成本、营运成本和作业成本四项内容构成，包括工资、附加工资、燃料费、折旧费、维修费、养路费、通行费、运输管理费、事故损失费和管理费等项目。

### 2. 税金

税金是经营者从事运输生产活动所创造的剩余价值中的一部分。

### 3. 利润

利润是经营者从事运输生产活动所创造的剩余价值中的另一部分，是经营者投资和从事运输活动所产生的收益。对运输业户而言，一定时期内所获利润额的大小，直接影响到其自身的生存和发展。

## (二)运输价格形式

运输服务项目繁多，成本消耗方式也各不相同，因此，制定和核计运输服务价格，应根据具体服务内容的不同，以基价加附加价的形式进行。

根据运价对国民经济和人民生活的影响程度，运输价格可分为政府定价、政府指导价和经营者定价三种价格形式。

### 1. 政府定价

政府定价是指各级交通主管部门按照运输价格管理权限制定的运输统一价格。近年来，随着市场的不断开放，政府定价的职能正在逐渐淡化。

### 2. 政府指导价

政府指导价是指各级交通主管部门按照运输价格管理权限制定的运输中准价格、浮动幅度及最低保护价。政府指导价体现了统一性与灵活性相结合的原则，允许经营者在规定范围和幅度内调价。

### 3. 经营者定价

经营者定价是指经营者在运输价格法规规定的范围内，根据运输生产成本、平均利润水平和市场供求状况，自主制定的运输价格。

政府定价和政府指导价应根据当地的物价总水平、运输的平均成本及市场供需状况，考虑到不同运输方式的比价关系，综合制定。经营者因经营活动的需要，可在规定的定价范围内或在政府指导价规定的幅度范围内自行制定、调整运输价格。经营者根据有关规定自行定价或调价后，应向当地交通主管部门备案，建立内部运价管理制度，加强运输价格内部管理。

**资料链接："十三五"期间交通运输部公布亮眼成绩单**

交通运输部 2020 年 10 月 22 日公布的统计数据显示，到"十三五"期末，预计铁路运营的总里程 14.6 万千米，覆盖 99% 的 20 万以上人口的城市，其中高铁运营里程大约 3.8 万千米，居世界第一位，覆盖 95% 的 100 万人口及以上的城市。

10 月 22 日下午，在国新办交通运输"十三五"发展成就新闻发布会上，李小鹏表示，"十三五"是交通运输加快发展的五年，是全面打赢交通脱贫攻坚战的五年，是交通运输有力支撑国家重大战略纵深推进的五年，也是运输服务提质增效降本和交通运输新技术新业态蓬勃发展的五年。

李小鹏10月22日表示，"十四五"期间，交通运输部将继续鼓励支持交通运输新业态发展，鼓励创新，促进新老业态融合发展。

交通运输部部长李小鹏表示，"十三五"期间交通运输规划目标任务圆满实现，交通固定资产投资完成16万亿元。

目前，我国公路通车里程大约510万千米，其中高速公路15.5万千米。高速公路通车里程也居世界第一位，覆盖了98.6%的20万人口以上的城市和地级行政中心。内河高等级航道达标里程1.61万千米，沿海港口万吨级及以上泊位数2530个。城市轨道交通运营里程7000千米，民用机场241个，覆盖了92%的地级市。

李小鹏介绍，"十三五"期间，我国预计累计中央投入超过9500亿元的车购税资金，支持贫困地区公路项目建设，这些资金约占全国车购税总规模的68%。五年间，新建、改建农村公路138.8万千米，预计到2020年年底可超过140万千米。

李小鹏介绍，"十三五"期间，中央投入的车购税资金分领域看，投资高速公路2869亿元，投资国省道的改造3567亿元，投资农村公路3102亿元。

此外，北京大兴国际机场、港珠澳大桥、京张高铁、长江南京以下12.5米深水航道等重大工程陆续建成投用，为京津冀协同发展和雄安新区建设、长江经济带、长三角一体化、粤港澳大湾区、黄河流域生态保护和高质量发展、成渝双城经济圈和海南自贸港等重大战略的实施提供了有力的支撑。

李小鹏介绍，"十三五"期间，铁路货运量占全社会货运量的比例由2017年的7.8%增长到2019年的9.5%。水路由14.14%提高到16.17%。集装箱铁水联运量年均增长超过了20%。快递业务量年均增速超过30%。快递业务的总量和快递业务的增速连续五年稳居世界第一。

在交通运输领域的新业态方面，李小鹏介绍，到目前为止，已经有190多家网约车平台公司获得了经营许可，各地共发放网约车驾驶员证250多万张，车辆运输证约104万张，网约车的日订单量2100多万单。共享单车在全国360多个城市投放运营，投入的车辆达到1945万辆。共享单车日均订单量超过4570万单，逐步走上规范发展的道路。

此外，目前全国已投入运营的共享汽车车辆超过20万辆，开通运营的城市有180多个。网络货运新业态共整合货运车辆172万多辆，占营运货车保有量的15.9%，货运市场集中程度也有所提高。

李小鹏表示，"十四五"期间，交通运输部将加快建设人民满意、保障有力、世界前列的交通强国，继续鼓励支持交通运输新业态发展，鼓励创新，促进新老业态融合发展。

(资料来源：现代物流报，2020-10-23)

## 第二节　物流配送服务

配送是一种特殊的、综合性的物流活动形式，是物流系统的一项重要职能。随着生产和消费需求的多样化、个性化发展，物流需求也向着多品种、小批量的方向发展，物流服务也必须更加贴近市场，贴近生产和消费，配送服务随之产生。配送服务是一种现代化送货方式，是大生产、专业化分工在流通领域的反映。

# 一、配送的概念、特点和作用

## (一)配送的概念及特点

### 1. 配送的概念

配送是现代物流的一个重要内容，它是现代市场经济体制、现代科学技术和现代物流思想的综合产物。配送是物流中一个重要的直接与消费者相连的环节，它是指按客户的订货要求，在物流中心进行分货、配货工作，并将配好的货物及时送交收货人的物流活动。物流配送是一种集集货、存储、配货、配装、送货等多种功能为一体的物资流通方式。

我国国家标准《物流术语》(GB/T 18354—2006)中对配送(Distribution)的定义为："在经济合理区域范围内，根据用户要求，对物品进行拣选、加工、包装、分割、组配作业，并按时送达指定地点的物流活动。"配送的目的在于最大限度地压缩流通时间、降低流通费用、提高客户服务水平、降低社会总成本、实现资源的最优配置。

配送是商流、物流统一的产物。从物流角度看，配送几乎包含了物流的所有职能，是在特定范围内物流全部活动的表现，是物流是缩影；从商流看，配送也是一种商业形式。尽管配送在具体实施时，所有的作业活动是以商流、物流分离的形式出现，但从配送的发展趋势来看，商流与物流越来越紧密地结合，这是配送职能整体化的体现。

**知识拓展 9-2** 的内容见右侧二维码。

配送的发展.docx

### 2. 配送的特点

配送具有以下特点。

1) 配送是"配"与"送"的有机结合

"合理地配"是指在送货活动之前必须依据顾客需求对其进行合理的组织与计划。只有"有组织、有计划"地"配"，才能实现现代物流管理中所谓的"低成本、快速度"地"送"，进而有效满足顾客的需求。

2) 满足顾客对物流服务的需求是配送的前提

由于在买方市场条件下，顾客的需求是灵活多变的，消费特点是多品种、小批量的，因此从这个意义上说，配送活动绝不是简单的送货活动，而应该是建立在市场营销策划基础上的企业经营活动。配送是从用户利益出发，按用户要求进行的一种活动，体现了配送服务性的特征。配送的时间、数量、品种、规格都必须按用户要求进行，以用户满意为最高目标。以往单一的送货功能已经无法较好地满足广大顾客对物流服务的需求，而配送活动则是多项物流活动的统一体。配送过程包含了采购、运输、储存、流通加工、物流信息处理等多项物流活动，是一种综合性很强的物流活动。

3) 配送是物流活动和商流活动的结合

配送作业的起点是集货，必然包括订货、交易等商流活动。在买方市场占优势的当代社会，商流组织相对容易，因此配送仍被视为一种以物流活动为主的业务形式。良好的配送活动有利于物流运动实现合理化，完善运输和整个物流系统，提高末端物流的效益，通过集中库存使企业实现低库存或零库存，简化事务，方便用户，提高供应保证程度，为电子商务的发展提供基础和支持。

4) 配送是一种末端物流活动

配送的对象是零售商或用户(包括单位用户、消费者)，故配送处于供应链的末端，是一种末端物流活动。

### 3. 配送与运输的区别

从表面上看，配送和运输都属于货物运输的范畴，但从实质来讲，它们之间是有明显区别的，这种区别主要表现在以下三个方面。

首先，配送仅指从物流据点至需求用户之间的货物输送，在整个货物运输过程中是处于二次输送、支线输送或终端输送的地位。其起止点是物流节点和用户。比如，工厂通过配送中心向顾客交货时，工厂和配送中心之间的货物输送称为运输，而配送中心到顾客(用户、门店)之间的货物输送则称为配送。

其次，由于配送运输的距离短、批量小、品种多，因而所采用的主要是短途运输工具——汽车等，与一般的货物运输相比，其运输方式、运输工具较单一。

最后，配送不是单纯的运输或输送，而是运输与其他活动共同构成的组合体。配送集装卸、包装、保管、加工、运输于一身，通过一系列活动完成将货物送达的目的，因此配送比单纯的运输要复杂得多。

## (二)配送的作用

配送是物流的一种基本职能，对于物流系统的完善以及整个社会经济效益的提高，都有非常重要的作用，具体表现如下。

### 1. 提高物流的社会化和合理化水平

配送不仅能提高物流的专业化、社会化程度，还能以其特有的优势调整流通结构。从组织形态上看，配送是以集中的、完善的送货取代分散性、单一性的取货。从资源配置上看，则是实行社会集中库存、集中配送，可以从根本上打破流通分割和封锁的格局，能够很好地满足社会化大生产的发展需要，有利于提高物流活动的社会化和合理化水平。

### 2. 有利于提高物流效率，降低物流费用

配送是专业化的活动，是一种运输、信息等物流资源相对集中的综合性经济活动，可以优化运输结构，提高设施、设备的利用率，有利于降低物流成本和生产成本。采用物流配送方式，批量进货，集中发货以及将多个小批量货物集中成大批量或形成单位批量发货，都可以有效地节省运力，实现经济运输，降低成本，提高物流效率。

### 3. 有利于降低库存水平

实现了高水平的配送之后，尤其是采取准时的配送方式之后，生产企业可以完全依靠配送中心的准时配送而无须保持自己的库存。或者，生产企业只需保持少量保险储备而不必留有经常储备，这就可以实现生产企业多年追求的"零库存"，将企业从库存的包袱中解脱出来，同时解放出大量储备资金，从而改善企业的财务状况。实行集中库存时，集中

库存的总量远低于不实行集中库存时各企业分散库存的总量，同时也增加了调节能力，提高了社会经济效益。此外，采用集中库存可利用规模经济的优势，使单位存货成本下降。

### 4. 有利于开发和应用新技术

开展配送活动，就要配备各种物流设施和设备，来提高物流配送的作业效率。配送的发展过程就是现代高新技术的应用和配送设施、设备的更新改造过程。

## 二、物流配送服务的种类及需求

下面分别介绍物流配送服务的种类和物流客户的配送需求。

### (一)物流配送服务的种类

根据经营形式、配送主体、种类、时间数量、配送专业化程度等的不同，配送可以划分为多种基本形式。

### 1. 按照配送的经营形式分类

按照经营形式分类，配送可分为如下几类。

1) 销售配送

销售配送主体是销售企业，或销售企业进行的促销型配送。这种配送的对象一般是不固定的，客户也不固定，配送对象和客户取决于市场的占有情况，因此，配送的随机性较强。

2) 供应配送

供应配送是客户为了自己的需要采取的配送方式，它往往是由客户或客户集团组建成的配送据点，集中组织大批量进货，然后向本企业或企业集团内若干下属企业配送。商业中的连锁商店广泛采取这种方式。这种方式可以提高供应水平和供应能力，可以通过大批量进货取得价格折扣的优惠，达到降低供应成本的目的。

3) 销售供应一体化配送

销售供应一体化配送方式是销售企业在销售产品的同时，对于那些基本固定的客户及基本确定的配送产品执行有计划的供应。销售者同时又是客户的供应代理人。这种配送有利于形成稳定的供需关系，有利于采取先进的计划与供应技术，有利于形成和保持流通渠道的稳定性。

4) 代存代供配送

代存代供配送是客户将属于自己的货物委托配送企业代存、代供，或委托代订，然后组织对本身的配送。这种配送的特点是货物所有权不发生变化，所发生的只是货物的位置转移，配送企业仅从代存、代供中收取代理收益，大多不能直接获得商业经营利润。

### 2. 按照配送主体进行分类

按照主体的不同，配送可分为以下几类。

1) 配送中心配送

配送中心配送的组织者是专职从事配送业务的配送中心。配送中心配送的数量大，品种多，半径大，能力强，可以承担企业生产用主要物资的配送及向商店补充性配送等。它是配送的主体形式，但由于需要大规模的配套设施，投资较大，且一旦建成则机动性较差，因此也有一定的局限性。

2) 商店配送

商店配送的实施者是商业或物资经营网点，主要承担零售业务，规模一般不大；但经营品种齐全，容易组织配送。商店配送实力有限，但网点多，配送半径小，比较机动灵活，可承担生产企业非主要生产用物资的配送，是配送中心配送的辅助及补充形式。

3) 仓库配送

仓库配送是以一般仓库为据点进行配送的形式，在仓库保持原有功能的前提下，增加了配送功能。仓库配送规模较小，专业化程度低，但可以利用仓库的原有资源而不需要大量投资，上马较快。

4) 生产企业配送

生产企业配送的组织者是生产企业，尤其是进行多品种生产的企业，可以直接由企业配送，而无须再将产品发运到配送中心进行中转配送。由于避免了一次物流的中转，因此具有一定的优势，但无法像配送中心那样依靠产品凑整运输取得成本优势。

**3. 按照配送的种类和数量进行分类**

按照种类和数量的不同，配送可分为以下几类。

1) 少品种大批量配送

少品种大批量配送适用于对单独一个或几个品种的物品具有持久的、较大的需求的客户。由于这种配送品种单一、数量多，可以实行整车运输，且多采用直送方式，有利于车辆满载和采用大车辆运送，通常配送成本较低。

2) 多品种少批量配送

多品种少批量配送适用于客户所需的物品数量不大、品种较多的情况。因此在配送时，要按客户的要求，将所需的各种物品配备齐全，凑整装车后由配送节点送达客户。这种配送模式对配货作业的水平要求较高，所需设备较复杂。

3) 配套成套配送

配套成套配送的特点是客户所需的物品是成套的。为了满足企业的生产需要，按其生产进度，将所需的各种零配件、部件全部配齐，定时送入各自生产线的不同环节进行产品装配。这种配送模式，虽然客户需求的品种较多，但相互之间有一定的比例关系，规律性较强。

**4. 按照配送时间和数量进行分类**

按照时间和数量进行分类，可将配送分为以下几类。

1) 定时配送

定时配送是按规定的时间间隔进行配送，如数日或数时配送一次，每次配送的品种、数量可按计划执行，也可以在配送之前以商定的联络方式通知配送时间和数量。定时配送有以下几种具体形式。

一是小时配，即接到配送订货要求 1 小时内将货物送达。适用于一般消费者突发的个性化配送需求，也经常用作应急的配送方式。

二是日配，即接到订货要求24小时之内将货物送达。日配是定时配送中较为广泛采用的方式，可使用户获得在实际需要的前半天得到送货服务的保障，基本上无须保持库存。

三是准时配送方式，即按照双方协议时间，准时将货物配送到用户的一种方式。这种方式比日配方式更精密，可实现零库存，适用于装配型、重复、大量生产的企业用户，往往是一对一的配送。

2) 定量配送

定量配送是指按规定的批量在一个指定时间范围内进行配送。由于配送数量固定，备货较简单，可以通过与客户协商，按托盘、集装箱及车辆的装载能力确定配送数量，以提高配送效率。

3) 定时定量配送

定时定量配送方式是按照规定的配送时间和规定的配送数量送达，兼有定时配送和定量配送的特点，要求配送企业有较高的管理水平和对市场较强的适应能力。

4) 定时定路线配送

定时定路线配送是在规定的运行路线上制定到达时间表，按运行时间表进行配送，客户可按规定路线和规定时间接货，或提出其他配送要求。这是一种提高运输效率、降低运输成本的方式；对客户而言，也可以有计划地安排接货工作。

5) 即时配送

即时配送可以不预先固定配送数量、时间及路线，完全按客户提出的配送时间和数量随时进行配送，它是一种灵活性很高的应急配送方式。采用这种配送方式的货物，客户可以实现保险储备为零的零库存，即以即时配送代替了保险储备。但这种配送方式的费用一般较高，管理和运作难度较大。

**5. 按照配送专业化程度进行分类**

按照专业化程序的不同，配送可分为如下几类。

1) 综合配送

综合配送的特点是配送的商品种类较多，且来源渠道不同；但在同一个配送据点中组织对客户的配送作业，因此综合性强。同时，由于综合性配送的特点，决定了它可以减少客户为组织所需全部商品进货的负担，特别是多头进货造成的成本提高，这样只需通过配送企业的集货作业，便可以解决客户对多种商品的需求。

2) 专业配送

专业配送是指按产品性质、形状的不同适当地划分专业领域的配送方式。其主要优势在于可以根据专业的共同要求来优化配送设施，优选配送机械及配送车辆，制定适用性强的工艺流程等，从而提高配送各环节的工作效率。

### (二)物流客户的配送需求

物流客户的配送需求是指在一定时期内客户由于经营需要而产生的对物在空间、时间和费用方面的需求，涉及订单处理、库存、运输、装卸搬运、流通加工以及与之相关的信息需求等配送活动的各方面。

配送需求包括量和质两个方面，即从配送规模和配送服务质量中综合反映出配送的总体需求。配送规模是配送活动中订单处理、库存、运输、装卸搬运、流通加工等配送作业量的总和，其中货物运输是配送过程中实现空间转换的中心环节。配送服务质量是配送服务效果的集中反映，可以用配送时间、配送费用、配送效率来衡量，其变化突出表现在降低配送时间、降低配送成本、提高配送效率等方面。

由于企业规模各不相同，客户也具有不同的配送需求，因此，在进行配送需求的分析时，要依据企业的规模做适当的调整。企业的需求结构主要包括三个层次：一是功能性需求，属于配送的作业层次；二是配送的规划与管制需求，属于管理层次；三是策略性需求，包括策略目标(如成本、品质、速度、弹性等)和建立信息共享机制，以实现配送信息的共享与沟通。企业规模不同，管理的层面也不一样，企业要能了解公司本身的定位及业务需求，才能制定出合适的配送服务。

## 三、物流配送服务的作业流程

下面具体介绍物流配送服务的作业流程。

### (一)配送服务的基本环节

从总体上看，配送是由备货、理货和送货三个基本环节组成的，其中每个环节又包含着若干项具体的活动。

#### 1. 备货

备货是指准备货物的系列活动，包括筹集货物和存储货物，它是配送的基础环节。配送的优势之一，就是可以集中若干用户的需求进行一定规模的备货。备货是决定配送成败的初期工作，如果备货不及时或不合理，会导致备货成本太高，从而大大降低配送的效益。

#### 2. 理货

理货是配送的一项重要内容，也是配送区别于一般送货的重要标志。理货一般包括货物分拣、配货、包装等活动。理货是完善送货、支持送货的准备性工作，也是决定整个配送系统服务水平的关键环节。

#### 3. 送货

送货就是货物的运输或运送，是备货和理货工序的延伸，也是配送活动的核心。

### (二)物流配送服务的主要流程

物流配送服务的流程可分为以下几种。

#### 1. 物流配送服务的一般流程

一般配送服务以中、小件杂货配送为主，由于货物较多，为了保证配送，需要有一定的储存量，属于有储存功能的配送服务。理货、分类、配货、配装功能要求较强，很少有流通加工的功能，这种流程也可以说是配送服务的典型流程，其主要特点是有较大的储存、分货拣选、配送场所，作业装备也较大。其流程如图 9-1 所示。

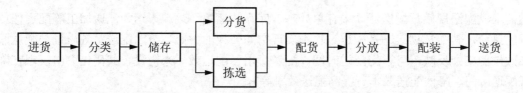

图 9-1　物流配送服务的一般流程

### 2. 不带存储库的配送服务流程

不带存储库的配送是一种专以配送为职能，只有为一时配送备货的暂存，而无大量储存的配送服务。暂存区设在配货场地中，配送作业场所中不单设储存区。这种配送服务的主要场所都用于理货、配货。其流程如图 9-2 所示。

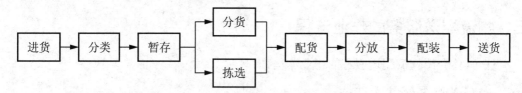

图 9-2　不带存储库的配送服务流程

### 3. 加工配送型配送服务流程

加工配送型配送服务的特点是进货商品批量大、品种少、分类工作不重或基本上无须分类；储存后进行的加工，一般按用户要求进行，加工后产品直接按用户需求分放、配货。所以，这种配送服务有时不单设分货、配货或拣选环节，而加工部分及加工后分放部分是主要作业环节，占较多空间。

加工配送型配送服务一般有多种模式，随加工方式不同，流程也有所区别，典型流程如图 9-3 所示。

图 9-3　加工配送型配送服务流程

### 4. 批量转换型配送服务流程

在批量转换型配送服务中，产品以单一品种、大批量方式进货，在配送服务下转换成小批量。其流程如图 9-4 所示。

图 9-4　批量转换型配送服务流程

这种配送服务流程十分简单，基本不存在分类、拣选、分货、配货、配装等工序。但是，由于是大量进货，储存能力较强，所以储存及装货作业最重要。

## (三)物流配送服务及基本作业流程

配送服务的对象、品种、数量等较复杂，为了做到有条不紊地组织配送活动，应当遵照一定的作业流程进行。一般情况下，配送服务的基本作业流程主要包括以下几方面。

### 1. 拟订配送计划

根据用户的订货合同，确定用户的送达地、接货人、接货方式、货种、规格、数量、送货时间及送接货的其他要求；了解所需配送的各种货物的性能、运输要求，以决定车辆种类及搬运方式；每天每小时的运力配置情况；交通条件的道路水平；配送中心所存货物品种、规格、数量情况等。

### 2. 确定配送计划

掌握了以上原始数据，依据一定的算法，确定配送计划。由于变量多、计算量大，可用计算机进行。

### 3. 执行配送计划

配送计划确定后，将到货时间、品种、规格、数量通知用户和配送中心，中心配发，用户准备接货。

配送中心依据配送检查库存货物，对数量种类不足的货物，马上进货，并向物流中心的运输部门、仓储部门、分货包装及财务部门下达配送任务。各部门分别完成配送准备，理货部门按计划将各用户所需要的各种货物进行分货及配发包装，标明收货人的名称、地址、配送时间、货物明细，按计划将各用户货物组合、装车，车辆按计划路线送货上门，用户在运单回执上签字，配送完成后，通知财务部门结算。

## 四、物流配送成本的构成

通过配送，物流活动才得以实现，但完成配送活动需要付出一定的代价，即配送成本。

配送的主体活动是配送运输、分拣、配货及配载。分拣配货是配送的独特要求，也是配送中有特点的活动。以送货为目的的配送运输是最后实现配送的主要手段，从这一点出发，常常将配送简化看成运输中的一种。

配送成本是配送过程中所支付的费用总和。根据配送流程及配送环节，配送成本实际上包含配送运输费用、分拣费用、配装及流通加工费用等全过程费用。其成本应由以下费用构成。

### (一)配送运输费用

配送运输费用可分为两部分。

#### 1. 车辆费用

车辆费用是指从事配送运输生产而发生的各项费用。具体包括驾驶员及助手等工资及福利费、燃料、轮胎、修理费、折旧费、养路费、车船使用税等项目。

#### 2. 营运间接费用

营运间接费用是指营运过程中发生的不能直接计入各成本计算对象的站、队经费，包括站、队人员的工资及福利费，办公费，水电费，折旧费等内容，但不包括管理费用。

### (二)分拣费用

分拣费用包括以下两部分。

#### 1. 分拣人工费用

分拣人工费用是指从事分拣工作的作业人员及有关人员工资、奖金、补贴等费用的总和。

#### 2. 分拣设备费用

分拣设备费用是指分拣机械设备的折旧费用及修理费用。

### (三)配装费用

配装费用由以下三部分构成。

#### 1. 配装材料费用

常见的配装材料有木材、纸、自然纤维和合成纤维、塑料等。这些包装材料功能不同，成本相差很大。

#### 2. 配装辅助费用

除上述费用外，还有一些辅助性费用，如包装标记、标志的印刷、拴挂物费用等的支出。

#### 3. 配装人工费用

配装人工费用是指从事包装工作的工人及有关人员的工资、奖金、补贴等费用的总和。

### (四)流通加工费用

流通加工费用由以下几部分构成。

#### 1. 流通加工设备费用

流通加工设备因流通加工形式的不同而不同，购置这些设备所支出的费用，以流通加工费用的形式转移到被加工产品中去。

#### 2. 流通加工材料费用

流通加工材料费用是指在流通加工过程中，投入加工过程中的一些材料消耗所需要的费用。

#### 3. 从事加工活动的人员工资、奖金等费用

这些人员包括管理人员、工人及有关人员。

配送成本费用的计算由于涉及多环节的成本计算，对每个环节应当计算各成本计算对象的总成本。总成本是指成本计算期内成本计算对象的成本总额，即各个成本项目金额之和。配送成本费用总额是由各个环节的成本组成的。其计算公式为

$$配送成本=配送运输成本+分拣成本+配装成本+流通加工成本$$

需要说明的是，在进行配送成本费用核算时要避免配送成本费用重复交叉。实际应用中，应该根据配送的具体流程归集成本，不同的配送模式，其成本构成差异较大。在相同的配送模式下，由于配送物品的性质不同，其成本构成差异也很大。

**知识拓展 9-3** 的内容见右侧二维码。

佛山物流为海天味业提供
一体化物流服务.docx

# 第三节　物流客户保管服务

物流保管服务是物流服务系统的一个重要组成部分，是在保证物品的品质和质量的前提下，依据一定的管理规则，在一定的时期内把物品存放在一定场所的活动。保管服务连接生产和消费的时间间隔，产生时间功效，调节物品的供需关系。

## 一、物流保管服务概述

下面介绍物流保管服务的概念、功能和作用。

### (一)保管的概念与功能

下面首先介绍保管的概念，在此基础上分析保管的功能。

#### 1. 保管的概念

保管的过程是保护商品的价值和使用价值不受损害的过程。保管的主要任务是通过研究商品的性质以及商品在储存期间的质量变化规律，创造一个适合于商品储存的环境条件，维护商品在储存期间的安全，最大限度地降低商品的损耗。

我国国家标准《物流术语》(GB/T 18354—2006)中对保管(Storage)的定义为："对物品进行保存及对其数量、质量进行管理控制的活动。"

可见，保管是在一定的时期和场所，以适当的方式维持物资的质量和数量等的活动，是一种比较广泛的经济现象。保管作为社会再生产各个环节之间"物"的停滞，是供求之间的缓冲器，它保证了物流的可得性(顾客的商品需求)，创造了物资的时间价值。

#### 2. 保管的功能

从保管的概念可以看出，保管是以改变"物"的时间状态为目的的活动，在克服产需之间的差异上，获得更好的效用。保管主要具有以下功能。

##### 1) 调节供需功能

创造物流的时间效用是物流系统的基本功能之一，物流系统的这一功能是由保管活动来完成的。生产社会化、专业化程度的提高与消费多样化和复杂化之间的矛盾，生产的连续性与消费的不均衡性，或消费的连续性与生产的不均衡性之间的不协调等，都体现了生产与消费的不同步。为了使生产与消费、供应与需求之间有效协调，就需要储存保管活动来调节，使社会再生产过程不断地进行。

2）调整价格功能

正因为保管能协调供需之间存在的时间差，物资才能取得自身最高的价值，才能获得理想的效益。供大于求，则价格下降；供不应求，则价格上涨。供大于求，减少供给；供不应求，则增加供给。在这个过程中，保管起到了调整价格的作用，而其价格的调整功能是伴随着调节供需功能体现的。

3）降低运输成本

大规模、整车运输会带来运输经济性，通过储存保管将运往同一地点的小批量的商品聚集成较大的批量，到达目的地后再小批量地送到不同客户手中，这样就大大降低了运输成本，提高运输效率。

4）流通配送功能

在现代物流体系中，一些仓库已由原来单纯的储存保管型向流通型转变。保管功能由保管货物中心开始向流通、销售中心转变。仓库除了完成货物储存保管的基本功能外，还要完成货物的分拣、配套、流通加工等新的作业要求。这就要求储存保管既要完成基本的保管任务，又要具有商品流通配送的功能。保管活动也因此从静态转向动态。

### (二)保管在企业经营中的作用

社会再生产过程是连续生产和流通的统一。生产企业中的生产储存保管是物资作为生产过程的准备条件，只有一定量的生产性储存，才能保证不间断地均衡生产。

保管存在于企业经营过程的各个环节间，也就是说，在采购、生产、销售的不断循环的过程中，库存使各个环节相对独立的经济活动成为可能。同时保管可以调节各个环节之间由于供求品种及数量的不一致而发生的变化，使采购、生产和销售等企业经营的各个环节连接起来，起到了润滑剂的作用。对于仓储在企业中的角色，不同的部门存在不同的看法。销售部门愿意维持较高的库存水平并尽可能备齐各种商品，避免发生缺货现象，以提高顾客满意度。库存管理部门力图保持最低的库存水平以减少资金占用，节约成本。采购部门为了降低单位购买价格，往往会增加库存水平。制造部门愿意对同一产品进行长时间的大量生产，这样可以降低单位产品的固定费用，而这样又往往会增加库存水平。总之，库存管理部门和其他部门的目标存在冲突，为了实现最佳库存管理，需要协调和整合各个部门的活动，使每个部门不仅以有效实现本部门的功能为目标，更要以实现企业的整体效益为目标。

保管是物资的一种停滞状态，在某种意义上是价值的一种"损失"；但作为一切社会再生产中必然的经济现象和物流业务的主要活动，对于促进国民经济的发展和物流的顺利进行具有重要作用，这种"付出的代价"不仅是必要的，而且具有重要意义。

## 二、物流保管客户分类与服务类型

下面分别介绍物流保管客户的分类和物流保管服务的类型。

### (一)物流保管客户的分类

物流保管客户主要有以下几种分类方法。

### 1. 按照保管的功能分类

(1) 为了调节物资的需求与供应的关系而进行物品保管的客户。在由供应商、企业和顾客组成的物流供应链中，下一道环节对物资的需求与上一道环节的供应在时间上往往是不同步的，这种需求和供应之间的时间差需要保管来调节。

(2) 为了调整价格而进行物品保管的客户。由于保管能调节需求和供应之间的时间差，物资才能取得自身的最高价值，从而获得理想的效益。如果没有保管这一环节，物资生产者将遭受损失，而消费者将缺乏物资的供给保障。

### 2. 按照保管对象分类

(1) 交付保管的物品是生产资料的客户。
(2) 交付保管的物品是消费资料的客户。

### 3. 按照客户所属的领域分类

(1) 生产领域的客户。
(2) 流通领域的客户。
(3) 中介方面的客户。

## (二)物流保管服务的类型

物流保管服务的分类有多种方法。

### 1. 按照保管内容分类

(1) 仓库储存保管。仓库储存保管指的是物品在仓库或配送中心中的储存。仓库所保管的物品具有一定的价值和使用价值。

(2) 储存物品的保管。储存物品的保管是保障物品在储存过程中使用价值不受到损坏。其实质就是在保证物品的品质和数量的前提下，依据一定的管理原则，在一定的期限内把物品存放在一定场所的活动。

### 2. 按照保管对象分类

(1) 生产资料保管，指的是生产企业为了保证生产的正常进行而进行的生产资料的保管。

(2) 消费资料保管，指的是生产厂家、流通企业等为了能及时满足客户的订货要求而进行的商品保管。

### 3. 按照附加值分类

(1) 一般保管，是指商品在保管过程中，它的价值和使用价值没有发生变化的保管。

(2) 增值保管，是指商品在保管过程中根据需要而进行重新包装、分割、计量、分拣、组装、价格贴付等简单作业的总称。

### 4. 按照保管时间分类

(1) 长期保管，是指客户长期委托保管营业人进行物品保管。
(2) 短期保管，是指客户短期内委托保管营业人进行物品保管。

## 三、物流保管服务的作业流程

下面具体介绍物流保管服务的原则、基本任务及作业流程。

### (一)物流保管服务的原则

物流保管服务应遵循以下原则。

#### 1. 面向通道原则

为了方便物品的出入库及在库内的移动，需将物品面向通道保管。

#### 2. 分层堆放原则

为了提高库存利用率，保证作业的安全性、防止物品受损，需要利用货架等保管设备进行分层堆放保管。

#### 3. 周转频率对应原则

周转频率对应原则是依据物品进货发货的频率来确定物品的存放位置。比如出货和进货频率高的物品应放在靠近出入口、易于作业的地方；流动性差的物品应放在距离出入口稍远的地方。

#### 4. 同一性原则

员工对库内物品放置位置的熟悉程度直接影响着出入库的时间，从而影响作业效率。同一性原则指的是同一物品或类似物品应放在同一地方或相邻的地方保管，这样便于提高物流的效率。

#### 5. 重量对应原则

重量对应原则是指根据物品的重量确定物品存放的位置和保管方法。具体地说，比较重的物品应放置在地上或货架的底层，比较轻的物品应放置在货架的上层。这对于提高效率、保证安全是一项重要原则。

#### 6. 形状对应原则

形状对应原则是指根据物品的形状确定物品存放的位置和保管方法。如标准化的物品应放在托盘或货架上来保管，非标准化的物品对应于形状进行保管，并可通过特殊的保管机械或设备尽量使非标准化物品(特殊形状的物品)成为标准化物品(包装上的标准化)，以便提高保管效率。

#### 7. 先进先出原则

先进先出原则要求先入库的物品应先发货送出。先进先出原则是为了防止库存物品因保管时期过长而发生变质、损耗、老化等现象，特别是对于一些易变质、易破损、易腐烂和机能易退化、老化的物品来说，这一原则非常重要。

### 8. 明确表示原则

明确表示原则是指对物品的品种、数量及保管位置(如货架编号、层次等)清楚明晰地表示。这样便于作业人员的作业，从而提高物品存放、拣出等作业的效率。

## (二)保管的基本任务

保管有以下几项基本任务。

### 1. 物资存储

物资的存储有可能是长期存储，也可能只是短时间的周转存储。进行物资存储既是仓储活动的表征，也是仓储最基本的任务。

### 2. 流通调控

流通调控的任务就是对物资是仓储还是流通做出安排，确定储存时机、计划存放时间，当然还包括储存地点的选择。

### 3. 数量管理

仓储的数量管理包括两个方面：一方面，存货人交付保管的仓储物的数量和提取仓储物的数量必须一致；另一方面，保管人可以按照存货人的要求分批收货和分批出货，对储存的货物进行数量控制，配合物流管理的有效实施，同时向存货人提供存货数量的信息服务，以便客户控制存货。

### 4. 质量管理

为了保证仓储物的质量不发生变化，保管人需要采取先进的技术、合理的保管措施，妥善和勤勉地保管仓储物。

## (三)保管服务的作业流程

物流保管服务按业务活动的流程可以分为三个阶段：入库阶段、保管养护阶段和供应发放阶段。

### 1. 入库阶段

货物的入库阶段，是指货物进入库场储存保管时所进行的卸货、搬运、清点数量、检验质量、装箱、整理、堆码、办理入库手续等一系列操作。货物入库的基本要求是，根据货主的正式入库凭证，清点货物数量，检查货物质量和包装，检验货物的标志，并按照规程安排货物的入库存放。

1) 入库前的准备

仓库工作人员应根据仓储合同或者入库单、入库计划，及时进行库场准备，以便货物能按时入库，保证入库过程的顺利进行。仓库的入库准备需要由仓库的业务部门、仓库管理部门、设备作业部门分工合作，要针对入库货物的性质、特点和数量，确定存放地点、垛形，准备装卸工具和检验工具，组织人力，对有毒货物要准备好防护用品。

在实际操作中，由于仓库、货物性质的不同，入库准备工作也有所差别，这就需要根据具体情况和仓库制度做好充分准备。

2) 货位的选择原则

选择货位时，要注意以下几点：货物的尺度、货量、特性、保管要求，先进先出、缓不围急，出入库频率高低和储存期的长短，操作的便利性，作业量分布均匀的原则。

3) 货物的存放方法

根据货物的特性、包装方式和形状、保管的要求，方便作业和充分利用仓容以及仓库的条件确定存放方式。仓库货物存放的方式有：地面平放式、托盘平放式、直接码垛式、托盘堆码式和货架存放式等。

4) 货物的接运

货物接运的主要任务是指及时将货物安全接运回仓库。货物接运的方式主要有：到库内接货，到供货单位提货，到车站码头提货等。不管是哪种货物接运方式，都要当场核对货物的名称、规格、数量，查看包装是否完好，做好接货记录。

5) 理货

理货是指仓库在接受入库货物时，根据入库通知单、运输单据和仓储合同，对货物进行清点数量、分类分拣、数量接收的交接工作。

6) 货物的验收

货物验收，就是根据合同或标准的规定，对货物的质量、数量、包装等进行检验的总称。

验收是货物入库前的重要工序，也是储存作业质量管理的重要一环。对于要入库的货物，一是核对货物单据、凭证、装箱单、合同书等；二是对实物进行检查验收，包括数量检验和质量检验，并做出验收记录。

7) 入库

入库货物经过点数、查验之后，可以安排卸货、入库堆码。在卸货、搬运、堆垛作业完毕外，与送货人办理交接手续，并建立仓库台账。

8) 验收中发生问题的处理

为了准确划分存储单位、运输部门的职责和保证入库货物的质量，对验收中出现的问题要严格按照制度规定处理。货物入库凭证不齐或不符时，仓库有权拒收或要求重办入库凭证，将所到货物另行堆放，暂做待验处理。当验收过程中发现货物质量不符合规定时，应立即会同交货单位或有关人员做出详细记录，将有问题的货物单独存放；同时采取必要措施防止损失扩大，并迅速通知有关单位到现场查看，共同协商，及时做出处理。在数量检查中，计件货物一般不允许有短缺，对计重货物所发生的损溢凡在规定标准以内的，仓库可按实际数量验收入库。超过规定时，也应会同交货人员做出记录，分清责任，及时处理。在验收中对有索赔期的货物，应及时检验。发现问题时必须按照规定的手续，在规定的期限内，向有关部门提出索赔要求，否则责任部门对所造成的损失将不予受理。

2. 保管养护阶段

货物在库的保管养护阶段，要采取一系列保管、保养措施，妥善保管好储存中的货物，确保在库货物质量标准水平和使用价值，这是保管工作的中心任务，也是衡量储存保管工作质量的重要标志。它对改善物流企业的经营管理，提高其经济效益有着重要的作用。

货物的保管养护阶段应做好以下几方面工作。

1) 分区分类，合理摆放

根据储存商品的不同品种、规格、特点和要求，合理划分保管区，不同货物应当存放在相应货位。

2) 固定货位，统一编号

推行货位管理制度，把储存货物按储存地点、排列位置，采用统一标记，顺序编号，并绘制仓库平面图。

3) 提高仓库利用率

根据不同商品的性能、包装形状，采用不同的堆码方法，正确使用堆码工具，改进堆码技术，充分利用货位空间。

由于在仓储作业过程中不断地进行着货物的入库、出库。经过一段时间的动态作业，各环节在作业时或多或少地会出现操作失误，或者有些产品因存放过久、养护不当，导致质量受到影响，难以满足客户的要求，使得在库货物的实际数量与资料数据存在一定的差异。为了有效地控制货物的数量和质量情况，需要定期或不定期地对在库货物进行清点、核实，以保证在库数量的准确性，我们将这一作业称为盘点。盘点的主要内容包括数量检查、质量检查、保管条件检查和安全条件检查。

盘点的方法可以分为经常盘点和定期盘点。经常盘点是仓库保管人员随着每日货物的流转情况及时检查库存货物的账、卡、物是否相符，每月对发生变动的货物进行复查或轮番抽查。定期盘点，是由有关部门专门组织成立的盘点小组，按制度规定的时间(如年中、年末)对仓库所有货物进行全面清点，发现问题，查找原因，根据不同的情况，采取不同的措施，及时解决。

从理论上讲，在条件允许的情况下，盘点的次数越多越好，但每进行一次盘点，都要耗费大量的人力、物力和财力，因此，应根据实际情况确定盘点的时间。为了盘点容易进行，一般情况下盘点的时间选择在财务结算前夕，以配合财务结算查清财务状况；或销售淡季，因淡季存货较少，业务不太繁忙，盘点较容易，需要投入的资源也较少，且人力调动较方便。

### 3. 供应发放阶段

供应发放阶段是商品储存保管阶段的终止。供应发放环节是仓储部门与配送部门和商品使用单位直接发生联系的作业环节，因此，做好供应发放工作，对仓库提高经营管理水平和服务质量具有一定的帮助。

货物发放前，须完成一些准备工作：对货物原件的包装整理，零星货物的组配、分装，包装材料、工具、用品的准备，待运货物的仓容及装卸机具的安排调配，出库作业的合理组织。

货物发放时，要坚持先进先出的原则，先进先发、易损先发、有期限的先发放。

货物发放后，保管人员要及时进行货物盘点，做到账、卡、物、资金"四对口"。

**知识拓展 9-4** 的内容见右侧二维码。

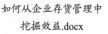

如何从企业存货管理中
挖掘效益.docx

## 四、物流保管设备与保管技术

下面分别介绍物流保管设备和保管技术。

### (一)物流保管设备

保管设备是仓库保管商品的主要设备，对于在库商品质量的维护具有重要作用。在各种类型的仓库中，保管设备都是不可缺少的，且数量很大。保管设备通常可分为以下几种。

#### 1. 计量设备

计量设备是指商品进出库的计量、点数，以及在库盘点、检查中经常使用的度量衡设备。仓库中使用的计量装置种类很多，从计量方法的角度可以分为：重量计量设备，包括种磅秤、地下及轨道衡器、电子秤等；流体容积计量设备，包括流量计、液面液位计；长度计量设备，包括检尺器、自动长度计量仪等；个数计量装置，如自动计数器及自动计数显示装置等；还有综合的多功能计量设备等。这类设备的管理，对商品进出库工作效率关系重大。在现代仓库中应用电子技术、光电技术、核技术的电子秤、自动技术装置和核计量装置等是计量装置的发展方向。

#### 2. 养护、检验设备

养护、检验设备是指一些商品的入库质量验收、在库养护、测试、化验以及防止商品发生质量变化和失效的设备、仪器、仪表等技术装备，主要用于检验、保养商品。它包括测湿仪、吸湿机、隔潮机(风幕)、烘干机、空气调节器、温湿度计以及测试、化验使用的部分仪器和工具。

#### 3. 苫垫用品

苫垫用品主要包括苫布(篷布、油布)、芦席、塑料布、枕木、垫仓架(码架)水泥条、花岗石块等。这类用品主要用于露天货场堆放货物的苫垫以及底层仓库的衬垫，具有防风、防水、防散、隔潮等作用。

#### 4. 通风、照明、保暖设备

通风、照明、保暖设备是商品养护工作和库内作业使用的设备。

#### 5. 安全设备

安全设备包括保障消防安全和劳动安全的必要设备，例如各种报警器、灭火器材、劳动保护用品等。

### (二)在库保管技术

在货物的储存保管过程中，要通过控制一定的外界环境条件，对被保管的货物采取一些技术措施，来维护在库保管货物的质量，防止或减缓其质量发生变化，减少货物的损耗。在库保管技术主要有以下几个方面。

### 1. 温湿度的调节与控制技术

#### 1) 仓库密封

仓库密封就是把整库、整垛或整件商品尽可能地密封起来，减少外界不良气候条件对其影响，以达到商品安全储存的目的。

#### 2) 通风

通风就是利用库内外空气温度不同而形成的气压差，使库内外空气形成对流，来达到调节库内温度、湿度的目的。

#### 3) 吸潮

吸潮是与密封配合，用以降低库内空气湿度的一种有效方法。在梅雨季节或阴雨天，当库内湿度过大，又无适当通风时机的情况下，在密封库里常采用吸潮的办法，来降低库内的湿度，常采用吸潮剂或去湿机吸潮。

### 2. 金属的防锈与除锈技术

仓储商品的锈蚀一般是指金属制品的锈蚀，即金属制品的生锈和腐蚀，它是由于金属表面受到周围介质的化学作用或电化学作用而引起的破坏现象，它是一种自然现象，是仓储商品养护的主要内容之一。金属制品的保管技术主要有两类：一类是防锈，另一类是除锈。金属制品的防锈主要包括：认真选择储存场所；保持库房和货场干燥；保持库内外清洁，清除堆垛周围杂草，不使材料附着尘土；认真选择储存条件。金属制品的除锈主要有人工除锈、机械除锈和化学除锈三种形式。

### 3. 霉腐防治技术

霉腐微生物是微生物种群的一类，它们侵染储存货物后使其变质、腐败。有效控制霉腐微生物的生长繁殖条件，是防止货物霉腐的重要途径。

在储存保管过程中可以采取各种方法来防止货物的霉腐，常用的技术有：化学药剂防霉腐、气相防霉变、气调防霉腐、干燥防霉腐、低温冷藏防腐和紫外线防腐。

### 4. 仓虫防治技术

仓库虫害的防治具体方法有清洁卫生防治法、物理机械防治法、化学药剂防治法。

#### 1) 清洁卫生防治法

清洁卫生防治法就是用造成不利于害虫生长发育的条件来消灭害虫。其具体做法是库内保持清洁，密封洞孔缝隙，堵塞鼠洞；库外不留杂草、垃圾、污水。

#### 2) 物理机械防治法

物理机械防治法是以自然的或人为的高、低温作用于害虫的方法。这种温度必须超过害虫生命活动不能容忍的界限，才能破坏害虫体的生理机能来达到致死的目的。高温杀虫的方法有蒸汽热杀，沸水浸烫等。低温杀虫的方法有库外冷冻，库内通冷风等。

#### 3) 化学药剂防治法

化学药剂防治是利用药剂破坏害虫的生理机能来消灭害虫的方法，这是彻底的、歼灭性的方法，兼有防与治的作用。常用的化学药剂有林丹、敌百虫、敌敌畏、六六六等。

**知识拓展 9-5** 的内容见右侧二维码。

李宁公司的物流管理.docx

# 本 章 小 结

物流运输是指用设备和工具，将物品从一个地点向另一个地点运送的物流活动。其中包括集货、分配、搬运、中转、装入、卸下、分散等一系列操作。物流运输需求具有派生性、规律性、不平衡性、个别需求的异质性等特点。物流运输服务一般要受到托运人(起始地)、收货人(目的地)、承运人、政府机构和公众五方的影响，他们都是运输服务的参与者。物流运输服务的提供者主要包括单一方式经营人、专业承运人、联运经营人和非作业性质的中间商。运输服务的一般作业流程包括接单、发运、到站和签收四个环节，以及在发运和到站中可能存在的短驳和中转。运输价格，是指单位运输生产量的营运收入，是运输劳务的销售价格，是运输劳务价值的货币表现。物流配送是指在经济合理区域范围内，根据用户的要求，对物品进行拣选、加工、包装、分割、组配作业，并按时送达指定地点的物流活动。配送的目的在于最大限度地压缩流通时间，降低流通费用，提高客户服务水平，降低社会总成本，实现资源的最优配置。物流客户的配送需求是指在一定时期内客户由于经营需要，而产生的对物在空间、时间和费用方面的需求，涉及订单处理、库存、运输、装卸搬运、流通加工以及与之相关的信息需求等配送活动的各方面。配送服务是由备货、理货和送货三个基本环节组成的。配送成本是配送过程中所支付的费用总和。根据配送流程及配送环节，配送成本实际上包含配送运输费用、分拣费用、配装及流通加工费用等全过程费用。物流保管是指对物品进行保存及对其数量、质量进行管理控制的活动。保管具有调节供需、调整价格、降低运输成本、流通配送等功能。物流保管服务按业务活动的流程可以分为三个阶段：入库阶段、保管养护阶段和供应发放阶段。

# 自 测 题

1. 运输服务有哪些功能？
2. 物流运输客户有哪些类型？运输需求有哪些特点？
3. 简述物流运输服务的构成要素。
4. 物流配送服务有哪些特点？
5. 简述物流配送服务的分类。
6. 简述物流配送成本的构成。
7. 物流保管服务的类型有哪些？
8. 简述物流保管服务的业务流程阶段。
9. 常用的保管设备与保管技术有哪些？

# 案 例 分 析

## 物联网+航运：开启智慧生态新时代

物联网(IOT)不是一种单一技术，它所需要采集的是声、光、热、电、力学、化学、生物、位置等多维度有效信息，通过网络接入来实现物与物、物与人的广泛连接，按约定的协议把任何物品与互联网连接起来，进行信息交换和通信，并且在此过程中也对人与人之间的传统连接带来颠覆性改变。具有"万物互联"之称的物联网，其技术实现依托于信息传感器、射频识别(Radio Frequency Identification，RFID)、全球定位系统、红外感应器、激光扫描器等，以实现智能化识别、定位、跟踪、监控和管理的一种网络。

根据国际数据公司(IDC)的全球物联网支出指南最新数据，全球物联网支出较去年同比增长为8.2%，虽然这一增长幅度受新冠肺炎疫情影响而低于2019年11月的预测数值14.9%，但是 IDC 仍然预计这一数值将在来年继续恢复成两位数的增长。中国与美国、西欧比肩，在大盘预测中将一起占据全球四分之三的高份额，并且还将成为比其他两个区域增长更快的区域。在新冠肺炎疫情不断改写全球化格局的背景下，我们更加不能忽视这些数字。

物联网绝非仅限于移动互联网、智慧城市、工业物联网、智能家居、车联网、消费物联网、动物物联网等方面，同时也已深深地改变着航运这一古老行业，不断提升集装箱智能化水平，为航运业持续升级智能化集装箱并推动其应用，进而为港口奠定智能化基础并推动其向更高的智能化水平进化，而物联网新技术趋势的浪潮也势必将加速航运行业智能集装箱生态系统时代的降临。

集装箱从智能化走向生态链化，物联网技术在集装箱运输的应用，更多地赋予了集装箱智能化，让传统集装箱运输中彼此几乎成为"孤岛"的物与物之间，基于智能化而产生了联系的可能。具体看来，物联网技术通过赋予智能集装箱一个个电子标签，便可以帮助集装箱自动实现记录开关箱信息、具体地理位置、内部温湿度及压强等信息，并能够实现信息的实时传输，从而达成集装箱货物运输的全过程监控。实际上，中远海运集运、马士基等在世界范围内遥遥领先的一些班轮船公司，早已基于物联网技术对其冷藏集装箱进行了相关改造，实现了集装箱智能化，以及对智能化集装箱冷链运输的全过程监控和管理。

物联网没有止步于对集装箱的智能化升级改造，而是继续推动其深入发展，从集装箱智能化逐步走向集装箱生态链化。也就是说，在已经实现智能化的集装箱之间，逐步覆盖全产业链，并通过推动点状智能化，从而最终实现智慧化，即落实在智能化集装箱之间的生态链化。通过物联网的信息化记录、信息化共享、信息化分析、信息化检测，将集装箱与集装箱之间、集装箱与相关人员之间以及人员与人员之间，都呈现出广泛的智能化链接，从而实现智慧化发展，进而再整体形成集装箱生态链化的行业形态，推动智能化集装箱生态平台的建设，提供性价比更高的服务，切实降低成本并提升效率，形成能够不断实现自我优化的集装箱生态圈层。

### 一、物联网打造智慧港口

应用 RFID、红外感应器、激光扫描器等物联网前端技术，能够为物流行业的各个主要作业环节实现自动识别与数据采集,从而实现实时货物跟踪、海量信息共享及大幅物流效率提升。在物联网技术还没有在港口得以应用之前,一般而言,货物查验需要由班轮船公司向海关申请派员押运并承担费用。这一过程耗时较长,人与人之间的联系过程中往往难免一些必要环节与摩擦,从而导致通关效率的降低。而物联网技术则能够帮助港口作业人员完整地记录每一个集装箱的动态信息、分析集装箱在运输供应链之中的流转情况,且便于信息的储存和分享,能够在很大程度上简化相关流程,或者更准确地说是简化人与人面对面的必要程序动作,从而在很大程度上提升通关效率、降低集装箱货运成本,与此同时又能够保障集装箱货运的安全,维持港口高效稳定地运转。高雄港在"转口柜免押运计划"中所建设的电子封条监控系统,便是物联网技术较好的应用。

此外,物联网综合航运信息系统的建立,也有助于提升船舶航行的安全监控水平,降低船舶管理和运营成本,同时还能提升相关信息服务质量。换言之,物联网对港口的升级,表现为从船舶与船舶之间、船舶与管理运营相关人员之间、船舶管理运营相关人员之间、集装箱与集装箱之间、集装箱与集装箱运输相关人员之间、集装箱运输相关人员之间、信息与信息之间、信息与相关人员之间等的广泛联系。在国际海事信息网对自动化、智能化码头的调查中,有四分之三的码头运营商认为有必要对港口进行自动化、智能化改造。

而实际上,全球各大港口都在进行着以智能化集装箱码头为主要方向的智能化建设及改造。我国上海港、青岛港、深圳港、广州港、宁波港等均较早引入物联网技术打造智能化、智慧化港口,包括:上海港基于RFID技术利用"中国集装箱电子标签系统"、通过"虚拟无水港"项目打造的中国航运"物联网"项目;青岛港应用RFID、红外、视频等技术开展的对物流、生产辅助等的应用及港口智能化生产管理系统、智能化口岸监管、区域物流中心及依托产业链的专业服务平台打造等项目;深圳港蛇口工业区打造的物联网应用示范产业园区;广州港在滚装汽车码头管理上开展的RFID技术的应用则开了国内先河。

在此值得注意的是,针对我国的航运国情,物联网技术所带来的智慧港口不仅停留在国际上注重的集装箱智能化,而且更加注重打造散货码头的自动化、智能化及智慧化。位于上海宝山区的罗泾散货码头二期工程是世界上第一个自动化散货码头,通过全自动桥式抓斗卸船机、全自动堆高机/取料机和全自动装船机,自动化机器全部通过中央控制室远程控制,控制系统实现了全流程的动态实时监控,通过电力线通信技术进行网络化采集,然后进行实时数据处理。位于河北省黄骅市的黄骅港煤炭码头则是我国首个实现全流程远程作业的智能化煤炭码头。此外,天津港南疆散货码头、唐山港曹妃甸港区煤炭码头等,也均已置身于物联网技术基础上进行自动化、智能化、智慧化港口升级改造的序列之中。

**二、物联网新技术带来航运新生态**

在物联网技术发展的早期,这一技术在集装箱物流领域的相关应用受到了技术标准不一、数据平台管理建设滞后、政策法规制度不完善等方面的制约。然而,从趋势判断上观察,物联网技术一直保持着飞速发展的活力,最新技术趋势则主要集中在人机交互性增强的数据和设备、人工智能与物联网的结合、语音用户界面(VUI)技术的应用、智能物联网的广泛应用及发展、边缘计算水平的提高、区块链对物联网的安全升级等方面。而随着更多资本要素对物联网技术源源不断的注入,这些推动物联网技术发展呈现新趋势的创新,也必将迎来更加广泛而深入的应用,而其在集装箱物流方面的实践、提升及发展,也必将推动"万物互联"时代开展得更加深入与充分,尤其是完成了全球贸易五分之四以上的集装箱及其上下游产业带来了源源不断的新要素，使原本相互独立在"孤岛"之上的物品与物品、物品与人群、人群与人群等不同维度的关系呈现出生态系统式的链状演化。

这一演化形态已经历了一些发展阶段，而随着物联网技术新趋势的出现，其附着于集装箱物流尤其是集装箱航运方面的实践应用，也势必将正式启动智能集装箱生态链时代，将与集装箱物流相关的硬件、人员、服务、时效、商业模式、网络模式、地缘、内容等复合元素纳入物联网并通过生态链的实时高效互动而真正实现智能动态的演化。

总之，物联网新技术的持续发展，势必将推动航运从传统模式逐步升级为自动化航运、智能化航运、智慧化航运，并形成智慧化生态链，最终随着链状结构的动态演化而推动航运业步入智慧生态的新时代。

(资料来源：现代物流报，2020-10-20)

**问题：**

该案例对企业物流管理有什么启示？

## 阅 读 资 料

优化通道布局，升级物流网络，强化高铁货运和国际航空货运能力，现代综合运输迈向更高效率

具体内容见右侧二维码。

第九章阅读资料.docx

# 第十章　现代物流客户服务技巧

【学习目标】通过本章的学习，使学生认识到物流客户服务创新的重要性，明确物流客户服务创新的内容与方法，掌握物流客户服务的技巧与处理客户服务投诉的基本方法。

【关键概念】一体化物流服务(Integrated Logistics Service)　合同物流(Contract Logistics)　基础物流服务(Basic Logistics Service)　高端物流服务(High-end Logistics Service)

【引导案例】

## 对症服务　挽回客户

某软件公司采取项目开发与服务方式，提供物流软件的项目服务，经过多年市场开发，形成了一定的用户群。公司通常针对用户的需求特点，实施二次技术开发，确保软件安装成功及试运行稳定，同时，培训用户的软件管理或操作人员，使其能够正常使用该软件系统。

由于软件技术不断地发展与完善，用户系统也需要不断地升级换代。根据用户系统特点以及安装年限长短，也需要适当地收取一定的升级或换代费用。但在升级换代活动中，公司发现原有用户中，18%的用户的系统已被竞争对手的系统所替代，35%的用户不进行升级换代的考虑，16%的用户放弃该系统方案的使用，只有12%的用户愿意接受升级或换代服务。面对这种局面，该公司大吃一惊，是什么原因造成这样的状况呢?于是，成立调研小组实施专项问题调查。

调查发现主要问题在于大部分用户的管理员或操作员使用不当或操作维护技术较低，造成系统不稳定、不适用。同时，厂商售后服务支持量加大，服务常常不及时或脱节，以致系统经常有瘫痪现象，数据丢失屡有发生。一旦发生这种情况，系统管理员或操作员因担心自己的责任问题，便将所有过失推在产品身上，造成用户单位对产品不信任。

为了改变这种局面，公司出台"贴心大行动"，针对用户单位的系统管理员或操作员，实施常年技能培训，着重培养与提升其实际问题解决能力。同时，针对各地区的技术支持要求，与当地软件服务商合作，成立技术服务队，对用户的系统问题提供技术支持，等等。

"贴心大行动"提高了用户回头率，重新燃起了用户单位对公司的信任。在这一基础上，公司的软件升级换代工作顺利进行，也使用户系统在新技术支持下更稳定、更好用。

(资料来源：苏朝辉. 客户关系管理[M]. 北京：机械工业出版社，2016)

## 第一节　物流客户服务的创新

传统运输、仓储企业向第三方物流企业转变的重要标志，是企业能否为客户提供一体化物流服务，能否拥有结成合作伙伴关系的核心客户，从目前的情况来看，我国大部分物流企业仍然主要在提供运输、仓储等功能性物流服务方面通过比拼功能服务价格进行市场竞争，要改变这种状况，一个重要方面就是要超越传统物流服务模式，在服务理念、服务内容和服务方式上实现创新。掌握物流客户服务创新的理论、方法，提高沟通协调技巧，保障客户服务的执行与落实，切实提高客户服务水平，企业方可获得实实在在的巨大收益。

# 一、明确物流客户需求的特点

首先要明确物流客户需求的各方面特点。

### 1. 物流客户需求的地域和行业分布特点

一方面，目前我国物流服务市场环境有了很大改善。受中国经济高速增长带动的物流业，有着巨大的发展潜力及广阔的市场空间。同时，即时性的服务需求也将增多，我国物流企业将大有可为。另一方面，目前第三方物流的有效需求还不足，企业由于拥有物流设施，自营物流的比例很大，这就需要物流企业实现传统物流企业向现代物流服务提供商的转型，挖掘潜在的客户需求，主动开发物流市场。

目前第三方物流需求存在着明显的地域和行业分布特点，不同地域、不同行业有着不同的个性化需求。因此，物流企业要做好市场定位，合理确定业务重点、配置资源，同时兼顾今后第三方物流需求地域扩大的趋势，做好进入新市场的准备。

### 2. 物流客户服务需求的层次特点

企业目前对第三方物流服务需求的层次不断提高，外包的主要是销售物流业务，服务需求主要集中在传统仓储、运输等基本服务上。物流企业应做好顾客目前及潜在需求的调查，从最基本的服务入手，贴近顾客需求，打造自身的核心竞争力，努力探求新理念与高层次服务。

### 3. 物流客户服务成本和服务特点

生产和销售企业正逐渐向按需生产和零库存过渡，对成本和服务越来越重视，加上"入世"后跨国经营的增多，需要快速响应的物流系统和全球化的物流系统来支持。而物流企业要做到这两点，实现信息化运作是关键。要求物流企业一方面要加快自身的信息化建设步伐；另一方面要能够为客户开发出合适的物流信息系统，以实现系统的无缝链接，达到物流运作的高效率。

### 4. 物流客户需求的行业分布特点

生产资料物流在国内市场对第三方物流的需求以大型制造企业为主，其选择的物流服务内容逐步由仓储配送向更高层次综合物流服务转变。煤炭、钢铁、化工等基础生产资料行业的发展与宏观经济、投资增长息息相关，内需和外求的总体规模很大，相应地带来一定增幅的物流需求。跨国集团在中国大量建立制造中心和大举开拓中国市场，也进一步扩大了物流需求。

消费品物流在我国具有巨大的市场空间。随着我国汽车、家电、日用品、软饮料、IT等行业竞争的激烈化，消费品市场的整体利润空间将会受到不断挤压，降低成本的压力将有可能拉低物流服务市场的利润。

## 二、物流客户服务理念的创新

我国的物流企业大都是从运输、仓储等功能性服务切入物流市场的。要发展一体化物流,首先要认清一体化物流与功能性物流在服务性质、服务目标和客户关系上的本质区别,树立全新的客户服务理念。

### 1. 一体化物流服务要提供综合管理多个功能的解决方案

根据美国物流管理协会(CLM)的定义,一体化物流是运用综合、系统的观点,将从原材料供应到产品分发的整个供应链作为单一的流程,对构成供应链的所有功能进行统一管理,而不是分别对各个功能进行管理。第三方物流提供商是为客户提供多个物流服务并将这些服务一体化的企业。可以看出,现代物流企业以一体化的物流服务为发展方向。一体化物流不是单纯提供运输、仓储、配送等多个功能性物流服务的组合,扮演物流参与者角色;而是需要将多个物流功能进行整合,对客户物流运作进行总体设计和管理,扮演物流责任人角色。

由于物流功能之间存在成本的交替损益,因此,一体化物流服务不是简单地就功能服务进行报价,而是要以降低客户物流总成本为目标制定解决方案,并根据优化的方案进行整体服务报价。美国物流专家鲍勃·德莱尼(Bob Delaney)将物流定义为"管理移动和静止的库存",认为真正的物流节省来自通过库存管理和控制来降低库存水平。比如将美国平均销售库存期从 1.37 个月降到 1.3 个月,就可以节省物流成本 250 亿美元。但功能性物流公司只专注于自己提供服务的运输、仓储等功能领域的成本降低,而不能从整个供应链的角度来"管理移动和静止的库存"。因此,他们只能得到有限的成本节省,且很难持续;而不能提供优化整个或大部分供应链的物流解决方案,最多只是提供次优方案。

所以,一体化物流服务的市场竞争,实际上是物流解决方案合理性的竞争。物流企业在开发一体化物流项目时,必须对目标客户的经营状况、物流运作及竞争对手的情况等有透彻的了解,根据物流企业自身优势找出客户物流可以改进之处,为客户定制物流解决方案。而要做到这些,物流企业必须不断研究目标市场行业的物流特点和发展趋势,成为这些行业的物流服务专家。

### 2. 一体化物流服务的目标是全面提升客户价值

从 20 世纪 80 年代起,CLM 就一直在组织对企业物流绩效衡量和第三方物流价值的研究。如根据抽样调查,在 2009—2010 年这两年里,第三方物流企业的客户物流成本平均下降 11.8%,物流资产下降 24.6%,订货周期从 7.1 天下降到 3.9 天,库存总量下降 8.2%,这说明第三方物流服务能从多方面提升客户价值。

实际上,货主企业的不同管理者对第三方物流价值的理解各不相同。运营总监做出将企业物流运作外包给第三方物流的决策,常常只是依据第三方物流更具效率的服务价格与企业现有运作更高的成本之间的差别优势;市场总监则看重第三方物流在提升服务和新增市场的能力,以便提高销售额,与客户建立更好的长期关系;财务总监愿意看到设施、设备甚至库存等资产从企业财务平衡表上消失,释放资金用于生产性服务业(即生产性劳动在服务领域的延续包括物流、研发、信息、中介、金融、保险以及贸易相关服务等)的活动,即刻和不断改进企业的资产回收；信息总监则常常因能够利用第三方物流的系统与技术资源，避免自建系统不断升级增加成本和带来麻烦而高兴。

总体来看，物流外包可以使企业资源专注于核心竞争力，做更多自己擅长的，而将不擅长的交给第三方物流去做，使企业的物流总监可以不必拥有资源而能够控制物流运作的结果，并得到"一站式"物流服务。因此，物流企业在开发一体化物流项目时，一方面，不要简单地与客户或竞争对手比服务价格，而是要让客户全面了解物流服务所带来的价值；另一方面，要由企业高层管理人员与客户的物流总监或更高层管理人员商讨物流合作问题，以便于在物流价值方面达成共识。

### 3．一体化物流服务的客户关系是双赢的合作伙伴关系

既然一体化物流服务是管理的服务，目标是全面提升客户价值。因此，目前发达国家第三方物流服务一般不按功能服务定价收费，而是与客户分享物流合理化所产生的价值；目前发达国家第三方物流服务采用成本加成定价法是按产品单位成本加上一定比例的利润制定产品价格的方法，即第三方物流提供商与客户达成协议，按物流成本的一定比例加价收费或收取一定的管理费。这样做的好处一是可以使第三方物流提供商减少对各功能服务分别报价的难度与风险；二是客户可以与第三方物流提供商一起来分析物流成本，从而对自己的物流成本了解得更加清楚。

为了与客户及其供应链伙伴建立长期联盟关系，第三方物流提供商越来越重视数据管理与基于活动的成本管理，将提供及时、准确、全面、可操作的物流活动数据，用于客户物流系统的计划、调度、绩效衡量、成本计算和报价。第三方物流提供商常常与客户达成利益共享协议，以合理地分享物流改革带来的收益。这一联盟还可以包括客户的供应链伙伴，即客户的上游供应商与下游客户可以参与对物流的改革并分享由此带来的收益。

虽然我国现有的物流服务还没有摆脱传统的以运输费、仓储费为指标的结算方式，但物流企业在开发一体化物流项目时，仍应避免与客户纠缠于就功能性服务收费进行讨价还价。要从客户物流运作的不足切入，与客户共商如何改进，让客户先认识到物流企业的服务能带来的好处，再商谈合理的服务价格。实际上，客户因为物流合理化而发展壮大，物流外包规模自然会相应地扩大，双方合作的深度与广度也会随之增加，物流服务的收益和规模效益必然会提高，这就是双赢的合作伙伴关系。

## 三、物流客户服务内容的创新

物流企业要在一体化物流服务市场的激烈竞争中取得优势就必须以客户为中心，充分发挥自身优势，在运输、仓储、配送等功能性服务的基础上不断创新服务内容，为客户提供差异化、个性化的物流服务。

### 1．由物流基本服务向增值服务延伸

传统物流服务是通过运输、仓储、配送等功能实现物品空间与时间转移，是许多物流服务商都能提供的基本服务，难以体现不同服务商之间的差异，也不容易提高服务收益。一体化物流服务则应根据客户需求，在各项功能的基本服务的基础上延伸出增值服务，以个性化的服务内容表现出与市场竞争者的差异性。

运输的延伸服务主要有运输方式与承运人选择、运输路线与计划安排、货物配载与货运招标等；仓储的延伸服务主要有集货、包装、配套装配、条码生成、贴标签、退货处理等；配送的增值服务主要有JIT(准时制生产方式，Just In Time 简称 JIT)工位配送、配送物品的安装、调试、维修、销售支持等。增值服务实际上是将企业物流外包的领域由非核心业务不断向核心业务延伸。一般来说，企业确定物流外包领域时，首先选择运输、仓储、配送等非核心业务，然后逐步延伸到订单处理、组配、采购等介于核心与非核心之间的业务，最后可能涉及售后服务支持等核心业务。随着与第三方物流合作关系的深入，企业将会不断扩大外包范围，最终只专注于研究与开发、生产、销售等最核心的环节。

### 2. 由物流功能服务向管理服务延伸

一体化物流服务不是在客户的管理下完成多个物流功能，而是通过参与客户的物流管理，将各个物流功能有机地衔接起来，实现高效的物流系统运作，帮助客户提高物流管理水平，为采购、生产和销售提供有效支撑。因此，在开发一体化物流项目时，要在物流管理层面的服务内容上做文章，包括客户物流系统优化、物流业务流程再造、订单管理、库存管理、供应商协调、最终用户服务等，从而为客户提供一体化物流解决方案，实现对客户的"一站式"服务。美国物流咨询公司 Logistics Development 研究发现，企业物流外包产生的成本节省取决于外包的一体化程度。如果企业只是简单地由第三方物流替代自营的物流功能，借助第三方物流的规模效应和运作专长，可预期取得 0～5%的成本节省；如果企业利用第三方物流的网络优势进行资源整合，部分改进原有的物流流程，可预期取得 5%～10%的成本节省；如果企业通过第三方物流根据需要对物流流程进行重组，使第三方物流服务延伸至企业整个供应链，可预期取得 10%～20%的成本节省。

实践表明，货主只有以更多的进取心和冒险精神看待物流外包，才能发现其真正的价值；货主预期从第三方物流得到的关键增值利益来自供应链创新，通过创新提高企业的竞争力和营利性；而要做到这一点，货主与第三方物流提供商必须建立共同目标、共享利益与共担风险的战略合作伙伴关系。比如 CTI 物流公司不仅为通用汽车管理零配件进厂物流，而且按 GM 的采购订单从选定的供应商处采购零配件，组配后 JIT 配送到 GM 生产工艺线，然后向 GM 收取包括采购费、物流运作费和一定利润的总体服务费用。这样就使 CTI 分担了 GM 零配件库存占用与损坏风险，激励了 CTI 提高物流效率和服务质量。所以，第三方物流提供商由物流功能服务向管理服务延伸，不仅可以为客户带来更大的利益，而且可以密切与客户的合作关系。

### 3. 由实物流服务向信息流、资金流服务延伸

物流管理的基础是物流信息，是用信息流来控制实物流，因而一体化物流服务必须在提供实物流服务的同时提供信息流服务；否则还是物流功能承担者，而不是物流管理者。物流信息服务包括预先发货通知、送达签收反馈、订单跟踪查询、库存状态查询、货物在途跟踪、运行绩效监测、管理报告等内容。USCO 物流公司为 SUN 提供服务器维修零配件物流信息平台，使 SUN 及其 50 多个供应链伙伴实时共享订单、选货和库存信息，取得消除中间环节、缩短交货期、提高客户服务水平的效果，被称之为第三方信息提供商。

近年来，国外领先的第三方物流提供商在客户的财务、库存、技术和数据管理方面承担了越来越大的责任，从而在客户供应链管理中发挥了战略性作用。

目前物流外包影响供应链管理的最大因素是数据管理，因为用企业及其供应链伙伴广泛接受的格式维护与相关数据以实现供应链的可视化是一个巨大的挑战，第三方物流提供商不仅需要在技术方面进行较大投入，而且还需要具备持续改进、例外管理和流程再造能力，所以对技术、人才和信息基础设施的投入已经成为第三方物流提供商区别于竞争对手的重要特征。

与此同时，第三方物流提供商还通过提供资金流服务，参与客户的供应链管理，如 UPS 并购美国第一国际银行，将其改造成 UPS 金融部门，为其物流服务的客户提供预付货款、信用担保、代收货款等增值服务，以加快客户的资金流转，释放客户的库存占用资本，降低客户的进出口关税，从而实现了为客户提供实物流、信息流与资金流"三流合一"的完整的供应链解决方案。

## 案例 10-1：家具商为何不爱第三方物流

目前中国大型家具商场几乎都采取商物(物流和资金流)分离的方式，即顾客在购买家具时，先付少量定金(一般为 200～300 元)，货款在家具送到指定地点安装完毕经顾客最终确认后才全额付清。基于这些因素，物流对家具行业的重要性可见一斑。对家具行业而言，物流活动绝不仅仅是单纯的同城配送，而是涵盖了配送、仓储、搬运、安装、代收货款、采购物流等多方面的集合体。其中创新、超常规、满足个性需要的增值服务(如安装、代收货款等)，一经推出就受到广大家具经销商的欢迎。

统一物流配送不仅可以减少经销商的资金投入，更重要的是可以使经销商从他们不擅长的业务中解脱出来，专注于营销工作。就目前的中国家具行业来说，物流对企业成功的重要性非常高，而企业处理物流的能力相对较低，应采用外包给第三方物流公司运作的模式，以降低物流成本，分散经营风险，提高顾客服务水平，增强市场竞争力。但是，为什么国内绝大多数家具企业未采用第三方物流呢？

首先，从家具企业自身方面来看。

其一，传统思想根深蒂固。目前，我国多数企业还奉行一种"麻雀虽小，五脏俱全"的管理理念，从原料采购到产品销售全部由生产企业自己完成。特别是对于那些财务状况还能令人满意的企业来说，他们不愿意改变现状，不愿意通过物流外包的方式来改变现有的企业经营模式。

其二，担心利润受损。许多生产企业将物流视为"第三利润源泉"，害怕利润受损，因而自建物流系统，不愿向外寻求物流服务。

其三，抵制人事变化。由于仓储、运输等工作技术含量相对较低，所以内部设有物流部门的企业，容纳了不少冗员。企业如果将这些业务外包给第三方物流，则意味着大批员工被解雇。在企业存量得不到妥善解决、职工未被安置的情况下，企业是不会去选择第三方物流服务的。

其四，对第三方物流缺乏认识。第三方物流行业相对来说还很年轻，许多企业还对其很陌生，还没有认识到它的重要性。他们担心如果失去了内部物流能力，便会因对第三方物流的过度依赖而失去对采购和销售的控制权。

其次，从第三方物流企业的方面来看。

其一，规模小，实力弱，服务功能不全。除了新兴的外资和民营企业外，大多数第三方物流企业由计划经济时期商业、物资、运输、粮食等部门储运企业转型而来。条块分割严重，企业缺乏整合，集约化经营优势不明显，规模效益难以实现。大多数物流企业只能提供单项或分段的物流服务，物流功能主要停留在储存、运输和城市配送上，相关的包装、加工、配货等增值服务不多，不能形成完整的物流供应链。

其二，物流渠道不畅。一方面，经营网络不合理，有点无网，第三方物流企业之间、企业与客户之间缺乏合作，货源不足，传统仓储业、运输业能力过剩，造成浪费；另一方面，信息技术落后，因特网、条形码、EDI等信息技术未能广泛应用，物流企业和客户不能充分共享信息资源，没有结成相互依赖的伙伴关系。

其三，人才匮乏，设施落后，管理水平低。我国物流业还处于起步阶段，高等教育与职业教育尚未跟上，人才缺乏，素质不高，物流设备落后、老化，机械化程度不高，无法满足客户特定要求。

其四，制度不健全。第三方物流市场秩序还不规范，行业道德水平较低，人们的公平竞争、公平交易意识淡薄。另外，企业融资制度、产权制度、产权转让制度、市场准入退出制度、社会保障制度等还不能适应企业经营的要求，因而限制了第三方物流企业自身的发展。

(资料来源: https://www.100ksw.com/news/zg/wls/7/681942.shtml)

## 四、物流客户服务方式的创新

与传统物流单一的功能性交易服务方式相比，一体化物流在服务方式上更具灵活性、长期性和交互性。根据美国佐治亚理工大学的调查，美国第三方物流合作30%采用风险共担与利益共享方式，21%采用成本共担方式，要根据客户要求，结合物流企业发展战略，与客户共同寻求最佳服务方式，实现服务方式的创新。

### 1. 从短期交易服务到长期合同服务

功能性物流服务通常采用与客户"一单一结"的交易服务方式，物流企业与客户之间是最短期的买卖关系。而一体化物流服务提供商与客户之间建立的是长期合作关系，需要与客户签订一定期限的服务合同，因而第三方物流又被称为合同物流。

物流合同是第三方物流合同的基础，物流企业要特别重视与客户一起详细制定合同内容，包括服务性质、期限和范围，建立关键绩效指标(Key Performance Indicators，KPI)，确定服务方式等。合同谈判中一些关键问题如KPI基准、服务费率、问题解决机制、保险与责任等，要有明确约定；否则容易引起纠纷，甚至断送双方的合作关系。

第三方物流提供商寻求的是与客户长期合作，因而合同的签订只是合作的开始，要特别注意客户关系的维护，不断深化与客户的合作。第三方物流提供商与客户的合作要经历一个从战术配合到战略合作的发展过程。

(1) 满足客户需求。

(2) 超出客户期望值。随着合作的深入，物流服务商要加强与客户的沟通，增强服务的主动性，特别要提高信息处理能力，努力使物流服务超出合作的期望值。

(3) 参与和满足客户需求。在熟悉客户物流运作后，物流服务商应主动了解客户新的物流需求，参与发掘客户物流改进的机会，实现从战术配合向战略合作的转变。

(4) 赢得客户信任。物流服务商应努力与客户共同创造价值，最终赢得客户信任，双方建立起长期战略合作伙伴关系。

### 2. 从完成客户指令到实行协同运作

传统物流服务是作业层面的功能性服务，通常只需要单纯地按照客户指令完成服务功能。而一体化物流服务由于要参与客户的物流管理，运作与客户共同制定的物流解决方案，因而，物流企业需要自始至终与客户建立有效的沟通渠道，按照项目管理模式协同完成物流运作。

调查显示，客户不满意第三方物流的主要原因是服务商不能兑现服务与技术承诺，不能实现成本降低目标和缺少战略改进，人们一般把这些不足归结于合作伙伴的选择过程。但实际上，更多情况下问题出在没有管理好项目的实施，因此，在签订合同后，双方在互信的基础上，协同完成项目的实施至关重要。双方要各自设立项目经理，并在相关功能上配备相应人员；物流企业要详细地了解客户的销售、财务、IT、人力资源、制造和采购等各个部门的需求，与客户共同制定详细的实施方案；双方实施小组要共同拟定绩效衡量指标以及奖惩办法，审核项目运作细节，在项目正式运行前，还应进行试运行，以发现和解决存在的问题。

为保障项目的顺利运行，物流企业应当与客户建立双方物流人员联合办公制度，或成立由双方物流人员联合组成的运作团队，以及时处理日常运作的问题。为了保证物流服务的质量，双方应共同商定绩效监测与评估制度，使合作关系透明化，通常应保持运作层每天的交流、管理层每月的绩效评估以及不定期的检查与年度评估。

### 3. 从提供物流服务到进行物流合作

传统的物流企业一般是基于自己的仓储设施、运输设备等资产向客户提供功能性服务的，而第三方物流提供商主要是基于自己的专业技能、信息技术等为客户提供管理服务，因而常常会根据客户的需求和双方的战略意图，探讨在物流资产、资金技术方面与客户进行合作，以取得双赢的效果。

(1) 系统接管客户物流资产。如果客户在某地区已经有车辆、设施、员工等物流资产，而物流企业在该地区又需要建立物流系统，则可以全盘买进客户的物流资产，接管并拥有客户的物流系统甚至接收客户的员工。接管后，物流系统可以在为该客户服务的同时为其他客户服务，通过资源共享以改进利用率并分担管理成本。如东方海外物流公司系统接管旺旺集团在杭州的仓库，将其改造为东方海外华东区域物流中心。

(2) 与客户签订物流管理合同。与希望自己拥有物流设施(资产)的客户签订物流管理合同，在为客户服务的同时，利用其物流系统为其他客户服务，以提高利用率并分担管理成本。这种方式在商业企业的物流服务中比较常见，如和黄天百物流为北京物美商城提供的物流管理服务。

(3) 与客户合资成立物流公司。第三方物流提供商对具有战略意义的目标行业，常常会根据客户的需求，与客户建立合资物流公司。既使客户保留物流设施的部分产权，并在物流作业中保持参与，以加强对物流过程的有效控制，又注入了第三方物流的资本和专业技能，使第三方物流提供商在目标行业的物流服务市场竞争中处于有利地位。这种方式在汽车、电子等高附加值行业比较普遍，如 TNT 物流与上海汽车工业公司合资成立上海安吉天地物流公司。

总之，物流企业要在激烈的市场竞争中脱颖而出，必须通过不断的服务创新来引导和满足客户需求，在目标市场中提供区别于竞争对手的差异性服务。而要做到这一点，必须完全理解一体化物流服务的内涵，采用现代物流技术和信息技术增强服务能力，建立具有丰富物流服务经验的管理团队，努力与客户结成战略合作伙伴关系。

# 第二节　物流客户服务的技巧

物流客户服务是一个以成本有效性方式为供应链提供增值利益的过程。客户服务水平的高低，决定了具有相同生产研发能力的企业为顾客提供个性化服务的水平。

当前，从我国物流企业提供的物流服务功能、范围来看，传统物流企业服务功能还比较单一，服务范围比较狭窄，增值服务比较薄弱，系统性物流服务缺乏。根据中国仓储协会第三次物流供需调查结果显示，我国传统物流企业的服务范围还局限于传统的运输和简单的仓储等活动，收益的 80%来自这些基础性服务。相关的包装、加工、配货等物流服务比重较低，不能形成完整的物流服务供应链，无法提供较为完整的第三方物流服务、物流系统设计、物流总代理、物流信息管理、物流财务活动支持等。高附加增值性和综合性服务还未成为主要的物流服务项目，难以满足客户多样化、综合性的服务需求，因此，物流企业必须讲求客户服务技巧，以进一步提高物流客户服务的总体水平。

## 一、吸引物流客户的技巧

影响现代物流服务水平的因素包括基础设施、服务内容、行业经验、营销能力、技术能力、网络服务能力、人力资源管理、行业定位、创新能力、企业机制等。现代物流企业吸引客户的技巧主要表现在以下几方面。

### 1. 全面、优秀的基础物流服务

高端的物流服务离不开基础物流服务的支持。尤其是在当前物流服务需求方与物流服务提供方之间战略合作趋势、"门到门"服务、"一站式"服务趋势日益明显，现代物流服务提供商必须为需求方提供全面而优质的基础物流服务，如运输、储存、包装、装卸、配送、流通加工、货运代理等，才能真正实现高水平的客户服务目标，为客户创造价值。全面意味着提供的服务类型要全面，还有服务所涉及的网络要健全；而优质服务则意味着，虽然同样提供的是基础的物流服务，但是服务的质量却不可同日而语，并且不容易为竞争对手所赶超，即基础的物流服务同样具有异质性。

### 2. 客户化、多样化的供应链

基础型物流服务提供商和综合物流服务提供商的优势在于实际的物流业务操作能力，在综合技能、集成技术、战略规划、区域及全球拓展能力等方面存在明显的局限性，特别是缺乏对整个供应链及物流系统进行整合规划的能力。而高端物流服务企业通过自身提供或者整合最优秀的第三方物流服务商、管理咨询服务商、信息技术服务商和电子商务服务商等，可以为客户提供客户化、多样化的综合供应链解决方案，为客户带来更大的价值。另外，高端物流服务企业要想在市场竞争中取胜，就必须不断创新，而提供客户化、多样化的供应链服务正是企业获得竞争优势的必由之路。

### 3. 良好的物流服务提供商资源的整合

现代物流服务提供商作为有影响力的物流服务提供商，必须发挥其影响整个供应链的重要作用，除了提供优秀的基础物流服务、综合物流服务之外，还要整合最优秀的第三方物流服务商、管理咨询服务商、信息技术服务商和电子商务服务商等，为客户提供客户化、多样化的供应链解决方案，为客户带来更大的价值。现代物流服务提供商有能力将供应链中各相关实体联系起来，充分利用其他服务提供商的能力，包括基础型、综合物流服务提供商、信息技术供应商、合同物流供应商、呼叫中心、电信增值服务商等，再加上客户的能力和高端物流服务企业自身的能力，可以为客户带来利润增长、运营成本降低、工作成本降低、提高资产利用率等利益。因而，良好的供应链服务商资源整合能力也是高端物流服务企业的核心竞争能力之一。

### 4. 卓越的物流与供应链管理和运作

高端物流的核心业务在于供应链及物流系统的整合规划，因此，拥有卓越的供应链管理和运作能力，在供应链技术集成、业务流程再造、分级外包、供应商管理、多客户管理、信息共享能力等方面处于领先地位，是决定物流服务水平高低的关键性因素，高端物流具有较高的科技含量，是一般企业难以模仿的。因此，卓越的供应链管理与运作是高端物流服务企业成功获得客户以及成功开展业务的基础，是核心竞争能力的重要组成部分。企业目标的实现、实施、变革和再造离不开管理与运作能力。这也是高端物流服务企业生存与发展的基础。

### 5. 拥有高素质的物流供应链管理人才

人才在任何企业中都是最宝贵的资源，人才作为企业知识和技能的载体，体现了企业的核心竞争能力。对于现代物流服务提供商而言，拥有大量高素质国际化的物流和供应链管理专业人才是高端物流服务核心竞争的根本所在。

目前，高端物流企业最需要的是这样两类物流人才：一是物流方案策划和设计人才，二是物流项目管理和运作人才。而且物流人才应该具有的物流知识和技能包括以下几个方面。

(1) 掌握物流与供应链管理的基础理论以及供应链与物流运作基本流程。

(2) 能进行物流市场分析、市场定位、项目选择、客户细分，会分析客户的物流服务需求，能为客户量身制定使客户满意的物流方案。

(3) 熟悉物流服务项目的招投标，熟悉物流运作中标准化业务流程的制定，能进行物流成本分析、合同管理和控制，能指导物流运作团队实施物流方案。

(4) 掌握仓储、库存管理、货物搬运、包装、各种运输方式、配送、货运代理、贸易、采购，以及汽车、家电、化工、制造业等一般知识。

(5) 熟悉物流中心、配送中心和商业物流的运作过程，会整合社会物流资源，能对社会物流资源进行有效控制。

(6) 掌握物流实体网络和了解物流信息网络知识,具有物流信息平台建立和维护知识,能利用现代技术不断地提高物流运作水平。

### 6. 强大的服务网络覆盖能力和信息技术支持

网络化是现代物流的一种发展趋势。拥有强大的服务网络覆盖能力和信息技术支持能力的高端物流服务企业就会成为其合作伙伴理想的选择。对于高端物流服务企业来说,服务网络是其从事物流活动的基础。如果不能使大区域内点、线结合,形成网络化的服务体系,就根本不能满足客户的要求。因此,强大的服务网络覆盖能力和信息技术支持能力是高端物流服务企业的最大资本之一。高端物流服务企业在对物流与供应链系统进行整合规划和实施时,必须对整个供应链资源进行整合和优化。只有拥有强大的信息技术支持能力,才能充分掌握供应链物流过程的所有基础数据、企业自身的资源、能力状况、供应链上所有服务商的信息物流运作的信息等,才能对整个供应链进行必要的控制和监督,使快捷、高质量、低成本的物流服务得以实现。服务支持力度弱、服务网络覆盖区域狭小的高端物流服务企业很难得到客户的信赖,很难征服大客户,在市场竞争中最终将会被淘汰。

物流服务成功的关键因素与等级如表 10-1 所示。

表 10-1 物流服务成功的关键因素与等级

| 成功关键因素 | 平均等级 |
| --- | --- |
| 为顾客着想 | 3.57 |
| 可靠性 | 3.54 |
| 变通 | 3.38 |
| 准时 | 3.32 |
| 方便 | 3.30 |
| 控制与表现评价 | 3.30 |
| 改进服务 | 3.27 |
| 相互信任与评价 | 3.27 |
| 集中主业 | 3.24 |
| 整个公司的投入 | 3.24 |
| 顾客业务的知识 | 3.22 |
| 成本节约 | 3.19 |
| 长期关系 | 3.14 |
| 管理专业知识 | 3.11 |
| 共享相关信息 | 3.11 |
| 具有最新技术 | 3.08 |
| 财务实力 | 3.05 |
| 渠道观点 | 2.98 |
| 具有共同目标 | 2.98 |
| 具有解决问题与争议的指南 | 2.81 |

续表

| 成功关键因素 | 平均等级 |
|---|---|
| 提供的服务种类 | 2.78 |
| 利益与风险共享 | 2.76 |
| 物流服务提供者对外部环境的认识 | 2.54 |
| 有退出条款 | 2.41 |
| 设备与人力资源共享 | 1.87 |

## 二、细分物流客户服务的层次

物流客户服务提供商应通过选择不同的经营战略，提供顾客所期望的服务，同时也应积极追求扩大交易，强调实现与竞争企业顾客服务的差别，以寻求在细分的物流服务市场中获得竞争优势。综合上述物流服务的分类和物流服务市场的分析等内容，可以将物流服务提供商的层次进行很好的分析，以吸引有价值的物流客户。物流服务提供商的层次分析如图 10-1 所示。

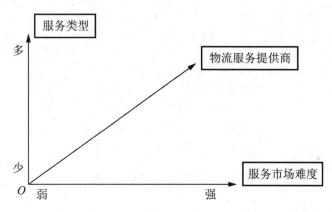

图 10-1 物流服务提供商的层次分析

对于高端物流服务提供商而言，五种客户服务能力非常重要，包括物流实施运作能力、多个供应商的关系管理及协调组织能力、物流信息技术能力、规划和咨询能力以及物流服务管理与培训能力等。

### 1. 物流实施运作能力

物流实施运作能力包括业务流程管理能力、业务流程具体运作能力、物流运作行业经验、全球化网络和网络支持能力。物流实施运作能力的细分，如图 10-2 所示。

### 2. 多个供应商的关系管理及协调组织能力

即使高端物流企业拥有极其强大的资源和能力，也不大可能满足客户的所有需求。原因主要有以下两点。

(1) 供应链管理的需求比较复杂，涉及面广，一家物流企业的资源和能力很难满足客户的全部需求。

(2) 即使一家物流企业能够利用自身资源满足客户的全部需求，也并不能够达到高效率及低成本两个标准。

因此，高端服务提供商也必须与其他综合物流企业进行合作，故多个不同供应商的关系管理及协调组织能力就显得非常重要。

□全面的基础物流服务能力

□出色的整合能力

□先进的信息技术能力

□一定的咨询服务能力

□增值服务能力

□出色的核心业务能力

□强大的资本运作能力

□全球化网络能力

□丰富的运作经验

**图 10-2　物流实施运作能力的细分**

### 3. 物流信息技术能力

物流信息技术能力的细分，如图 10-3 所示。

□信息系统设计能力

□信息系统集成能力

□信息系统实施能力

□信息技术外包实施能力

□信息技术方案创新能力

**图 10-3　物流信息技术能力的细分**

### 4. 规划和咨询能力

物流规划和咨询能力的细分，如图 10-4 所示。

□供应策略制定能力

□业务流程再造能力

□管理概念创新能力

□组织变革理解能力

□组织变革管理能力

**图 10-4　物流规划和咨询能力的细分**

### 5. 物流服务管理与培训能力

新型电子商务环境下的物流服务，考验着企业管理者的应变能力和员工的服务水平，因此迫切需要大量专业人才来规范物流客户服务的运转，急客户之所急、想客户之所想。物流客户服务管理者应具备以下素质与能力：讲诚信，以身作则；大胆出击，挑战现状；风险防范意识；奖惩分明；团队合作及具备对物流人员客户服务程序、物流客户服务水平与技巧等的培训能力，使企业不断吸引客户、开拓新市场。

综上所述，物流服务提供商的层次细分及其提供的物流服务的关系模式如图 10-5 所示。

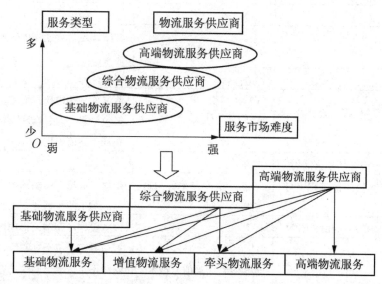

图 10-5 物流服务提供商的层次细分及其提供的物流服务的关系模式

## 三、国内外物流客户服务的比较与借鉴

如表 10-2 所示是对我国大型国际运输企业与国外先进物流企业的物流服务能力的比较分析。

表 10-2 国内外基于海运的高端物流服务提供商的核心竞争能力的比较分析

| 提供供应链管理服务应具备的能力 | | 国外先进物流企业 | 我国大型国际运输企业 |
|---|---|---|---|
| 物流实施运作能力 | 基础功能型物流服务能力 | 全面 | 较全面、运输业务最强 |
| | 服务整合能力 | 全面 | 不同运输方式之间的整合<br>运输与配送之间的整合 |
| | 电子商务能力 | 领先 | 刚起步 |
| | 增值类服务能力 | 竞争优势 | 欠缺 |
| | 特殊服务能力 | 竞争优势 | 欠缺 |
| | 与物流相关的其他业务能力 | 竞争优势 | 欠缺 |
| | 核心业务能力 | 世界领先 | 国内一流 |
| | 资金实力 | 雄厚 | 不够雄厚、已开始多种融资渠道运作 |
| | 全球化网络整合与支持能力 | 全球化网络健全,但在我国的物流网络还处于建设阶段 | 国外网络基本不能进行物流运作，国内网络健全 |
| | 物流行业运作经验 | 较丰富，10～20 年经验 | 欠缺，目前只能提供运输环节的咨询服务 |

现代物流客户关系管理实务(第3版)

续表

| 提供供应链管理服务应具备的能力 | 国外先进物流企业 | 我国大型国际运输企业 |
|---|---|---|
| 供应商管理协调能力 | 较高 | 有待提高 |
| 信息技术能力 | 比较成熟 | 处于一般应用阶段 |
| 管理咨询能力 | 较强,是发展的重点 | 欠缺,目前只能提供运输环节的咨询服务 |
| 基础物流服务能力 | 综合全面 | 优秀,但以劳动密集型为主 |
| 供应链与物流系统规划、设计及实施能力 | 客户化、多样化 | 能够做到客户化,但服务领域有限、经验不足,服务领域没有伴随航运的全球网络而走出去 |
| 物流服务提供商资源的整合能力 | 良好 | 一般 |
| 高素质的物流和供应链管理专业人才 | 聚集,并且有完善的员工发展计划 | 聚集,但员工的国际沟通能力总体不足,员工的发展计划不够明确 |
| 物流与供应链管理与运作能力 | 优秀 | 偏重操作,营销、管理能力薄弱 |
| 服务网络覆盖能力和信息技术支持能力 | 全球网络高端信息技术 | 航运方面拥有全球网络,但国际物流网络不足,缺乏高端的客户化的信息系统,信息技术利用程度有待提高 |

**资料链接:我国第三方物流企业的类型及其优劣势**

第三方物流企业主要有以下四种分类方式。

第一类,传统与转型中的储运等第三方物流企业。其中,传统的第三方物流企业,是主要提供单一的仓储、运输、配送、货代等物流功能的第三方物流企业,这种企业在很长一段时间内仍然会长期大量存在,随着物流服务市场逐渐走向成熟,其中许多企业将会成为现代第三方物流企业的整合对象,但是也不乏有一些企业在某些专门细分市场上具有一定的竞争优势。转型中的第三方物流企业,是指正在向现代物流组织转型的传统第三方物流企业,主要包括以传统运输(航运、陆运、铁运、空运)为基础的第三方物流企业,如中国远洋运输(集团)总公司、中国海运(集团)总公司,中国对外贸易运输(集团)总公司、上海交通运输集团、青岛交运集团,中铁(集团)物流,民航快递、南方航空;以仓储(配送)为基础的物流企业,如中国物资储运总公司、上海商业(储运)物流公司;以货运代理为基础的第三方物流企业,如华润物流有限公司(前身是华夏货运)、中外运下属的货代企业;以邮政为基础的物流企业,如中邮物流;此外,还包括以托运人和管理为基础、以财务会计信息管理为基础、以港口码头和电子分销为基础的第三方物流企业。

第二类,新兴的第三方物流企业,是指新创立的顺应市场需求和物流发展趋势的民营以及国有或国有控股的新型第三方物流企业,如广东宝供物流、天津大田物流、北京宅急送、浙江炎黄在线等。

第三类,以生产制造企业为基础剥离物流资源而形成的开始面向社会提供外包合同物流服务的第三方物流企业,如青岛海尔物流、广东安得物流、北京物美物流、上海百联物流。

第四类,国际第三方物流企业,它们是伴随其原有客户一道进入中国市场,并逐渐向

230

中国物流市场渗透，提供物流服务的外资及其合资第三方物流企业。外资独资第三方物流企业如 UPS、FedEx、美国总统轮船、丹麦马士基、德国邮政、日本运通、佐川急便、荷兰天地(翎 T)、宝隆洋行(EAC)、新科安达等，中外合资物流企业如大田联邦快递、中外运敦豪、志勤美集物流等。

(资料来源：https://m.ishare.iask.sina.com.cn/f/19lI3eCoT8x.html)

## 第三节　物流客户服务投诉与处理技巧

随着物流行业的发展，物流服务因其便捷、经济的优势得以进一步完善。然而，和传统服务业一样，服务失败现象随时随地都有可能发生，成为物流过程中不可回避的一个问题。服务失败发生后，企业如果没有妥善处理客户的投诉，那么顾客一旦有其他选择，极可能会转向其他企业，从而导致顾客流失。服务失败已经成为物流供应商提高顾客满意度、建立顾客忠诚度的主要障碍。妥善处理客户投诉不仅可以消除已发生的服务失败带来的不利影响，重新获得顾客信任，而且可以全面提升服务质量，预防潜在服务失败的发生；同时可以利用服务失败与补救过程中发现的有价值信息来改善服务提供系统，为顾客提供日趋改进的高质量服务。

### 一、物流服务中的操作失误及客户反应

下面介绍物流服务中的常见操作失误及客户对不同失误的反应。

#### (一)日常业务中可能产生的操作失误

日常业务中可能产生的操作失误有很多，常见的有以下这些。

(1) 业务人员操作失误，如计费重量确认有误，货物包装破损，单据制作不合格，报关/报验出现失误，运输时间延误，结关单据未及时返回，舱位无法保障，运输过程中货物被丢失或损坏等。

(2) 销售人员操作失误，如结算价格与所报价格有差别，与承诺的服务不符，对货物运输过程监控不力，与客户沟通不够，有意欺骗客户等。

(3) 供方操作失误，如运输过程中货物丢失或损坏，送(提)货时不能按客户要求操作，承运工具未按预定的时间起飞(航)等。

(4) 代理操作失误，对收货方的服务达不到对方的要求，使收货方向发货方投诉而影响公司与发货方的合作关系等。

(5) 客户自身失误，客户方的业务员自身操作失误，但为免予处罚而转嫁给货代公司；客户方的业务员有自己的物流渠道，由于上司的压力或指定而被迫合作，但在合作中有意刁难等。

(6) 不可抗力因素，包括天气、战争、罢工、事故等所造成的延误、损失等。

以上失误都会导致客户对公司的投诉，公司对客户投诉处理的不同结果，会使公司与客户的业务关系发生变化。

### (二)不同失误的客户反应

面对不同的失误,客户往往会有如下反应。

(1) 偶然并较小的失误,客户会抱怨。失误给客户造成的损失较小,但公司处理妥当,使多年的客户关系得以稳定。

(2) 连续的或较大的失误会遭到客户投诉。客户抱怨客服人员处理不当,而此时,客户又接到他的客户的投诉,转而投诉货代等。

(3) 连续投诉无果,使客户沉默。由于工作失误,客户损失较大,几次沟通无结果。如果出现这种情况,一般而言,通常会出现两种结果,一种是客户寻求新的合作伙伴;另一种则是客户没有其他选择,只能继续与该公司合作。

所有这些可以归纳为四部曲,即客户抱怨、客户投诉、客户沉默、客户丢失。其实这些问题在刚出现时,只要妥善处理是完全可以避免的。因为当客户对公司进行投诉时,就说明他还是想继续与公司合作,只有当他对公司失望,选择沉默,才会终止双方的合作。

**案例10-2:托运货物延迟损坏拒绝赔偿 ××物流企业遭客户投诉**

"原本一周内就可以送到的货物,委托××物流公司运送却在路上走了半个多月,收货时还发现货物出现部分损坏的情况,物流公司却拒绝赔偿。"近日,南昌市民廖先生向某报投诉××物流公司。

廖先生告诉记者,2009年11月15日,他将一批价值1600元的灯具委托××物流公司从南昌托运至广东省中山市。廖先生说,原本一周可以运到的货物却在路上走了半个多月。12月5日,买家告诉他,提货时发现灯罩破损,找到物流公司索赔却遭拒。廖先生说,随后他多次与××物流公司就赔偿一事进行协商,但是对方一直没有给出最终处理意见,最后甚至连电话都不肯接听。该公司负责人表示,由于货运司机疏忽,延误了托运时间,物流部可以向顾客致歉。

西湖区工商局消保局执法人员在此提醒广大消费者,取回托运货物时必须先检查、后签单,以免货物被损坏而无法索赔。

(资料来源: https://zhuanlan.zhihu.com/p/62230519)

## 二、客户投诉(含理赔申诉)处理流程

下面介绍客户投诉的常见问题及处理流程。

### 1. 客户可以到哪里反映问题

(1) 拨打客户服务热线。

(2) 公司网站提交留言。

(3) 直接发送电子邮件。

(4) 发送传真。

(5) 客户服务中心柜台。

### 2. 客户可以通过什么形式反映问题

客户可以通过信函、电话、电邮、亲访等形式向公司反映问题，某些情况下公司可能需要客户提供亲笔签名的书面材料。

### 3. 谁会帮助客户办理并解决投诉

客户的问题应被完整地转达给专门负责投诉处理的人员，并由他们代客户与相关部门、相关人员进行沟通，全程帮客户解决问题。

### 4. 投诉的处理与解决流程

投诉的处理与解决流程如图 10-6 所示。

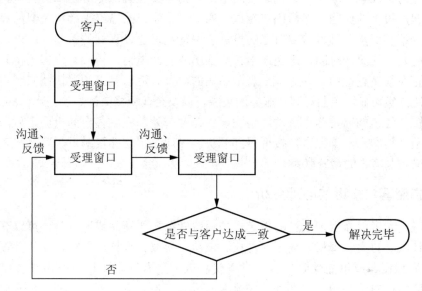

图 10-6　投诉的处理与解决流程

### 5. 解决投诉(含理赔申诉)的时效

收到客户的投诉后，公司的投诉处理专员一般应在三个工作日内与客户联系。

## 三、处理客户投诉的一般方法

下面具体从四个方面介绍如何处理客户投诉。

### (一)认识正确处理客户投诉的意义

正确处理客户投诉，会给公司带来相应的商机。

(1) 一位客户的投诉得到了圆满解决，他会将此次满意的经历告诉他的客户，至少会是三个以上客户。据专业研究机构研究表明，对客户投诉的圆满解决，其广告效应比媒体广告效应高 2～3 倍。

(2) 问题被圆满解决了的投诉客户将会比其他客户更加忠诚，他们甚至会积极地赞美并宣传货代公司的产品及服务。

(3) 有效解决有难度的投诉,会提高客服人员今后与客户打交道的技巧。

### (二)建立引导客户投诉的渠道

即使是具有良好客户服务水准的公司,同样难免会遭到客户的投诉。因此,首先要建立一个能够引导客户投诉的渠道,并且要保障这些投诉渠道一定能够有效地保障处理客户的投诉,也就是说,要有鼓励客户投诉的途径和措施。

一般来讲,具有公开的客户投诉电话,对客户心理具有极其重要的意义,客户也愿意通过这种公开的渠道发表自己的看法和意见。在接到客户的投诉后,首先要分析客户投诉的原因。客户不满的表现往往具有不同的原因,有些原因并不是客户服务欠缺造成的,比如不满的经历造成客户在某一时刻爆发的不满行为。关注客户服务的部门应该花费一些精力来分析客户投诉的原因,然后确定对这一原因采取怎样的措施来解决类似的投诉问题,比如组织变革和调整。顾客希望自己的投诉能够得到迅速、积极的答复。所以,在接到客户投诉的同时,在第一时间,迅速地给客户回函或者回电话,告诉客户问题得到了高度重视,目前正在解决过程中,并对客户表示相应的歉意。随后就必须尽快地向客户提供可供选择的解决方案,显示企业对客户服务的重视,以及企业积极灵活、反应迅速的经营机制。当然最关键的还是能够使客户满意地接受一种方案。处理完成客户的投诉之后,企业还应当不定时地回访客户,确保客户投诉得到解决,并通过密切的接触,了解客户其他不满或者需求,增强与客户的紧密联系。

### (三)物流客户投诉的心理分析

按照《消费者权益保护法》的规定,当消费者在购买商品或服务时,可以获得安全保障权、知情权、自主选择权、公平交易权、依法求偿权、维护尊严权、监督批评权等。当这些权益受到侵害或可能受到侵害时,消费者就会采取行动。投诉是消费者在遇到其权益受到侵害时的首选手段。妥善处理物流客户投诉,首先应了解与掌握用户投诉时的心理状态。

从消费者的气质特征分析,可以把消费者的气质分为四大类,即胆汁质型、多血质型、黏液质型和忧郁质型。经研究,大多数重复投诉的物流客户属于胆汁质型和多血质型客户,这两类气质的客户高级神经活动类型属于兴奋型和活泼型,他们的情绪兴奋性高,抑制能力差,特别容易冲动,他们在投诉时的心理主要有以下三种。

#### 1. 发泄心理

这类客户在接受物流服务时,由于受到挫折,通常会带着怒气和怨气投诉和抱怨,从而把自己的怨气、抱怨发泄出来,这样客户的愤懑或不快的心情因此会得到释放和缓解,以维持心理上的平衡。

#### 2. 尊重心理

多血质型客户的情感极其丰富,他们将在接受物流服务过程中产生的挫折和不快进行投诉时,总希望他的投诉是对的和有道理的,他们最希望得到的是同情、尊重和重视,希望企业向其表示道歉并立即采取相应的措施等。

### 3. 补救心理

客户投诉的目的在于补救，补救包括财产上的补救和精神上的补救。当客户的权益受到损害时，他们希望能够及时地得到补救。

## (四)物流客户投诉中的沟通

从一般意义上讲，物流客户投诉中的沟通就是接受投诉的责任人(首问责任人)，凭借一定的渠道，将信息发送给投诉客户，并寻求反馈以达到相互理解的过程。受理客户投诉的首问责任人与投诉客户的沟通一般分三个阶段，即受理投诉与解释阶段的沟通、提出解决方案阶段的沟通和回访客户阶段的沟通。不同阶段的沟通方式与客户的满意感有着密切的联系。

### 1. 受理投诉与解释阶段的沟通

根据"首因效应"理论，最先接触到的事物给人留下的印象和强烈影响，具有先入为主的效应。"首因效应"对人们后来形成的总印象具有较大的决定力和影响力。受理投诉阶段是第一次与投诉客户的接触，如果第一印象是积极的，则会产生正面效应；反之，则会产生负面效应。正面效应的建立应考虑以下因素。

(1) 同情与宽容。作为责任人，一定要认真倾听客户的抱怨，同情、理解客户的心理，要持容忍态度，营造一个轻松、宽容的环境，尽量满足客户的自尊心。

(2) 重视与诚恳。对客户的投诉一定要给予高度的重视，一个人在困难时得到他人的重视会产生一种感激心理，这种感激会促使其产生某种报答的心理。首问责任人在向客户解释和澄清问题时，要进行换位思考，从客户的角度出发，诚恳地道歉，并做出合理的解释。

(3) 诚实与守信。客户的投诉与抱怨，表明他在使用物流服务过程中对某一方面或某一事项上存在不满，需要得到物流企业的补救和回复。应该指出，物流用户与物流供应商建立的物流服务合同，所付出的不仅是金钱，更多的是对该物流运营商的信任。对处理物流用户投诉的首问责任人来讲，信用就是一种向用户信守承诺的责任感，信用就是对自己企业提供的物流服务产品之后果负责的道德感。在受理投诉时，只要能做到的一定要向客户承诺，做不到的不轻易承诺，凡是向客户承诺的一定要做好。同时，必须明确告诉客户处理投诉的等待时限，并在承诺的时限内将处理结果反馈给客户。

### 2. 提出解决方案阶段的沟通

解决方案的提出应着重体现公正和效率。物流用户与物流企业的纠纷是以双方的权利、义务争议为基础的，这种争议的存在意味着权利与义务的扭曲和混乱。因此，处理纠纷的目的在于对这种扭曲和混乱加以矫正。为了实现这一目标，这种矫正手段必须具备公正性。处理用户投诉的公正性从其运行过程来看，包括两方面，即公正地处理用户投诉的规则和公正地适用该规则。解决客户的投诉是为了保障客户的正常物流权利，使客户受到损害的权益得以及时恢复，以维护物流用户的合法权益。因此，解决客户的投诉还必须强调效率，如果客户的投诉长期得不到解决，不仅不能体现物流企业的管理效率，而且还从根本上背离了公正的目标。其结果是给客户造成更大的心理创伤，而心理创伤是很难补救的。

### 3. 回访客户阶段的沟通

回访客户阶段是处理客户投诉的最后阶段，这一阶段主要是关心与询问客户对处理结果的满意程度。根据"近因效应"，在某一行为过程中，最后接触到的事物留下的印象和影响也是极其强烈的。因此，回访客户作为最后与客户的沟通阶段，能产生近因效应。与首因效应对应，积极的近因效应会使客户产生满意感，消极的近因效应会导致客户产生不满意感。客户忠诚表现为两种形式：一种是客户忠诚于企业的意愿；另一种是客户忠诚于企业的行为。回访客户阶段作为最后一个环节，应重视两大问题：一是对处理结果的合理解释，应跳出投诉事件本身与客户沟通，特别是对客户心中预期的理想型服务与物流企业提供的实际服务之差进行解释，使客户在今后使用实际物流服务时，对其功能、品种、价格有一个重新的理解和判断；二是应重视在处理投诉过程的最后阶段与客户建立友谊。处理投诉过程是与客户相互接触、相互交往的过程，如果纯粹是为了解决投诉为目的而与客户进行交往，即使问题得到了解决，也不会使客户真正感到满意。在处理投诉的最后阶段，应把客户当作自己的朋友，与客户建立一种情感，使客户有一种归属感。根据消费者行为理论，客户的情感影响他们的行为，客户对某个物流企业的情感依恋越强，客户的抱怨就越少，客户就越有可能继续与该企业保持关系。然而，客户与企业情感的建立是通过企业员工与客户之间的真诚和坦率的沟通形成的。

---

**案例 10-3：如何做好"沟通"**

某顾客致电某物流服务中心，因电话无人接听一直处在等待服务中，等得不耐烦的时候，终于等到了服务员接听。

服务员："您好！我是77号，竭诚为您服务，我有什么可以帮助您？"

顾客："你能不能让我少等点时间？"

服务员："哦，今天电话特别多，一下子忙不过来，您有什么事？"

顾客："你们为什么不多配点人？"

服务员："那是我们领导的事，我也想人多点呀！"

顾客："那你们领导真蠢，总是让我们花大把时间等，难道顾客的时间就不值钱吗？"可见，光是礼貌和客气，客户还是不满意。

(资料来源：https://wenku.baidu.com/view/759e5616de80d4d8d15a4fe6.html)

**问题：**

(1) 服务人员在服务过程中，有哪些不妥之处？

(2) 服务人员如此礼貌与客气，顾客为什么还是不满意呢？

## 四、物流客户服务投诉处理的技巧

在处理物流客户服务投诉时应注意以下技巧。

### 1. 虚心接受客户投诉，耐心倾听对方诉说

客户只有在利益受到损害时才会投诉，作为客服人员要耐心倾听，对客户表示理解，并做好记录。待客户叙述完后，复述其主要内容并征询客户意见，对于较小问题的投诉，

自己能解决的应马上答复客户；对于当时无法解答的，要做出时间承诺。在处理过程中无论进展如何，到承诺的时间内一定要给客户答复，直至问题解决。

### 2. 设身处地，换位思考

当接到客户投诉时，首先要有换位思考的意识。如果是本方的失误，首先要代表公司表示道歉，并站在客户的立场上为其设计解决方案。对问题的解决，也许有 3～4 套解决方案，可将自己认为最佳的一套方案提供给客户，如果客户提出异议，可再换另一套，待客户确认后再实施。当问题解决后，至少还要有 1～2 次征求客户对该问题的处理意见，以争取下一次的合作机会。

例如，某货运公司的 A、B 两名销售人员分别有一票 FOB 条款的货物，均配载在 D 轮从青岛经釜山转船前往纽约的航次上。开船后第二天，D 轮在釜山港与另一艘船相撞，造成部分货物损失。接到船东的通知后，两位销售人员的解决方法如下所述。

A 销售员：马上向客户催收运杂费，收到费用后才告诉客户有关船损一事。

B 销售员：马上通知客户事故情况并询问该票货物是否已投保，积极协助承运人查询货物是否受损并及时向客户反馈，待问题解决后才向客户收费。

结果 A 销售员的客户货物最终没有损失，但在知道真相后，对 A 销售员及其公司表示不满并终止合作。B 销售员的客户事后给该公司写来了感谢信，并扩大了双方的合作范围。

### 3. 承受压力，用心去做

当客户的利益受到损失时，着急是不可避免的，以至于会有一些过分的要求。作为客服人员，此时应能承受压力，面对客户始终面带微笑，并用专业的知识、积极的态度解决问题。

例如，某货运公司接到国外代理指示，有一票货物从国内出口到澳洲，发货人是国内的 H 公司，货运公司的业务员 A 与 H 公司业务员 D 联系订舱并上门取报关单据，D 因为自己有运输渠道，不愿与 A 合作，而操作过程中又因航班延误等原因 D 对 A 出言不逊，不予配合。此时，A 冷静处理，将 H 公司当作重要客户对待。此后，D 丢失了一套结关单据，A 尽力帮其补齐。最终，A 以自己的服务、能力赢得了 D 的信任，同时也得到了 H 公司的信任，使合作领域进一步扩大。

### 4. 有理谦让，处理结果超出客户预期

纠纷出现后要用积极的态度去处理，不应回避。在客户联系你之前先与客户沟通，让他了解每一步的进度，争取圆满解决并使最终结果超出客户的预期，让客户满意，从而在解决投诉的同时抓住下一次商机。

例如，C 公司承揽一票 30 标箱的海运出口货物由青岛去日本，由于轮船爆舱，在不知情的情况下被船公司甩舱。发货人知道后要求 C 公司赔偿因延误运输而产生的损失。

C 公司首先向客户道歉，然后与船公司交涉，经过努力船公司同意该票货物改装 3 天后的班轮，考虑到客户损失将运费按八折收取。C 公司经理还邀请船公司业务经理一起到客户处道歉，并将结果告诉客户，最终得到了谅解。结果该纠纷圆满解决，货主方经理非常高兴，并表示："你们在处理纠纷的同时，进行了一次非常成功的营销活动。"

## 5. 长期合作，力争双赢

在处理投诉和纠纷的时候，一定要将长期合作、共赢、共存作为一个前提，以下技巧值得借鉴。

(1) 学会识别、分析问题。

(2) 要有宽阔的胸怀，敏捷的思维及超前的意识。

(3) 善于引导客户，共同寻求解决问题的方法。

(4) 具备本行业丰富的专业知识，可随时为客户提供咨询服务。

(5) 具备财务核算意识，始终以财务的杠杆来协调收放的力度。

(6) 有换位思考的意识，勇于承担自己的责任。

### 案例 10-4：松下怎样对待客户投诉

松下电器公司的创始人松下幸之助先生非常重视客户投诉问题。在松下幸之助先生创业之初，他规定每周六上午9点至12点是总经理接待时间，并将这一规定广泛地告知松下公司的用户。公司许多部门的经理对这一规定不理解，认为解决客户服务的问题是客户服务部门的工作和职责，作为总经理，不应该在最终用户方面花费大量时间。同时，认为松下先生的规定实际上是一个越权行为，使职能部门的工作受到影响。但松下先生对部门经理的怨言不以为然。松下先生认为，一方面，作为公司的总经理，首先要了解公司的产品在哪些方面不足，而只有接触大量的用户，才能对自己的产品了如指掌，才能知道产品的设计存在怎样的问题，怎样才能满足客户的要求。另一方面，总经理亲自接待投诉用户，可以使用户感受到与众不同的受尊重感，而这一点是部门经理和服务员工所不能做到的。同时，总经理对待投诉的批示，更能督促职能部门完成相应的工作。正是松下幸之助先生的与众不同，才创造了松下电器的辉煌。

(资料来源：https://www.doc88.com/p-8199118098501.html)

问题

松下的成功给您的启示是什么？

### 案例 10-5：商人赫兹的汽车服务

一位名叫赫兹的商人，当他开始从事机场的汽车服务时，他的注意力放在了培训司机为客户服务方面，如怎样帮客户搬运行李、怎样准确报站等，司机们也做得很好。但是，赫兹一开始没有意识到客户的一个最主要的需求：对客户来说，最主要的是两班车之间间隔的时间要短。

这一服务上的缺陷也引起了不少客户的抱怨，尽管事实上客户的平均等车时间为7~10分钟。因此，赫兹投资巨款购买了汽车和雇用了司机，把两班车之间的标准间隔时间定为最长5分钟，有时两班车之间间隔仅2~3分钟，最终使客户非常满意。赫兹公司另一项业务是租车给乘飞机来该市的客户，待他们回来乘飞机时再将车还回。租车的客户大多数是商人，因此，对他们来说最重要的是速度。赫兹也认真地处理了这些租车客户的抱怨，尽管租车时的服务速度很快，但还车时的速度太慢，客户没有时间在柜台前站队等着还车。赫兹想了一个办法，能使客户即刻还车。这个办法是：当客户将车开到赫兹的停车场时，服务人员就将汽车上的号码(车的挡风玻璃上设有车的编号牌)输入到计算机里,这些计算机与主机相连,等到客户到柜台前时,服务人员就能叫出其姓名,整个手续也只需再问两个问题:里程数与是否加过油,然后就能把票据打印出来。这样一来,原来需要10分钟的服务时间缩短到只需要1分钟,使客户十分满意,从此之后,生意十分兴隆。

(资料来源: https://wenku.baidu.com/view/759e5616de80d4d8d15a4fe6.html)

**问题**

(1) 该案例反映了商人赫兹奉行了一种什么经营理念?

(2) 结合此案例评说正视客户不满意的意义。

# 本 章 小 结

客户服务是物流企业竞争的焦点,而服务创新是企业获得竞争优势的关键手段。要超越传统物流服务模式,在服务理念、服务内容和服务方式上实现创新。首先,要认清一体化物流与功能性物流在服务性质、服务目标和客户关系上的本质区别,树立全新的服务理念;其次,要在运输、仓储、配送等功能性服务基础上不断创新服务内容,为客户提供差异化、个性化物流服务;同时,要根据客户的需求,结合物流企业自身发展战略,与客户共同寻求最佳服务方式。

物流客户服务是一个以成本有效性方式为供应链提供增值利益的过程。为客户提供高质、满意的服务,要求物流企业必须讲求客户服务技巧。现代物流企业吸引客户的技巧主要表现在提供全面、优质的基础物流服务,客户化、多样化的供应链,良好的物流服务提供商资源的整合,卓越的物流与供应链管理与运作,拥有大量高素质的物流和供应链管理专业人才及强大的服务网络覆盖能力和信息技术支持等。

物流客户服务提供商通过选择不同的经营战略,提供顾客所期望的服务,同时也应积极追求扩大交易,实现与竞争企业顾客服务的差别化,以寻求在细分的物流服务市场中获得竞争优势。对于高端物流服务提供商而言,五种客户服务能力非常重要,它们是物流实施运作能力、多个供应商的关系管理及协调组织能力、信息技术能力、规划咨询能力和物流管理培训能力。

和传统服务业一样,物流服务失败现象成为物流过程中不能回避的问题。服务失败已经成为物流供应商提高顾客满意度、建立顾客忠诚度的主要障碍。若要克服以上障碍就必须了解物流客户投诉的心理,妥善进行物流客户投诉中的沟通。与投诉客户的沟通一般分三个阶段,即受理投诉与解释阶段的沟通、提出解决方案阶段的沟通和回访客户阶段的沟通。

妥善处理客户的基本技巧有:虚心接受客户投诉,耐心倾听对方诉说;设身处地,换位思考;承受压力,用心去做;有理谦让,处理结果超出客户预期;长期合作,力争双赢等。

# 自 测 题

1. 现代物流客户需求有何特点?
2. 现代物流客户服务的创新应包括哪些内容?
3. 吸引物流客户的技巧表现在哪几个方面?
4. 物流服务中的操作失误可能有哪些?
5. 客户投诉处理的基本流程是什么?
6. 如何妥善地处理物流客户投诉?

# 案 例 分 析

## A物流企业客户服务案例分析

### 一、A物流企业背景

A物流企业成立于2000年3月,是一家专业从事国内货物活铺、仓储、配送、托运的中小型运输物流企业。自公司成立以来,建立了以铁路运输、公路运输为主,结合包装制作、仓储管理、物流服务一条龙的综合运营体系。公司交通便利,分别与全国各大按运单位形成联运的工作方式,每天都有各类型的运输车发往全国各地并且受理全国各地各大中城市的整车零担、货物托运业务,设有库房,办理中转,可以承接全国大多数大中城市的运输业务。

(一)业务范围

(1) 办理北京至全国各地中铁快运、铁路快件、铁路行包等业务。

(2) 办理北京至全国各地航空普件、航空急件、航空派送、航空异地付款等业务。

(3) 办理北京至上海、广州、成都以及全国各地公路运输,大、中、小城市均可到达。

(4) 办理北京至全国各地长途包车、空车配载业务。

(5) 办理货物仓储业务并有大量库房出租。

(6) 办理北京至全国各地的特快专递业务。

(二)专项业务项目

(1) 专业为互联网公司服务,如中企动力和天下互联都是该公司的客户。

(2) 学生行李托运。为了适应市场的发展,也为了给在校大学生提供更多的方便,公司特地开设了为学生提供行李包装托运的相关业务。

(3) 长途搬家业务为部分公司和个人提供了北京至上海、广州、成都等大城市的长途搬家业务。

### 二、A物流企业客户服务现状

这几年,我国第三方物流发展很快,但真正能够提供一体化服务的企业还不多。物流企业的规模普遍较小,难以形成规模优势、取得规模经营的效率和效益。物流的硬件基础与发达国家相比还有相当大的距离。工商企业重视物流不仅是为了节约成本，而且使他们越来越认识到物流对提高客户服务水平及企业获得竞争性战略优势的重要性。在第三方物流企业融入客户供应链后，它所提供物流服务的种类与水平需要根据客户的特点"度身定制"。第三方物流企业的运作表现直接关系到被服务公司客户满意与否，第三方物流企业只有对客户的服务做出贡献，才能取得成功。作为一个小规模的第三方物流企业，A 物流企业也面临上述行业困境。体现在公司战略上，则是以产品营销策略为主，通过对运输、储存、装卸、包装、流通加工、配送等基本功能的组织与管理来满足客户物流需求。公司的营销策略为"快递的速度，货运的价格"，秉承"安全、准时、快捷、经济"的服务理念，这种对价格营销、对物流过程的重视，在一定程度上提高了物流配送服务的质量，并且从以下三个方面影响客户的满意程度：第一，物流过程通过产品配送提供客户所要求的基本增值服务时间效用与地点效用；第二，物流直接影响其他业务过程中满足客户的能力；第三，配送和其他物流作业经常与客户发生直接联系，影响客户对于产品以及相关服务的感受。但是这种战略也影响了该公司在相同的成本下进一步提高客户服务水平的能力，这主要体现在以下四个方面。

(一)没有树立正确的物流服务观念

A 物流企业只是把物流服务水平的高低看作是一种销售竞争手段，对物流服务是物流企业核心竞争力的重要组成因素没有引起足够的重视，缺乏整体服务理念和建立稳定的合作关系的意识。第三方物流企业是服务企业，物流服务于从生产到消费的全过程。

但很多第三方物流企业仅从自己的业务视角范围内看待自己的服务，而不是从供应链的角度来看待物流服务，因此，对服务对象的客户企业的上游、下游了解不够，对他们的战略目标、发展需求了解不够。第三方物流是客户的战略同盟者，而非一般的买卖对象。第三方物流企业在物流领域扮演的是客户战略同盟的角色。在服务内容上，它为客户提供的不仅是一次性的运输或配送服务，而且是一种具有长期契约性质的综合性物流服务，最终职能是保证客户物流体系的高效运作和不断优化供应链管理。从这个角度来看，与其说第三方物流企业是一个专业的物流企业，不如说是客户的一个专职物流部门，只是这个物流部门更具有专业优势和管理经验。与传统的运输企业相比，第三方物流的服务范围不仅仅限于运输、仓储，它更加注重客户物流体系的整体运作效率与效益，供应链的管理与不断优化是它的核心服务内容。它的业务深深地触及客户企业销售计划、库存管理、订货计划、生产计划等整个生产经营过程。远远超过了一般意义上的买卖关系，而是紧密地结合成一体，形成了一种战略合作伙伴关系。

从长远看，第三方物流的服务领域还将进一步扩展，甚至会成为客户销售体系的一部分，它的生存与发展必将与客户企业的命运紧密联系在一起。一个企业的迅速发展光靠自身的资源、力量是远远不够的，必须寻找战略合作伙伴，通过同盟的力量获取竞争优势。而第三方物流扮演的就是这种同盟者的角色，与客户形成的是相互依赖的市场共生关系。

(二)没有建立适宜的客户服务目标

A 物流企业在很大程度上以公司内部导向和竞争对手导向的目标为依据，确定它的客户服务标准，简单地把往年成绩提高一定的百分比，作为他们的实施目标。发货及时率、到货及时率、客户满意度、订单完成率比上年提高1%，破损率比上年降低25%，(据 A 物流企业的统计表显示，上年发货及时率为95%，到货及时率为97%，订单完成率为98%，破损率为 4%，客户满意度没有统计数据)，这种不明确、不细化的客户服务目标导致 A 物流企业员工在实际的客户服务过程中可操作性较低。

(三)缺乏完善的服务质量评价指标

基于上述客户服务的目标，A 物流企业也缺乏完善的服务质量评价体系。公司通过对物流服务单据的统计与汇总来进行服务质量评价。每月月底将本月的订单进行汇总，按照订单信息统计出发货及时率、到货及时率、客户满意度、订单完成率以及破损率等数据。在汇总中，对于单据已丢失的服务信息无法进行统计。这种简单的、不完整的服务质量评价方式，既不能从根本上正确反映 A 物流企业的客户服务水平，也不能得出提高客户服务水平的改进意见，因此极大地制约了 A 物流企业客户服务水平的提高，同时也阻碍了公司的健康发展。

(四)信息化服务能力薄弱

作为一个小规模第三方物流企业，A 公司的信息化服务能力很薄弱，体现在以下几个方面。

(1) 下单方式单一，只能通过电话或传真进行。

(2) 查询方式单一且滞后，客户只能通过电话查询，拨打发货地的电话查询发货时间、拨打收货地的电话查询到货时间。A公司内部没有订单过程跟踪系统。

物流服务的信息化，其目的既在于提高物流企业自身的效率，也在于提高物流服务的质量，协助客户随时控制或跟踪物流的节奏。没有业务流程的电子信息化，提供现代第三方物流服务就无从谈起。物流信息建设一直是我国第三方物流企业的薄弱环节，严重地影响了客户对服务的满意程度。在推进物流企业质量标准化的过程中，服务质量的及时跟踪和有效控制对企业信息系统建设提出了更高的要求，第三方物流企业加快推进信息化建设已迫在眉睫。

(资料来源：https://www.wendangxiazai.com/b-fcc35cd884254b35eefd34d3-3.html)

**问题**

针对案例中 A 公司物流客户服务现状，应采取哪些措施提高 A 物流企业的客户服务水平？

# 阅 读 资 料

国内外先进物流服务提供商的业务优势比较与分析

具体内容见右侧二维码。

第十章阅读资料.docx

# 参 考 文 献

1. 马士华，林勇. 供应链管理[M]. 4 版 北京：机械工业出版社，2014.

2. [美]保罗·蒂姆. 客户圣经[M]. 北京：中国人民大学出版社，2009.

3. 王海军，张建军. 仓储管理[M]. 武汉：华中科技大学出版社，2015.

4. 杰拉尔德·曼宁，巴里·里斯，迈克尔·阿亨. 现代销售学：创造客户价值[M]. 欧阳小珍，译. 北京：机械工业出版社，2011.

5. 杨丽. 物流企业发展多元化研究[M]. 北京：中国物资出版社，2015.

6. 易名，邓卫华. 客户关系管理[M]. 武汉：华中师范大学出版社，2008.

7. 毕新华，顾穗珊. 现代物流管理[M]. 北京：科学出版社，2008.

8. 马刚，李洪心，杨兴凯. 客户关系管理[M]. 大连：东北财经大学出版社，2012.

9. 王柏谊，王新宇. 物流管理[M]. 哈尔滨：哈尔滨工业大学出版社，2016.

10. 谷再秋. 客户关系管理[M]. 北京：科学出版社，2009.

11. 万立军，闫秀荣. 物流企业管理[M]. 北京：清华大学出版社，2011.

12. 张理. 现代物流案例分析[M]. 北京：中国水利水电出版社，2008.

13. 苏朝晖. 客户关系管理[M]. 北京：清华大学出版社，2010.

14. 徐晨. 物流与供应链管理[M]. 北京：北京大学出版社，2008.

15. 李鹏飞. 物流信息系统[M]. 北京：人民邮电出版社，2014.

16. 闪四清. ERP 系统原理和实施[M]. 北京：清华大学出版社，2012.

17. 廖素娟. 第三方物流服务管理[M]. 北京：中国铁道出版社，2009.

18. 白世贞，谢红燕. 物流信息技术[M]. 北京：化学工业出版社，2016.

19. 尤建新，陈强，鲍悦华. 顾客满意管理[M]. 北京：北京师范大学出版社，2007.

20. 赵宇，王天春. 物流企业客户服务[M]. 北京：中国物资出版社，2006.

21. 雷丽芳. 物流客户管理[M]. 北京：机械工业出版社，2009.

22. 邵兵家. 客户关系管理[M]. 北京：清华大学出版社，2010.

23. 现代物流管理课题组. 物流客户管理实操版[M]. 广州：广东经济出版社，2007.

24. 孙家庆，杨永志. 仓储与配送管理[M]. 北京：中国人民大学出版社，2016.

25. 薛文彦. 采购精细化管理与库存控制[M]. 北京：化学工业出版社，2015.

26. 姚飞. 创业营销理论与案例[M]. 北京：经济科学出版社，2012.

27. 孙军艳. 物流服务与管理[M]. 西安：西安电子科技大学出版社，2016.

28. 关高峰. 物流成本管理[M]. 北京：北京大学出版社，2014.

29. 夏永林，顾新. 客户关系管理理论与实践[M]. 北京：电子工业出版社，2011.

30. 苗长川. 物流企业管理[M]. 北京：北京交通大学出版社，2012.

31. 崔介何. 企业物流[M]. 北京：中国物资出版社，2002.

32. 周贺来. 客户关系管理[M]. 北京：北京大学出版社，2011.

33. 曲建科，杨明. 物流成本管理[M]. 2 版. 北京：高等教育出版社，2014.

34. 刘宝红. 供应链管理[M]. 北京：机械工业出版社，2016.

35. 傅莉萍，姜斌远. 配送管理[M]. 北京：北京大学出版社，2014.

36. 霍红，牟维哲. 物流管理学[M]. 2版. 北京：科学出版社，2016.

37. 刘子安. 销售与客户关系管理[M]. 北京：对外经济贸易大学出版社，2011.

38. 夏春玉. 物流与供应链管理[M]. 大连：东北财经大学出版社，2004.

39. 周洁如. 客户关系管理经典案例及精解[M]. 上海：上海交通大学出版社，2011.

40. 马俊生. 配送管理[M]. 北京：机械工业出版社，2016.

41. 申纲领. 物流管理案例引导教程[M]. 北京：人民邮电出版社，2009.

42. 宿凯，尤翠翠. 经营与管理[J]，2015(2)：58-60.

43. 中国营销传播网(www.emkt.com.cn/)

44. 总裁学习网(//:ww cs360. cslshangngiaikg/a)

45. 中华品牌网(tp://www.cnbm.net.cn/artcle/mil360663.h5)

46. 潘福斌，客户关系管理在第三方物流企业的运用[J]. 物流技术，2013(11)：23-26.

47. 勇全. 电商环境下客户关系的管理[N]. 现代物流报，2012.